知识生产的原创基地
BASE FOR ORIGINAL CREATIVE CONTENT

颉腾文化
JIE TENG CULTURE

职场通识系列

深度阅读

分科阅读的思维与技能

（原书第8版）

[美] 凯瑟琳·T. 麦克沃特（Kathleen T. McWhorter）/ 著

王正林 / 译

ACADEMIC READING
COLLEGE MAJOR AND CAREER APPLICATIONS
8th Edition

西苑出版社
XIYUAN PUBLISHING HOUSE
·北京·

图书在版编目（CIP）数据

深度阅读：分科阅读的思维与技能：原书第 8 版 /（美）凯瑟琳·T. 麦克沃特著；王正林译. -- 北京：西苑出版社，2022.7
ISBN 978-7-5151-0846-9

Ⅰ. ①深… Ⅱ. ①凯… ②王… Ⅲ. ①读书方法 Ⅳ. ① G792

中国版本图书馆 CIP 数据核字（2022）第 104159 号

Authorized translation from the English language edition, entitled ACADEMIC READING, 8th Edition by MCWHORTER, KATHLEEN T., original ISBN: 9780321865823, published by Pearson Education, Inc., Copyright © 2014 Pearson Education, Inc.

All rights reserved. No part of this book may be reproduced or transmitted in any form or by any means, electronic or mechanical, including photocopying, recording or by any information storage retrieval system, without permission from Pearson Education, Inc.

CHINESE SIMPLIFIED language edition published by Beijing Wisdom Teda Books Co., Ltd., Copyright © 2022.

本书由 Pearson Education, Inc. 授权北京文通泰达图书有限公司在中国境内（不包括香港、澳门特别行政区及台湾地区）出版与发行，版权所有。未经许可之出口，视为违反著作权法，将受法律之制裁。

本书封面贴有 Pearson Education（培生教育出版集团）激光防伪标签。无标签者不得销售。

著作权合同登记号　图字：01-2022-1556 号

深度阅读：分科阅读的思维与技能
SHENDU YUEDU: FENKE YUEDU DE SIWEI YU JINENG

责任编辑：	汪昊宇
特约编辑：	程天祥
装帧设计：	王建敏
责任印制：	陈爱华
出版发行：	西苑出版社
地　　址：	北京市朝阳区和平街 11 区 37 号楼　邮政编码：100013
电　　话：	010-88636419
印　　刷：	北京市荣盛彩色印刷有限公司
开　　本：	787 毫米 ×1092 毫米　1/16
字　　数：	270 千字
印　　张：	15.5
版　　次：	2022 年 8 月第 1 版
印　　次：	2022 年 8 月第 1 次印刷
书　　号：	ISBN 978-7-5151-0846-9
定　　价：	79.00 元

（图书如有缺漏页、错页、残破等质量问题，请与出版社联系）

The Translator's Words 译者序

拿到《深度阅读：分科阅读的思维与技能》第8版的原稿，慢慢地、精心地翻译下来，眼前为之一亮。如此丰富的内容、细致的解读、精心的讲授，很长时间难得一见。作者运用其丰厚的知识底蕴和深刻的洞察力，为读者奉献了一部传授、提高、精进深度阅读技能的佳作。

尤其是作者在书中提到的主动阅读策略、批判阅读策略、学术阅读策略以及特定学科阅读策略，更能让读者受益匪浅。精读并消化了本书的基本内容，再难啃的大部头也都不在话下了。这就是一部超实用工具书的力量所在。

作者是一位从教三十余年的美国教师，是一位资深的人文学科荣誉教授。她将自己在教育领域中不断积累的丰富经验充分沉淀、总结、升华，写出了这部关于深度阅读的精品力作，解答了许多学生、教师、阅读爱好者以及专业人士在学习和实践中遇到的困惑与不解。

这本书不但教你一些阅读技巧，还传授一些管理学习时间、平衡好工作与学习、做笔记、控制电子设备等方面的经验，尽最大可能使你能够进行沉浸式的阅读，全身心地投入文字之中去，感受文字的美与力量。

认真读一读这本书吧。它真的能让你感受到阅读之力、文字之美、技法之精、传思之妙。社会学教科书晦涩难懂？数学课本艰深难读？生命与自然科学，非专业人士无法读通？认真、细致、用功地读好用好这本书，辅之以勤劳的笔记，你会发现一切都不是那么回事。

我隆重推荐这本《深度阅读：分科阅读的思维与技能》。中国古语说，"开卷有得，便欣然忘食"。我相信，有了这本佳作在手，无论开哪部"卷"，你都会受益。

让我们尽情在书海中遨游吧！

王正林
2021年12月于北京

前言 | Preface

方法

每门学科都有自身的主题、方法和方法论，从而也要求有一套独特的阅读技能与策略。许多读者还没有学会使自己的阅读技能适应不同学科的要求。本书侧重于培养深度的阅读技能，并告诉读者如何根据特定的学科进行调整。

独特地聚焦于学术学科

许多读者不熟悉不同学科的内容和主题，或者不了解学科指向的职业道路。他们从一门学术课程转到另一门，没有明确的职业目标。这本书提供了一种独特的背景化方法，着重培养读者的学术阅读技能，但也激励他们对某个特定领域感兴趣或者从事该领域的研究。读者能够学到重要的理解、词汇和批判性思维技能，同时学会如何将这些技能应用到特定的学科阅读中。在这么做的同时，他们还将了解每门学科涉及什么和有哪些职业机会。接下来，这本书还向读者传授深度的阅读技能，打开读者的眼界，让他们探索和发现新的世界和新的可能。

本书使用了几种有效的方法来培养阅读技能：

- **主动阅读**　对于许多读者来说，阅读是一个被动的同化过程，他们的目标是获取尽可能多的事实和信息。学术阅读中使用的主动阅读方法鼓励读者通过预测、质疑和评估书中的观点来与之互动。
- **思维层次**　本书使用布鲁姆的认知技能分类法作为框架，监测读者如何将高阶思维技能应用到他们的阅读之中。
- **元认知**　元认知是读者对自己的理解过程的意识。成熟而熟练的读者对自己的阅读进行大量的认知控制：分析阅读任务，选择合适的阅读策略，并且监测策略的有效性。本书将指导读者发展这些元认知策略。

- **学术思维模式** 本书描述了几种常见的学术思维模式，它们在不同的学科中用来组织和安排观点。这些模式表示为组织模式，用于在学术学科之中建立秩序、一致性和可预测性。
- **将写作当成阅读工具** 虽然大多数读者把写作当成一种交流手段，但很少有人习惯将其作为一种阅读辅助工具来帮助他们组织信息、聚焦观点、辨别各种关系或者想出新的观点。本书介绍了怎样将写作当成阅读工具。做标记、列提纲、记笔记和认知画图等方法都是可行的学习策略。
- **学习风格** 并非所有读者都采用同样的方式学习。为了帮助读者发现他们独特的学习偏好，本书包含一份学习风格调查问卷（参见第1章），并且建议读者努力使他们的学习方法适合自己的学习风格特点。

学科特定的阅读技能

有了这些基本技能，读者就能够提出各种各样的阅读策略，并在其中进行选择，并且交替着运用它们。

社会科学
- 理解社会科学中的理论
- 阅读研究报告
- 进行对比和应用

商学
- 解读各种模型
- 查看案例研究
- 研究组织图和流程图
- 处理补充阅读材料

人文学科
- 理解比喻性的语言
- 阅读诗歌和短故事
- 阅读文学批评

自然科学
- 阅读之前预览
- 理解科学方法
- 研究案例

技术与应用领域
- 解读插图和图纸
- 使用视觉化图表
- 阅读技术指南
- 运用解决问题的策略
- 从实践经历中受益

致谢

我要感谢我的同事和审稿人所做的贡献,他们为本版和以前各个版本的《深度阅读》提供了宝贵的意见和建议。他们是第四部分中涉及的各个学科的学术审稿人,以及阅读专家。对当前版本做出了贡献的评论家包括:布鲁克海文学院的安娜·马斯特斯(Anna Masters);杜佩吉学院的杰弗里·西多尔(Jeffrey Siddall);佛罗里达州立大学的玛丽娅·斯佩拉里(Maria Spelleri);普渡大学的安德里亚·威廉姆斯(Andrea Williams)。

特别感谢我的开发编辑贾妮斯·威金斯-克拉克(Janice Wiggins-Clarke),她提供了最有价值的建议和指导。她贡献了知识、创造力和精力,使这本书变得实用。我还要感谢高级策划编辑南希·布莱恩(Nancy Blaine)对修订计划的支持并监督其执行。

凯瑟琳·T. 麦克沃特

Contents | 目录

译者序   I
前言   III

第一部分   基本阅读策略

第 1 章   主动阅读   001

评估你的学习风格   002
提升专注力   007
提高思维层次   008
预览和预测   010
提出引导问题   014
检验你的理解   015
使用 SQ3R 阅读/学习系统   016
心理学阅读材料   刻板印象与偏见：见过一个，就都见过了   019

第 2 章   理解技能   023

找出主要观点   024
辨别主题句   025
找出隐含的主要观点   028
确定主要细节和次要细节   030
调整阅读速度   031
社会学阅读材料   美国家庭的多样性   033

第二部分   批判阅读策略

第 3 章   评估作者的信息   039

在阅读时推断   040
评估作者的资格   045
区分事实与意见   045
辨别作者的目的   047
评估数据与证据   049
分析作者的语气   049
在阅读时注释   052
综合你的观点   054
教育学阅读材料   他的名字是迈克尔   056

第 4 章   评估作者的技巧   060

作者是否使用了有内涵意义的语言   061
作者是否使用了比喻性语言   061
作者是公平的还是有偏见的   062
作者没告诉我什么   063
作者是否做出概括并辅以证据支持   064
作者做了什么假设   065
作者是否使用了操纵性语言   066
公共关系学阅读材料   女性动员起来反对邋里邋遢的男人   070

第 5 章　阅读和评估论证　073

什么是论证　074
论证的组成部分　075
归纳式和演绎式论证　077
阅读论证的策略　079
评估论证的策略　081
逻辑推理中的错误　083
科技阅读材料
 那些被认定为恐怖组织发布的信息，网站是否应该禁止其继续发布（赞成）　087
 那些被认定为恐怖组织发布的信息，网站是否应该禁止其继续发布（反对）　088

第三部分　学术阅读策略

第 6 章　学术思维模式　091

模式：阅读的焦点　092
定义模式　093
分类模式　095
顺序或次序模式　098
原因和结果模式　104
比较和对比模式　107
列举/枚举模式　110
混合模式　113
其他有用的组织模式　115
历史学阅读材料　非裔美国人的崛起　119

第 7 章　阅读和评估图表与在线资源　123

如何阅读图表　124
图表的类型　125
理解漫画与照片　130
评估互联网资源　131

生物学阅读材料　生物多样性丧失和物种灭绝　134

第 8 章　利用写作来学习　139

用写作来评估和增强理解　140
做标记和做注释　140
做笔记来组织观点　143
画图来显示关系　143
用总结来浓缩观点　147
刑事司法学阅读材料　执行正义与惩罚的新方法　148

第四部分　特定学科阅读策略

第 9 章　社会科学阅读　153

什么是社会科学　154
社会科学图书的特点　155
专门的阅读技巧　155
社会科学中的思维模式　164
心理学阅读材料　说服还是"洗脑"？自杀式炸弹袭击案例　165

第 10 章　商学阅读　168

什么是商学　169
当前商业界的热门话题　170
专门的阅读技巧　171
商学中的思维模式　179
市场营销学阅读材料　新的广告方法　180

第 11 章　人文学科阅读　184

什么是人文学科　185
阅读和分析文学作品　185
视觉艺术：没有语言的表达　197

阅读批评	200
人文学科中的思维模式	200
文学阅读材料　叶	201

第 12 章　自然科学阅读　　203

什么是自然科学	204
专门的阅读方法	205
自然科学中的思维模式	209
生物学阅读材料　干细胞研究的前景	215

第 13 章　技术与应用领域阅读　　219

什么是技术与应用领域	220
阅读技术材料	221
阅读医学材料	227
技术与应用领域中的思维模式	229
护理学阅读材料　远程医疗：希望还是危险？	233

第一部分 基本阅读策略

第1章
主 动 阅 读

这张照片是球迷们参加体育赛事的照片。你能感受到他们的兴奋之情和团队精神吗？球迷们表现出对球队和比赛的积极参与。他们经常指挥比赛，批评判罚，鼓励球员，谴责教练。他们融入比赛之中，球队就是他们的球队。

同样，主动的阅读者会参与到他们阅读的材料中。他们思考、质疑、挑战和批评作者的观点。他们试图把材料变成自己的材料。本章将向你介绍一些策略，使你成为一位主动的、成功的阅读者。

无论是在学校还是在职场，阅读都是你获取创意和收集信息的主要手段。学会怎样主动阅读，不仅有助于你在学校里取得更好成绩，而且会帮助你在职场中更有效率。

阅读不仅仅是让你的眼睛在字里行间移动，不仅仅是辨认词汇，也不仅仅是阅读句子。阅读是思考。这是一个辨别重要观点并且比较、评估和应用它们的主动过程。表1-1对比了成功阅读者的主动策略和不成功阅读者的被动策略。

表1-1 主动阅读与被动阅读

主动阅读	被动阅读
根据每次阅读材料的不同来调整阅读方式	以同样的方式阅读所有材料
分析阅读的目的	被推荐读什么，就读什么
调整阅读的速度，以便与阅读目的相一致	以同样的速度阅读所有材料
质疑阅读材料中的观点	材料中是什么观点，就接受什么观点
在开始阅读之前，略读标题，以思考材料是与什么内容有关	先看阅读材料的长度，然后开始阅读
在继续阅读下去时，确保自己理解了阅读的是什么	阅读下去，直到读完为止
阅读时做标记，做笔记	只是阅读下去
制定特别有效的个性化策略	按照日常程序和标准方法阅读

评估你的学习风格

人们采用的学习方式、学习方法和策略各不相同。这些差异可以用所谓的学习风格来解释。你的学习风格能够解释为什么对你来说有些内容读起来比其他内容容易，还能解释为什么你会觉得某些任务比其他任务更容易完成。

下面这份简短的学习风格调查问卷将帮助你分析你是怎样学习的，并告诉你如何为你阅读的内容制订一份学习行动计划。请先完成调查问卷并打分，再开始看后面的内容。

学习风格调查问卷

每个问题有两个选项。选择最适合你的选项。如果两个选项都不适合你，那就选择一个更接近你偏好的选项。

第一部分

1. 我更喜欢遵循：
   A. 口头指令。
   B. 纸上打印的指令。

2. 我更喜欢：
   A. 到教室里上一堂由某著名心理学家讲授的课。
   B. 在网上阅读一篇这位心理学家撰写的文章。

3. 当有人向我介绍别人时，我容易记住对方的：
   A. 姓名。
   B. 脸庞。

4. 我发现我更容易采用下面这种方式来学习新的信息：

A. 语言（文字）。
B. 图形（照片）。

5. 我更喜欢上这样的课：
   A. 老师讲课并回答问题。
   B. 使用幻灯片和视频。

6. 为了解最新的时事，我更喜欢：
   A. 听广播新闻。
   B. 看报纸新闻。

7. 为了学会如何操作某台机器，我更喜欢：
   A. 听朋友讲解。
   B. 看一段演示。

第二部分

8. 我更喜欢：
   A. 处理事实和细节。
   B. 构建理论和思想。

9. 我更喜欢下面这样的工作：
   A. 遵照具体指示的工作。
   B. 涉及阅读、写作和分析的工作。

10. 我更喜欢：
    A. 用公式来解答数学题。
    B. 探索为什么能用公式解题。

11. 我更喜欢写一篇解释（　　）的学期论文。
    A. 某个流程
    B. 某一理论

12. 我更喜欢要求我（　　）的任务。
    A. 遵照详尽指令
    B. 运用推理和批判分析

13. 对于一堂刑事司法的课，我更喜欢：
    A. 探索怎样以及何时运用某部法律。
    B. 学习这部法律是怎么出台的以及为什么要立法。

14. 为了学习数码相机的操作，我更喜欢：
    A. 摆弄几种不同类型的相机。

B. 了解它们的工作原理。

第三部分

15. 为了解答数学题，我更喜欢：
    A. 将问题画出来或者使之可视化。
    B. 研究一道例题，并将其当成模型。

16. 为了更好地记住某事，我：
    A. 创建一幅心理图像。
    B. 把它写下来。

17. 根据一张图纸来组装一辆自行车，会：
    A. 很容易。
    B. 很难。

18. 我更喜欢上这样的课：
    A. 在课堂上操作设备或观看模型。
    B. 参与课堂讨论。

19. 理解和记住一台机器如何运行，我会：
    A. 画一张图。
    B. 做一些笔记。

20. 我喜欢：
    A. 画图或者动手做事。
    B. 演讲、写作和倾听。

21. 如果我试图在一所不熟悉的大学内寻找一间办公室的位置，我更喜欢：
    A. 查地图。
    B. 打印的标牌指引。

第四部分

22. 为了在生物实验室取得好成绩，我更喜欢：
    A. 与一位实验伙伴合作。
    B. 独自做实验。

23. 面对一个棘手的个人问题时，我更喜欢：
    A. 与别人讨论。
    B. 自己解决。

24. 许多教师可以通过（　　）来改进他们的教学。
    A. 在课堂上引入更多的讨论和小组活动

B. 让学生更频繁地自主学习

25. 在倾听一位讲师或演讲者的讲课或演讲时，我会对（　　）更多地做出响应。

    A. 表达观点的人

    B. 观点本身

26. 在一个团队项目中工作时，我更喜欢：

    A. 与几位团队成员合作。

    B. 任务分配给个人，并完成分配给我自己的那些任务。

27. 我更喜欢（　　）购物和办事。

    A. 和朋友一起

    B. 自己一个人

28. 在一间繁忙的办公室里工作：

    A. 比独自一个人工作更有吸引力。

    B. 不如独自一个人工作。

第五部分

29. 在决策时，我依赖：

    A. 自己的经验和直觉。

    B. 事实和客观数据。

30. 完成某项任务时，我：

    A. 可以使用任何可用的资源和工具，漂亮地完成任务。

    B. 我手头必须拥有所需的一切资源和工具。

31. 我更喜欢通过以下方式来表达观点和感受：

    A. 音乐、歌曲或诗歌。

    B. 简明而直接的语言。

32. 我更喜欢这样的老师：

    A. 允许学生自主地选择他们感兴趣的事情。

    B. 清晰而明确地表达期望。

33. 我往往：

    A. 质疑和怀疑我听到和读到的东西。

    B. 接受我听到和读到的。

34. 我喜欢：

    A. 作文考试。

    B. 客观科目的考试。

35. 在完成作业时，我更喜欢：

    A. 想出我自己的办法。

    B. 老师让我做什么，我就做什么。

为了给你的调查问卷评分，请记录你在每个部分所选的 A 和 B 的总数。在下面提供的计分网格中记录你的总分。

计分网格		
部分	选项"A"的总数	选项"B"的总数
第一部分	_____ 听觉型	_____ 视觉型
第二部分	_____ 应用型	_____ 概念型
第三部分	_____ 空间型	_____ 语言型
第四部分	_____ 社交型	_____ 独立型
第五部分	_____ 创造型	_____ 务实型

现在，圈出调查问卷每个部分的更高分数。你圈出的分数下面的词语，表明了你学习风格的一个优势。

诠释你的分数

调查问卷的五个部分分别代表了你学习风格的一个方面。下面对这五个方面进行说明。

第一部分：听觉型或视觉型学习者　这个分数表明你是通过听（听觉型）还是通过看（视觉型）来更高效地学习。如果你的听觉型得分高于视觉型得分，那么你用听的方式比用看的方式更容易学习。视觉型得分更高，则说明你在视觉型学习方式上有优势，比如阅读、研究照片、阅读图形等。

第二部分：应用型或概念型学习者　这个分数描述了你本能地更喜欢和最容易处理的学习任务类型和学习情况。如果你是一位应用型学习者，会更喜欢包含真实物体和情境的任务。因此，实用的、真实的例子是你的理想选择。如果你是一位概念型学习者，会更喜欢学习语言和观点；与应用型学习者相比，你不太依赖实际应用来理解。

第三部分：空间型或语言型学习者　这个分数展示了你处理空间关系的能力。空间型学习者可以想象或在心理上"看到"事物如何运行，或者能够"看到"它们在空间中的位置。这类学习者的长处可能包括画画、组装或修理东西。语言型学习者或非空间型学习者缺乏在空间中定位事物的技能。相反，他们依赖于口头或语言技能。

第四部分：社交型或独立型学习者　这个分数揭示了你是喜欢单独工作还是和别人合作。如果你是社交型学习者，会更喜欢与他人（如同学和老师）直接地密切合作。你以人为本，喜欢人际交往。如果你是一位独立型学习者，往往进行自我指导或自我激励，并且以目标为导向。

第五部分：创造型或务实型学习者　这个分数描述了你在完成学习任务时喜欢采用的方法。创造型学习者是富有想象力和创新精神的，他们更喜欢通过发现或实验来学习，他们乐于承担风险和追随直觉。务实型学习者是实用型、逻辑性和系统性的学习者，他们寻求秩序，愿意遵守规则。

如果你不同意学习风格调查问卷的任何一个部分，那就遵循你自己的直觉吧，不去看调查问卷的结果。调查问卷只是一种快速评估，要相信你的自我意识。

有效地运用学习风格

现在，你已经完成了学习风格调查问卷，对你怎样学习有了更多的了解，并且做好了准备为学习阅读材料制订一个行动计划。假设你是一位社交型学习者，你可以和一位伙伴合作，你们俩大声地测试对方。类似这样的活动将观点从视觉的形式转变为听觉的形式，同时也使你有机会练习改述观点。

表 1-2 列出了不同类型的学习风格，并为每种风格的读者如何从阅读材料中最有效地学习提出了建议。你可以用这个表来制订一份更有效学习的行动计划。

表 1-2　学习风格与阅读/学习策略

听觉型	● 和朋友讨论／学习 ● 在学习时大声讲出来 ● 记录自我测验的问题和答案	语言型	● 将图形和图纸转换成语言 ● 用文字记录步骤、流程和程序 ● 写总结 ● 在阅读材料的图片、图形、图表的旁边写下你的解释
视觉型	● 画图形、图表与表格 ● 试着将事件视觉化 ● 使用 DVD 和视频 ● 使用在线教程	社交型	● 组建学习小组 ● 寻找学习伙伴
应用型	● 思考各种能将所学知识应用起来的实际情形 ● 将观点与它们的应用联系起来 ● 使用案例研究、示例以及应用案例来提示你的学习	独立型	● 使用在线教程 ● 购买复习手册或案例研究
概念型	● 组织材料 ● 运用提纲 ● 聚焦于思考模式	创造型	● 提问并回答问题 ● 在阅读材料的页边空白处记录你自己的观点
空间型	● 使用画图方法 ● 运用提纲 ● 画图；制作图表和草图 ● 运用视觉化方法	务实型	● 在井然有序的环境中学习 ● 制作步骤、程序和流程的清单 ● 改写艰深难懂的材料

1. 圈出你在学习风格调查问卷中获得最高分的五种学习风格的类型。
2. 仔细阅读适合你的建议。
3. 在你认为对你有用的建议前面打钩。在五种学习方式中至少选择一种。
4. 尝试这些技巧，一次尝试一种。先运用一种技巧，然后再用下一种。继续运用那些看起来有用的技巧，并修改那些没有用的。大胆尝试表中列出的其他技巧时，你可能会发现其他适合你的技巧。

克服局限

你还应当努力完善自己的学习风格，因为学习风格不是固定不变的。你可以改进你得分较低的领域。

提升专注力

专注力是专注于手头任务的能力。提升专注力可以减少你的阅读时间。这个过程分为两部分：首先消除干扰，然后集中注意力。

消除干扰

你周围的活动会分散你的注意力。狗叫、听收音机、怕谈话被人偷听，都是分心的例子。你可以使用以下建议来消除干扰。

- **选择一个有利于阅读的地方** 你选择的地点应当尽可能远离干扰你和令你分心的场合。找一个你可以联想到学习的地方，这样的话，你一坐下来就可以集中注意力了。虽然躺在电视椅上或床上看起来可以完美地学习，但你已经将它们与放松和睡眠联系在一起了。如果你经常在同一张桌子上读书和工作，你会发现，只要一坐下来，你就觉得自己可以集中注意力，所有那些让你分心的事，对你的干扰也就没那么大了。
- **注意你的身体状态** 如果累了，你很难集中精神。如果饿了，你的思绪就会飘向食物。如果感到懒散和不活跃，你可能无法集中精力。试着把阅读或学习安排在你的生理需要不会受到干扰的时候。如果你累了、饿了或者行动迟缓，也许得休息一下或者换个更好的时间来完成任务。
- **准备好必要的工具** 把所有必要的工具都放在身边，会让你为阅读做好心理准备，并且消除因找书或找笔而导致的分心。
- **挑选你注意力最集中的时间来学习** 你能成功专注某项任务的时间，有一个自然的时限，这就是你的注意力持续时间。人们会经历注意力持续时间的高峰和低谷。有些人清晨十分清醒，有些人中午最为专注。为了更容易做到专注，选择一天之中你最清醒、最容易集中精力的时间来学习。如果你无法意识到自己的注意力高峰期，可以对你在几天内阅读和学习的时间，以及每次的学习任务完成情况进行记录，然后从中找出规律。
- **列出让你分心的事情** 通常，当你在阅读或学习时，只要发现自己必须记住要做些什么事情，你就容易分心。比如你预约了第二天下午看牙医，会发现这个提醒偶尔闪现在你的脑海。为了克服这些干扰，将它们列一个清单。当你的脑海中又浮现这些提醒时，就把它们记下来，这样可以暂时消除你有意识记忆中的提醒。

集中注意力

集中注意力意味着把所有的精力都引导到你正在阅读的内容上。为了帮助你将注意力集中在阅读材料上，试一试下面的方法。

- **设定目标** 实现你设定的目标,是积极而有益的;将你开始做的事情一直做完,会让你感觉很好。在每次阅读或学习之前,设定具体的目标和时间限制。把大任务分解成小任务,是你给自己实现目标创造的最好机会。
- **奖励你自己** 在限定时间内完成目标,本身就是一种奖励。其他奖励包括看电视、吃零食或查收短信等。
- **首先从复习以前读过的内容开始** 复习之前的内容,将把你的注意力转移到今天的任务上,并帮助你将思维从之前的活动"切换"到你现在正在做的事情上。
- **在阅读的时候写,并且做标记** 阅读的时候你可能会走神,尤其是当你发现阅读材料枯燥乏味的时候。要解决这个问题,你可以把每个部分的重要观点写下来或者标记出来,在边上做笔记,并记下问题。这些活动迫使你思考:辨别重要的观点,看一看它们之间如何联系,评估它们的价值和重要性。
- **批判性地阅读** 做主动的阅读者。不要简单地吸收大量信息,而是批判性地阅读。寻找你质疑的或不赞成的观点。试着预测作者的思路如何发展。将之与你已经知道的、你之前读过的内容联系起来。

提高思维层次

在你的整个受教育生涯中,你的主要任务是记住和理解信息,当需要应用、分析、评估和创造信息时,你可能没有准备好。其实,这关乎思维层次的培养问题。不同的思维层次及其释义见表 1-3,你应该学会从这些层次上思考和工作。

表 1-3 思维层次

记住:	回忆信息;不做任何改变地复述信息
理解:	理解观点;运用规则并遵循指令
应用:	将知识运用到新的场景中
分析:	理解观点之间的联系;将信息分解成多个组成部分;分析事物如何运行
评估:	做出判断;评估信息的价值
创造:	将观点和信息以独特的方式综合起来;创造一些新的东西

以下这篇文章摘自一本心理学图书中关于记忆和学习的一章。阅读这篇文章,并研究下面的列表。

> 我们使用不同类型的代码将信息存储在长期记忆中,而代码是用于指定信息的特定方法。例如,当你想到一个苹果时,脑海中可能浮现圆形、红色、闪亮的水果的视觉形

象——但你也可以用一些词来描述它的形状以及它所谓"包治百病"的作用。视觉形象和文字描述是不同类型的代码。就像你可以打印字母、画画，或者在黑板上写下摩斯电码的点和破折号（所有这些都是不同的代码）一样，你的大脑也可以使用多种代码。

大脑使用不同代码的能力，使得我们能比仅仅使用单一的代码更有效地记住信息。例如，艾伦·佩维奥（Allan Paivio）认为，具体的词（能给看得见、摸得着的东西取名字，比如"树"或"桌子"）通常比抽象的词（能给无形的东西命名，比如"精神"和"正直"）记得更牢，这是因为具体的词可以使用双重代码来存储在记忆中。你可以将某个具体的词命名的物体视觉化，并将该形象与单词本身一起存储，这样的话，之后你就有两次机会在长期记忆中查找信息。但是，对于抽象的词，你只能存储单词本身，因此，以后在长期记忆中查找到这个单词的机会更小。

当材料以一种新的方式组织时，工作记忆在编码中扮演着关键的角色，如通过将一个单词命名的物体可视化或口头描述你看到的东西。编码过程利用了大脑额叶的一部分，是工作记忆的一部分。事实上，研究信息时大脑额叶的活动程度可以预测信息在以后被记住的程度。

下面你可以看到如何运用不同层次的思维来理解和评估这篇关于记忆和学习的文章。

记住：关于代码，科学家得出了什么结论？
理解：为什么视觉形象会让记忆更容易？
应用：我怎样使用视觉记忆来帮助记住课程信息？
分析：你还能想到哪些其他类型的双重代码？
评估：双重代码有多么有效？
创造：我可以设计什么类型的实验来测试其他类型的双重代码？

以下文字摘自一本社会学图书的节选文章。通过回答下面的问题来展示你的不同层次的思维能力。

标志是小组成员们赋予其意义的任何东西。它可能是一个物体、一种颜色、一个声音、一个手势、一个人或其他任何一样东西。信号和标志的重要区别在于，标志是完全任意的。例如，水具有真实的物理性质，但作为一种标志，同样的水可能被定义为纯净水、脏水、圣水或具有治疗作用的泉水。只要有轻微的化学变化，同样的水也可以变成一种昂贵的饮料，可以用来表达一个人的社会地位。

由于象征性的行为，人们可能以不同的甚至相反的方式来解释颜色。在美国和其他西方文化中，白色是生命、纯洁和善良的标志。"好人"戴着白色帽子。黑色象征着严肃和庄严，例如，毕业典礼和法官在法庭上穿黑色。但在西方文化中，黑色更普遍地标志着邪恶和死亡：人们在葬礼上穿黑色服装，"坏人"戴着黑色帽子，穿着黑色制服的足球队名声险恶。在中国和亚洲其他许多地方，这些意思有很多是相反的。白色象征着哀悼和死亡，人们在葬礼上穿白色衣服，而不是黑色。戴一顶绿色的棒球帽，在西方是运动队的标志，而在中国可能会造成尴尬，因为它是出轨的象征。

衣服也有象征意义，尽管大多数时候我们很少注意到周围人穿什么。但是，你可以更仔细地查看人们通过服装传达的象征信息。有些T恤传递着明显的信息，另一些衣服传达的信息则不那么明显，但它们也传递信息。当然，象征意义可能会随着时间的推移而改变。今天，蓝色牛仔裤在校园里很常见，但很少有人注意到它们。然而，如果你在一个世纪前穿牛仔裤去上课，几乎会让所有人感到震惊，因为它们是"工人阶级"的服装。而且，就在几十年前，人们还认为牛仔裤只适合男性，不适合女性。

哈雷摩托车曾经是越轨行为和"非法摩托车手"的重要标志。今天，大多数美国人认为，社会已经接受这些摩托车的车主们，因为在过去的几十年里，股票经纪人、律师、牙医和其他哈雷摩托车的狂热爱好者重新定义了"哈雷"这个词，使之成为"主流"的意思。由于它们和一些豪华汽车一样昂贵，所以，这种摩托车如今已成为富人和成功人士地位的标志。在人们使用的所有象征意义中，语言是迄今为止保存和传播群体文化遗产最重要的标志。

记住和理解：给出标志的定义。哪些类型的事物可能是标志？标志与信号有什么不同？

应用：我们的文化中有哪些重要的标志？

分析：想出一种其意义已随着时间的推移而改变的标志。分析它的意义是怎样改变的。

评估：我们日常中的所有事物，是不是都具有象征意义？如果不是，我们怎么确定什么是标志？

创造：列出一些对你的生活有意义的标志。它们传达了什么信号？为什么？

预览和预测

预览和预测是帮助你超越基本知识层次和理解水平而进行思考的技能。你可以把预览想象成"偷偷地预览"一遍某章内容或某篇阅读材料。这样一来，你就可以更快、更容易地阅读了。

预览图书

使用下列步骤来熟悉图书中某章的内容及其组织方式。

1. **阅读该章的标题** 标题表明文章或章节的主题;副标题暗示了主题的特定重点或方法。
2. **阅读导言或第一段** 导言或第一段是章节的引子,确定整体主题并建议如何进一步阐述。
3. **阅读每一个黑体字标题** 标题标记了每个小节的内容,并且指出了该小节的主题。
4. **阅读每个主要标题下的第一句** 第一句话往往陈述了这个小节的中心思想。如果第一句看起来像是导言,那就读最后一句;通常,最后那句话陈述或重申了中心思想。如果挑选的阅读材料没有标题,阅读每一页的几个段落的第一句。
5. **注意任何印刷上的辅助手法** 黑体字用来强调重要的术语和定义,以区别于文章的其他部分。带编号或者以列表的形式呈现的材料,也特别重要。
6. **注意任何的图形辅助工具** 图形、图表、照片和表格常常表明章节中重要的内容。请务必阅读照片的说明以及图形、图表的说明文字。
7. **阅读最后一段或总结** 最后一段或总结通过概括本章的要点,简明地介绍本章的观点。
8. **快速阅读任何文章结尾或章节结尾的材料** 这可能包括参考文献、章节概要或术语表。

预览下面的文章(只阅读画线的内容),然后回答问题,测试你的预览效果。

倾听的目的

演讲者演讲的动机因场合而异,同样,倾听者集中注意力的目的也各不相同。研究人员已经确定了五种类型的倾听(每一种都有不同的目的):(a)欣赏型;(b)区别型;(c)治疗型;(d)理解型;(e)批判型。

欣赏型倾听

欣赏型倾听专注于一些事情而非主要信息。那些主要关心参与体验的人们就是欣赏型的倾听者。有些倾听者喜欢看著名演说家的演讲。另一些则欣赏良好的公共演讲艺术、悦耳的音调、巧妙的语言运用、令人印象深刻的措辞,以及精心地运用辅助材料。还有些倾听者只是喜欢参加一些特殊场合,如就职典礼、献辞仪式和毕业典礼。

区别型倾听

区别型倾听要求听者从信息的呈现方式而不是演讲的内容中得出结论。在区别型倾听中,人们寻求理解说话人的真正想法、信念或感觉。当你判断父母对你有多生气时,不是根据他们说了什么,而是根据他们说话的方式。这样就是在进行区别型倾听。记者在听到国家领导人以某种方式传递信息时,往往会事后猜测该领导人在外交政策上的态度。当然,表演者也可以通过自己的表演向观众传达愤怒或兴奋等情绪。

> **治疗型倾听**
> 治疗型倾听的目的是为说话者提供情感上的支持。这是一种比公共交流更典型的人际交流，也就是说，治疗型倾听者充当了演讲者试图解决问题、走出困境或表达深层情感的回音板。不过，有的时候，治疗型倾听也会出现在公开演讲场合，比如运动员为自己不专业的行为道歉，或者某位同学回顾个人问题并感谢朋友的帮助。
>
> **理解型倾听**
> 当倾听者想要获得说者提供的额外信息或见解时，就会进行理解型倾听。这也许是你最熟悉的倾听形式。当你在听广播或看电视新闻时，在聆听老师关于第二次世界大战四个主要原因的讲课时，或者倾听招生人员介绍你的学校的新生报到程序时，都是在为了理解而倾听，也就是说，为了理解信息、观点和流程。
>
> **批判型倾听**
> 批判型倾听要求倾听者对信息进行解释和评估。这是最复杂的倾听形式。它要求倾听者不但要理解信息，还要对其进行解释，判断其优点和缺点，并确定其价值的高低。你们将在课堂上练习这种倾听方式。当你评估商业广告、政治竞选演讲、职业顾问的建议或者有争议的脱口秀嘉宾的观点时，也可以使用批判型倾听。当你以批判的态度倾听时，就会决定接受或拒绝某些观点。你还可以决定对该信息采取行动或延迟采取行动。
>
> 倾听的目的如此众多，对倾听者和说话者都有着极大的影响。欣赏型倾听者有很强的选择性，要注意隐喻，要对说话的语气做出反应，并且寻找令人难忘的短语。在另一个极端，批判型倾听者努力捕捉相关的细节，判断相互竞争的论点的合理性，理性地决定是否接受某些观点。治疗型倾听者决定什么时候通过鼓掌或其他表示赞同的信号来积极地回应说话者，而那些为了理解而倾听的倾听者则会区分重要的和不重要的信息。最后，欣赏型倾听者会寻找与自己相关的未说出的想法或感觉的线索。当你思考自己的倾听目的时，将会发现自己正在更仔细地调整自己的倾听行为，以适应说话的情景。

评估你的预览效果

在仅做预览的情况下，用"对"或"错"回答下面每一个问题。

1. 区别型倾听要求倾听者注意信息是如何表达的，而不是信息本身。
2. 治疗型倾听的目的是为说话者提供支持。
3. 理解型倾听的目的是获取信息。
4. 在欣赏型倾听中，倾听者把注意力集中在主要信息上。
5. 根据不同的目的，倾听者会关注信息的不同部分。

你也许能够正确地回答所有（或大部分）问题。因此，预览确实为你提供了大量信息。如果你再看一遍这篇文章，把它通读一遍，会发现这比你没预览过的时候容易多了。

预览非图书的材料

对于非图书上的材料，你可能需要改变预览方式。许多文章、短文和参考读物都不具备章节的特点。它们可能没有标题，或者缺少清晰可辨的导言和总结。以下提示将帮助你预览这类材料。

1. **密切关注标题** 它可能陈述了文章的主题或重点。
2. **确定材料的作者和来源** 这些信息可以提供关于文章内容或重点的线索。
3. **仔细阅读第一段，寻找对文章目的或主题的陈述**
4. **如果没有标题，那就读每段的第一句话** 段落的第一句话通常是主题句，它陈述了段落的主要观点。通过阅读开头的几句话，你就会了解到文章中的大部分重要观点。
5. **特别注意最后一段** 它可能不会提供总结，但通常作为文章的结尾。

激活背景知识

在完成预览之后，你应当花点时间思考你已经知道的主题。不管是什么主题，你都可能对它有所了解：这就是你的背景知识。激活背景知识，对你的阅读有三个帮助。首先，它使阅读更容易，因为你已经思考了主题。其次，这些材料更容易记忆，因为你可以把新信息和你已经知道的联系起来。最后，如果你能把主题和你自己的经历联系起来，主题就会变得更有趣。下面是一些帮助你激活背景知识的方法。

1. **提问题，并试着回答** 如果你的生物学图书中有一章的标题是"人类疾病"，其中包括"传染病""性传播疾病""癌症""血管疾病"，你可能会提出并试着回答这样的问题：我见过哪些传染病？是由什么引起的？关于预防癌症和其他疾病，我都知道些什么？
2. **利用你自己的经验** 如果你的商业学图书中有一章的标题是"广告：其目的与设计"，你可以回想几个你看过的广告，并且分析每个广告的目的以及它是怎样制作的。
3. **头脑风暴** 假设你要阅读社会学图书上关于家庭暴力的一章。你可以列出暴力的类型（如虐待儿童、强奸等），提出问题（"是什么导致虐待儿童""如何预防"），或者列出你听说过或读到过的家庭暴力事件。

做出预测

我们在做许多事情之前都会进行预测。我们预测开车去购物中心需要花多长时间，到一家新餐馆吃顿饭要多少钱，或者某次聚会可能持续多久。

预测帮助我们安排时间，应对新情况。预测也是主动阅读的重要组成部分。它使你能够系统地接触材料，还有助于你主动阅读，因为你会不断地接受或拒绝自己的预测。预览时，你可以预测观点的发展、材料的组织和作者的结论。例如，一位阅读者预览一篇题为《计算机有生命权吗？》的文章。从文章的题目来看，她预测将讨论人工智能的话题：计算机是否会"思考"。当她读这篇文章时，发现自己的预测是正确的。

预测下列每一篇文章的主题与观点。
1. "电视新闻呈现的现实"
2. "电视暴力——对社会令人震惊的新威胁"
3. "职业运动：必要的暴力"

提出引导问题

你是否曾经读了一整页甚至更多的书，却忘记了你读过的所有内容？你是否发现自己在一段又一段地阅读，却没有真正去思考作者在说什么？因为你在阅读时并没有寻找什么特别的东西，所以不会注意到或记住任何特别的东西。

阅读应当是有目的的活动。你应该有理由去阅读你挑选的每份材料。在开始阅读任何文章、节选材料或章节之前，你要明白你想了解什么。

确保有目的地进行阅读的最简单方法是使用引导问题。这是一些具体问题，引导你注意到阅读材料的每个章节中什么是重要的。

构思引导问题最简单的方法是把章节名称和标题变成你在阅读时要回答的问题。在文章的页边空白处，紧挨着每个标题旁边，将问题写下来，直到你养成习惯。然后，你可以在心里提出这些问题。这里有三个例子。

章节名称："沟通的九大原则"
引导问题：沟通的九大原则是什么？
文章名称："防止核战争的真正办法"
引导问题：这篇文章认为可以怎样防止核战争？这些预防措施切合实际吗？真的可行吗？
章节标题："颜色视觉理论"
引导问题：什么是颜色视觉理论？它们有什么不同？

避免问一些只需一个词便可回答的问题或者需要回忆细节的导向性问题。以"怎样""什么""为何"开头的问题，通常比那些以"谁""何时"和"哪里"开头的问题更有用。

为下列出现在刑事司法读物中的每个标题至少撰写一个引导问题。
1. 高科技与刑事司法
2. 刑事司法：过去、现在和未来
3. 当今的司法体系
4. 网络犯罪：新的白领犯罪
5. 恐怖主义的规则
6. 控制恐怖主义
7. 技术与个人权利

检验你的理解

在诸多的日常活动中，你很想知道自己的表现如何，或者要"检验"一下你的表现如何。在壁球、网球和保龄球等运动中，你想知道自己是不是打得不好。所有这些，你实际上是在记分，有意地纠正错误，提高运动水平。你在准备一种自己喜欢的食物时，经常一边做一边尝，以确保菜的味道符合你的口味。你在洗车时，要仔细检查，确保没有漏洗之处。

在阅读过程中也应该进行类似的检验。你要"记录"自己对内容的理解和反应有多么高效。因为阅读是一个心理过程，它比保龄球或烹饪更难检验。你可能理解了某些观点，也可能被别人搞糊涂。

识别理解的信号

当你阅读自己容易理解的材料时，会发生什么？一切似乎都弄懂了吗？不同的观点是否互相契合并且能够解释得通？这种弄懂的情况，在其他时候明显不存在吗？

阅读下面两段节选。当你阅读时，要注意你对每段节选的理解程度。

节选 1

如果你坐过穿越两个或两个以上时区的飞机，可能体验过时差反应，也就是你身体的"内部时钟"与目的地的昼夜时间不同步。时差反应之所以发生，是因为新的昼夜模式打乱了你的昼夜节律。昼夜节律是 24 小时的周期，你习惯了睡觉，起床，以及在一天中做些习惯性的事。人体的昼夜节律部分地受到大脑中松果体的调节：它释放一种叫褪黑激素的激素，能诱发睡意。

节选 2

当非甾体抗炎药通过阻断 COX-1 和 COX-2 来阻断所有前列腺素的合成时，尽管胃肠道的黏膜内膜变薄，炎症减轻，但患者可能会患上胃肠道溃疡。因此，COX-2 抑制剂仅阻断生成 PGE-2 的环氧合酶 II，在治疗炎症的同时对溃疡的影响较小。COX-2 抑制剂只抑制炎症过程，不影响胃黏膜内壁的黏度。

你在读节选 1 时，感到舒适和自信吗？其中的观点是否相互引导，并且合乎常理？在读节选 2 时，你又有什么感觉？也许你觉得它很难，感到困惑。由于它使用了你不熟悉的术语，导致你无法跟上思路，所以整篇文章对你没有意义。

表 1-4 列出并比较了帮助你检验理解水平的常见信号。并非所有信号都同时出现，也不是所有信号都适用于每个人。在研究这张列表时，找出你在阅读第一段有关时差反应的节选时所感受到的积极信号。接下来确定你在阅读关于非甾体抗炎药和溃疡的节选文章时感受到的消极信号。

表1-4 理解的信号

积极信号	消极信号
你感觉很舒服，并且对主题有一定的了解	这个主题是陌生的，但作者假设你理解它
你能认出大部分词汇，或者能根据上下文推测它们的意思	很多词汇你都不熟悉
你可以用自己的话来表达主要观点	你必须重新阅读主要观点，并使用作者的语言来解释它们
你以正常的、感到舒服的速度来阅读	你通常放慢速度或者重新阅读
你能够将各个观点联系起来	你无法察觉观点之间的联系；作者的组织方式不明显
你能够理解作者在朝什么方向引导你	你觉得自己好像在挣扎着跟上作者的步伐，无法预测接下来会发生什么
你理解什么是重要的	看起来什么都不重要

检验方法

有时你可能以为你已经理解了某篇文章内容，结果却并非如此。为了确保你的理解是完整和准确的，使用以下方法。

1. **使用引导问题**　读完一章时，停下来看一看你是否能回答你的问题。
2. **提出应用、分析、评估和创造的问题**
3. **用你自己的话改写**　如果你不能用自己的话表达某个观点，很可能就没有理解它。

使用 SQ3R 阅读 / 学习系统

SQ3R 系统已成功应用多年，事实证明，它在提高信息的记忆方面是有效的。这个系统对事实性强、组织严密的材料尤为有用。SQ3R 基本上是一种边阅读边学习的方法。它的名字取自每个步骤的单词的第一个字母。

1. **调查**（Survey）　使用前文所述的预览步骤，熟悉材料的整体内容和组织。

2. **提问**（Question） 在阅读过程中，提一些你预期自己能够回答的关于阅读材料的问题。当你阅读每一个连续的标题时，将其转变成一个问题。

3. **阅读**（Read） 在阅读每个小节时，积极寻找你的指导问题的答案。一旦找到答案，在文章中简明陈述信息的部分下画线或者做标记。

4. **背诵**（Recite）"背诵"也许是这个系统中最重要的部分，它意味着在读完每个章节或主要标题之后，你应当停下来，目光不要停留在页面上，试着记住你提出的问题的答案。如果记不住，回头看一看这页，再读一遍材料，接着再测试自己，把视线从纸上移开，"背诵"问题的答案。

5. **复习**（Review） 完成阅读后，立即重新浏览材料，阅读标题和总结。在读每个标题时，回想一下你的问题，测试一下自己，看一看是否还记得答案。如果不记得了，就重新阅读那部分内容。一旦你对自己的理解感到满意，并且能够回忆起关键信息，就可以转向更高层次的思维了，也就是提出应用、分析、评估和创造的问题。有些读者喜欢加上第4个"R"，即反应（React）。

阅读如下关于体重增加的文章，在阅读时遵循SQ3R方法中的每一个步骤。

调查 预览文章，注意导言、标题、首句和印刷上的提示线索。完成预览后，你应当对这篇文章将传递什么信息有了很好的了解，并且应当知道作者就这个主题得出的一般结论。

提问 用标题来提几个问题，你预料文章中将会回答这些问题。你可以这样提问：什么导致体重增加？体重与体育锻炼之间有什么联系？年龄对体重增加有什么影响？

阅读 现在，通读这篇文章。记住你的问题。在每个主要部分结束时停下来，然后进入下一个步骤。

背诵 在读完每个小节之后停下来，看一看你能不能回想起相应的问题的答案。

复习 当你读完了整篇文章时，花几分钟再看一遍标题，回忆你提的问题，并写下它们的答案，看一看你能够多好地记住这些答案。

导致体重增加的因素

我们看到体重秤上的数字上升或下降，都是因为一个简单的概念：能量平衡。你摄入的食物和饮料以卡路里的形式含有能量，这些卡路里被当作"能量摄入"。你的身体需要这些能量，并消耗能量来进行日常活动，从呼吸循环和血液循环，到学习和锻炼。随着时间的推移，如果你摄入的卡路里与你消耗的卡路里相当，你就处于能量平衡的状态，体重不会改变。如果你摄入的卡路里比你消耗的少，你的体重会减轻。相反，摄入的卡路里比消耗的多，体重就会增加。这是一个简单的公式。虽然基因和激素也会影响体重，但超重最终是由摄入和消耗的卡路里不平衡造成的。

增加卡路里消耗

我们的饮食中往往充满高热量、高脂肪的食物（例如快餐），并且添加了糖（例如软饮料、糖果、许多早餐麦片和甜点）。大分量的食物和外出就餐也会增加卡路里的摄入。快餐和软饮料的分量通常是刚开始时的 2～5 倍。比如，1954 年，汉堡王的汉堡含 202 卡路里，到 2004 年已经增加到含 310 卡路里。1955 年，麦当劳的一份薯条含 210 卡路里，到 2004 年已经增加到含 610 卡路里。1916 年，瓶装可口可乐含 79 卡路里，到 2004 年，这种饮料的标准容器含 194 卡路里。虽然大分量可能与我们的生活方式、口味和钱包相匹配，但它们会导致超重，损害我们的健康。缺乏体育锻炼也导致体重增加。

缺乏体育锻炼

不到 1/3 的美国人能做到每天至少适度运动 30 分钟，每周大部分时间都锻炼。事实上，1/4 的美国人根本不锻炼。根据《2010 年健康人》的数据显示，70% 的 12 岁儿童定期进行高强度活动，但到 21 岁时，只有 35% 的人这样做。

基本能量需要的差异

为什么有的人日复一日地摄入卡路里体重却没有增加，而其他人每天消耗同样多的卡路里，却还要努力控制自己的体重呢？这是因为，一个人每天消耗的能量中，大约有 2/3 用于基础代谢，即当消化系统、身体和情绪完全休息时，身体维持基本的生理过程（如维持重要器官的功能）。剩下的能量用于食物消化和吸收，适应环境变化（如温度、创伤和压力），以及参加体力活动。

基础代谢发生的速率称为基础代谢率。另一种类似的能量输出测量方法叫作静息代谢率，是在人清醒并且安静地休息时测量的。基础代谢率和静息代谢率在人与人之间可能有着很大的差异，而且，同一个人的情况随身体状况的变化也可能不同。总的来讲，基础代谢率和静息代谢率在正在成长的人群（儿童、青少年、孕妇）、高个子（更大的表面积 = 更多的热量损失 = 更多的卡路里燃烧）和那些有着更大肌肉质量的人群（身体健康的人和男性）中最高。这些人每天消耗的能量通常比那些身材较矮、身材更圆润的人更多。

年龄

随着年龄增长，人们往往变得不那么活跃。此外，肌肉质量也会随着年龄的增长而减少。肌肉量的减少将导致基础代谢率降低，从而减少对卡路里的需要。基础代谢率每 10 年约下降 2%。随着年龄增大，如果人们不减少卡路里的摄入量，很可能会增加体重。

遗传因素

超重和肥胖往往会在家族中遗传。如果你父母一方或双方都超重或肥胖，那么，你超重的概率就会增大。可以肯定的是，其中一些影响也许更多的是由于习惯而不是基因。一家人往往在饮食和锻炼模式上有一些相似（无论这些模式是健康的还是不健康的）。不过，研究表明，基因也会影响人们体重增加的倾向、储存多少脂肪，以及超重的部位。

性别差异

男性和女性都有各自独特的原因导致体重增加。例如，一方面，由于与性别相关的习惯和社会期望，男性可能更倾向于选择高热量的饮食。在人们的陈旧观念中，"真正的男子汉"吃的是排骨，而不是沙拉。另一方面，是出于对妇女的健康考虑，然而真正的男子汉增加了她们超重的风险。直到10岁左右，女孩和男孩的能量需求还是相似的；然后，青春期引发了变化。当男孩开始长出更多的肌肉时，他们需要更多的卡路里。他们日益增长的身高和日益增大的体型也需要更多能量。相比之下，女性会自然地将身体脂肪储存起来，以备怀孕和哺乳之需。

调整 SQ3R 系统，使之符合你的学习风格

你可能已经发现，有些学习方法比另一些更适合你。正如每个人的个性都独一无二那样，每个人的学习方式也独一无二。利用你对自己学习方式的了解来发展完善你的阅读/学习系统。尝试各种学习方法，并对 SQ3R 系统进行相应的调整。例如，如果列提纲有助于你回忆信息，那就用列提纲的步骤代替背诵步骤，将复习步骤变成复习提纲的步骤。或者，如果你发现自己采用听的方式学得更好，那就把背诵和复习的步骤换成录音和倾听的步骤，在这个步骤中，你口述要学习的信息并进行录音，然后通过听录音来复习。

发展和完善你自己的阅读/学习系统，有着无数种可能。最好的方法是测试各种变体，直到找出最有效的系统。

心理学阅读材料

刻板印象与偏见：见过一个，就都见过了

斯蒂芬·M.科斯林（Stephen M.Kosslyn）和罗宾·S.罗森伯格（Robin S.Rosenberg）

引导问题

想一想你认为自己被别人运用刻板印象对待的时候，你是怎么反应的？

在我们生活的世界，我们很容易被他人传递的信息洪流所淹没。这些信息来自他们

的语言、姿势、手势和面部表情，我们可以据此推断其态度和目的。很多情况下，我们也从其他来源获得关于他们的信息——别人讲述的细节和他们留给我们的印象。这个世界充满了社会信息和刺激，如果我们无法组织这些庞大的信息的话，就将生活在混乱之中。我们大脑中的知觉过程组织的一些信息正冲击着我们的感官——但是，我们仍然要面对太多的社会信息。

为了避免淹没在社会信息的浩瀚大海中，我们创造了刻板印象，它以有用的方式组织关于人们的信息。刻板印象是对某一特定类别的人的一种信念（或者一系列信念），该特定类别可以根据种族、性别、社会阶层、宗教、民族背景、头发颜色、运动、爱好或者许多其他特征来定义。刻板印象可能是正面的（如"女性很有教养"）、中立的（如"墨西哥人爱吃辣"）或负面的（如"球迷十分好斗"）。正如我们在以下各小节中看到的，刻板印象有时会将我们引入歧途。

刻板印象是一种认知捷径

因为刻板印象将社会信息分配到一个类别，因此它们可以作为有用的认知捷径。这里有一个例子来说明这种捷径是如何发挥作用的。假设你对新英格兰人有着正面的刻板印象，相信他们守时而勤奋。当你遇到一个来自缅因州的女性时，你脑海中的"新英格兰人"的刻板印象就会被激活；你会对她的身份（"新英格兰人"）做出回应，而不是对她作为一个人的实际特征做出回应。所以，你也许因此认为你刚刚认识的这位女性守时而勤奋。

但是刻板印象只是一种漫画式的描述，而不是对人们性格的理性描述，而且有时是不正确的。当我们根据我们的刻板印象对人做出判断时，刻板印象就会产生误导。特别是我们不太可能注意到——因此也不太可能在脑海中编码或记住与我们的刻板印象不一致的信息，事实上，也许还否认这些信息的真实性。

因此，由于刻板印象的作用，我们不太可能处理与刻板印象不一致的信息：我们或许都不会注意到这些信息，即使注意了，也不太可能记住它。与其处理这些不一致的信息并修正我们的刻板印象，我们更倾向于摒弃这些信息并保留我们的刻板印象。例如，在见过这位来自缅因州的女士后，你也许注意到她行为的某些方面与你的刻板印象一致，并且在想到她时，更有可能记住这些一致的方面。当她迟到时，你要么没有注意到，要么为她的迟到想出合理的借口，并将其视为规则中的例外。此外，这种刻板印象还会继续存在，而且影响你未来的思维方式，部分原因是你能够更快地回忆起与这种刻板印象相关的信息而非不相关的信息。

有时候，刻板印象和来自刻板印象群体的人们的实际特征之间的差异太大了，容不得人们忽视。然而，人们通常不会改变原型，而是在其中创建一个新的子类型。例如，如果你的这位来自新英格兰的熟人习惯性的迟到和懒惰太过明显，以至于你无法忽视，那么，你可能创建一个子类型，认为"新英格兰人很难应对"，而这一特点将适用于她。这样的话，你还是可以保留你对新英格兰人的固有印象，也就是他们守时、勤奋。由于这种心理现象，即为了保持刻板印象而创造出子类型，刻板印象极难改变或消除。

然而，幸运的是，你并没有被刻板印象所俘虏，它们也不是一成不变的。如果你的动机是准确的，并且愿意付出额外的认知努力，就不会去假设某种刻板印象适用于某个特定的人，以便将刻板印象的影响最小化。

刻板印象和偏见：预先判断和歧视

刻板印象的另一个不幸后果是偏见，这是一种对群体成员通常消极的态度。偏见包括两个部分：认知部分（如对群体的信念和期望）；情绪部分（通常是对群体的负面情绪）。例如，仅仅想到一个不喜欢的群体中的某些成员，就会产生对他们所有人的强烈感觉。就像一般的态度和刻板印象一样，我们不容易注意和准确记住与偏见不一致的信息，而是更容易注意和准确记住与偏见一致的信息，这样一来，我们使得偏见实现自我延续。

偏见和歧视

偏见经常导致歧视，这是针对特定群体中的个人的负面行为，产生于对该群体不正当的负面态度。以下是偏见如何导致歧视的一个例子：非裔美国牙医贝茜·德拉尼在牙科学校读书的时候，一位白人教授给她的一些作业完成得很好的科目挂了科。贝茜的一位女性朋友是个白人，也是牙科专业的学生，她主动提出把贝茜的作业改成自己的名字交上去，看一看这次能得多少分。结果，贝茜的朋友通过了考试，而贝茜恰好在那门功课挂了科。白人教授之所以歧视贝茜，是因为他对她的种族有偏见——她属于某个特定的社会阶层。

和刻板印象一样，歧视可能基于任何可以区分群体的东西：性别、种族、社会阶层、头发颜色、宗教、毕业院校、身高、体重等。与偏见一样，歧视可能是微妙的。尽管如此，大多数美国人认为歧视是错误的；当别人指出他们自己的歧视行为时，他们感到不舒服，可能会经历认知失调——随后他们可能会避免这种行为，从而减少认知失调。

检验理解

1. 写一份对阅读和复习这篇阅读材料有用的引导问题的清单。
2. 解释刻板印象和偏见之间的区别。
3. 为什么人们明确表达刻板印象?
4. 为什么刻板印象能在我们脑海中根深蒂固?
5. 贝茜·德拉尼的实验表明了什么?

批判思考

1. 为什么刻板印象和偏见如此难以打破?
2. 想一个刻板印象或偏见引导了你对另一个人的反应的例子。你运用的是什么刻板印象或偏见?
3. 你对刻板印象和偏见的新的认识,将怎样改变你的待人处世方式?
4. 当你看到别人运用刻板印象或偏见时,你对刻板印象和偏见的新的认识会如何改变你的反应?
5. 为什么阅读材料中会有来自不同文化背景的人的照片?还有哪些照片也能有效地说明刻板印象?

第2章
理 解 技 能

这张照片里发生了什么？照片中的一家人无家可归，他们正在寻求帮助。但这个故事还有更多的内容。为什么这个家庭无家可归？他们遇到了什么不幸的事情？他们在外面流浪多久了？他们想尝试着获得什么样的帮助？他们住在哪里或睡在哪里？有没有亲戚朋友提供帮助？

无论你是在看照片还是在阅读图书，你都在积极地寻求理解它，对它有一个基本的理解。

本章将介绍一些技巧，帮助你更好地阅读和理解。要想成为一个更好、更快的阅读者，并没有什么简单的技巧。面对大量的阅读内容时，成功的关键是有所选择，即找出什么是重要的，然后把注意力集中在它上面。

每天都会有大量的信息涌向你——电视中的新闻、办公桌上的工作信息、互联网上的信息——有时多到让你难以承受。为了有效地完成你的工作，你必须知道如何区分哪些重要，哪些不太重要。通过理解段落的结构，你会发现自己更容易找到和运用关键信息，这将节省你的时间，使你在工作中更加高效。

找出主要观点

在一个段落中，并不是所有的句子都同等重要。事实上，重要性分为三个层次：
- 最重要——主要观点。
- 不太重要——主要的支持细节。
- 最不重要——次要的支持细节。

你在读某个段落的时候，应当根据它们的相对重要性来对观点进行分类，并且对其中的一些观点投入更多的关注。在这里，你将学习如何分辨重要性的各个层次，以及各个观点如何在一个段落中相互配合、相互作用。

段落可被定义为一组相关的观点。其句子相互关联，都是关于同一个人和地点，同一件事情或者同一个观点。共同的观点被称为**主题**，即整个段落的焦点。

阅读下面这个段落，你会发现它的主题是幼儿园。

> 曾几何时，人们认为幼儿园（这个单词的字面意思是"儿童花园"）是学前教育机构，或者以为幼儿园的孩子根本不学知识，幼儿园只是迈入正式教育阶段前的一个可选的桥梁和纽带。如今，幼儿园已成为几乎每个五六岁孩子教育经历的一部分。孩子们在这里有的待半天，有的待一整天。然而，美国只有12个州的5岁儿童必须上幼儿园，42个州要求每个学区都开设幼儿园。在全国范围内，全天入园和半天入园的幼儿园的情况各不相同。在一些幼儿园的教室里，孩子们参与识字活动；另一些幼儿园几乎完全不重视孩子读写能力的培养。从幼儿园到小学一年级是一步巨大的跨越，因此，至关重要的是使得"准备就绪"这个词成为幼儿教育词汇的重要组成部分。

段落的**主要观点**是作者想让你了解的主题。这是作者在整个段落中展开得最广泛、最重要的观点。整个段落解释、发展并支持这一主要观点。一个能引导你找到主要观点的问题是：

"作者提出的关于这个主题的主要观点是什么？"在上面的段落中，作者的主要观点是，取决于不同的教育计划，幼儿园教育各不相同。

辨别主题句

通常的情况是，作者用一句话表达主要观点，但不会总是这样。表达主要观点的句子叫作**主题句**。

要寻找主题句，找到那个能解释作者想让你了解主题的一般句子。主题句是一个广泛的、概括的句子；段落的其他句子对主题句进行详尽的说明或解释。

在下面的段落中，主题是刻板印象。阅读这个段落，找出作者想让你知道的关于这个话题的主要观点。找一个句子来说明这一点。

> 在日常生活中，我们运用各种各样的**刻板印象**，它们是关于一个群体或社会类别的静态的和过度简化的观念，强烈地影响我们的期望和行为。在美国社会，存在着对女性、男性、运动员、老年人、少数族裔、大学生以及无数其他群体与社会类别的刻板印象。当我们认定某些人属于某个特定类别时，会假设他们拥有特定的特征，并据此表现出相应的行为。因此，许多人认为，与红头发的人接触要谨慎，因为他们脾气火爆，"随时可能爆发"。同样，负面的刻板印象也会影响我们与不同种族和族群的交往。如果人们认为苏格兰人小气，意大利人热情，非裔美国人暴力，那么，当我们和这些人刚刚接触时，就会下意识认为他们拥有这些以及另一些与他们这个群体相关联的特征，不管他们是否真的拥有。

这一段以一个陈述句开头，然后通过引用例子来进行解释。段落的第一句是主题句，阐明了段落的主要观点：刻板印象对人们的期望和行为产生了强烈影响。

主题句可以在段落的任何位置。不过，有几个地方最有可能找到它。

主题句在首句

大多数时候，主题句放在段落的首句。在这类段落中，作者首先陈述主要观点，然后解释它。

> 公路巡警部门的职责仅限于交通执法，并提升州际公路、主干道和次干道的安全级别。一般来说，州交通执法官员不像市政警察那样为社区提供一般的预防性巡逻服务，也不参与犯罪调查。州公路巡警执行州的各种交通法规，为驾驶人员提供帮助，并提升道路安全级别。州公路巡警有逮捕、搜查和扣押的权力，受权携带枪支。人们通常称州公路巡警为"骑警"。

在这里，作者首先阐述了公路巡警部门的执法限制，段落的其余部分提供了详细信息。

主题句在末句

主题句还可能出现在段落的末尾。使用这种安排时，作者渐次引出主要观点，然后在结尾直接陈述。

> 所有拥有正常语言能力的人都是通过沉浸在语言中学习一门语言的，世界上大多数人都在人生的某个阶段学习第二门语言。第一语言和第二语言在习得和使用上有区别吗？如果学习语言的意义在这两种情况下是一样的，那么我们可以预期，当一个人说他的母语和他的第二语言时，大脑系统的活跃度是一样的。为了验证这一想法，金和他的同事们运用功能磁共振成像扫描了两组说两门语言的人群的大脑，让他们轮流用两门语言说出自己前一天做过的事。其中一组是在儿童时期学习第二语言的，另一组是在成年后学习的。尽管在两组实验中，有一个至关重要的大脑区域（位于左颞叶的后部）以同样的方式激活了对语言的理解，但在其他大脑区域的表现上，儿童时期学习第二语言的人与成年后学习第二语言的人有着极大的差异。<u>这项研究表明，成年后学习第二语言的人处理语言的方式不同。</u>

在这段话中，作者提出了一个关于语言习得的问题，并且用主要观点来总结：人们习得语言的方式很重要。

主题句在中间

如果主题句既没有安排在首句，也没有安排在末句，那么，它可能出现在段落的中间。在这种安排下，主题句之前的句子意在引出或介绍主要观点，之后的句子意在解释或描述它。

> 热带是地球上绝大多数物种的家园，这些物种有七八百万种，它们生活在复杂的群落中。它们大多数从未被命名，还有一些甚至从未被发现。<u>从热带雨林到珊瑚礁，人类活动对热带地区栖息地的迅速破坏，正导致大量物种灭绝。</u>除了对根除不可替代的生命形式的伦理担心之外，随着我们将未知的生物推向灭绝的境地，我们正失去医药、食品和工业原材料的潜在来源。

在这个段落中，作者首先讨论了热带物种的多样性，然后陈述了他们的主要观点：这些物种正在迅速灭绝。本段落的其余部分解释了为什么灭绝是一个问题。

主题句在首句和末句

有时，主要观点会在段落的开头、结尾或其他地方表达出来。作者可以用这种组织方式来强调某个重要的观点或解释某个需要澄清的观点。有时，首句和末句一同表达了段落的主旨。

> <u>专利的好处有两方面。</u>首先，它们确保发明家（如著名的托马斯·爱迪生）可以合法地保护他们的发明，并从其商业价值中获利。其次，因为发明家必须公开展示其发明的所有要素，其他人就有机会受到启发，或许还能创造出别的有用的产品。<u>通过这两方面，专利往往会促进发明（新点子的创造）和创新（新点子的成功商业应用），并且带来许多其他好处。</u>

第一句话和最后一句话一同解释了专利是有益的。

在下面每个段落的主题句下划线。

> 1. 过去，公司根据顾客最近购买的商品来确定他们的价值，而不是关心他们之前的购买力或未来的购买力。随着市场营销概念的出现，基于关系的交换观点取代了这种基于交易的观点。今天，成功的公司都试图将它们的营销努力集中在与有利可图或者可能获利的客户建立长期互惠的关系上。发展客户关系的主要目标是提高客户的忠诚度和保留率。在考虑长期的客户关系时，公司明白，在客户身上一开始可能获利有限，甚至是亏损，但随着时间的推移，利润会增加。
>
> 2. 从历史上看，接近90%的美国人一生中至少结过一次婚，在任何特定时间，接近60%的美国成年人已结婚。然而，近年来，美国人结婚的可能性降低了；自1960年以来，成年男女的年结婚率稳步下降。这可能由几个因素造成，包括初婚的推迟、同居人数的增加，离婚后再婚人数的小幅减少。1960年，男性初婚的平均年龄为23岁，女性为20岁；到2009年，男性初婚年龄的中位数已经上升到28.1岁，女性为25.9岁。
>
> 3. 维基百科（Wiki）是一种在线信息源，允许任何人编辑、删除或修改已添加到Web站点的内容。Wiki在夏威夷语中的意思是"快"，是由沃德·库宁汉姆于1995年创建的。据说维基百科可以自我更正——如果你添加了不正确的内容，有人会帮你更正。尽管维基是个很好的信息来源，但不应将之作为研究或学术作业的主要来源，因为它们并不总是由内容专家创建的，而且文本中可能存在错误。但它们可以用于确认其他来源。
>
> 4. 数字说明一切。拉丁裔是美国人数最多、增长最快的少数族裔，预计到2050年将占美国人口的25%。拉丁裔之所以重要，有几个原因。首先，拉丁裔消费者每年在商品和服务上的花费超过6850亿美元。其次，平均每户人口为3.4人，这使

得拉丁裔消费者对服装、电话服务和杂货零售商具有吸引力。这样一来，专业公关人员倾向于在执行包括广播和电视在内的广告活动时尤其注意吸引这些消费者。

5. 最贫穷的20%的老年人（主要是未婚女性、少数民族和身体有缺陷的人）只拥有这一年龄群体全部资源的5.5%，而最富有的20%的老年人拥有这一年龄群体全部资源的46%。由于健康状况不佳、身体机能下降或者其他与年龄有关的因素而退休或失去工作，老年人在经济上可能是毁灭性的。尽管并非绝大多数老年人都很穷，但相比较于人均收入而言，65岁以上人群的中位数收入依然低于25~64岁的其他所有成年人的收入，非裔美国人、拉丁裔和其他少数族裔的老年人收入远低于美国老年白人的收入。在美国，65岁以上的人中有62%的人一半以上的收入来自社会保障，而社会保障是许多美国老年人的唯一收入来源。简而言之，公众认为，65岁以上人群所面临的收入不平等的记录在数量上有所缩减的看法是不正确的，而且对老年人来说，富人更富、穷人更穷的事实千真万确，这一点比其他年龄段的人更明显。

找出隐含的主要观点

虽然大多数段落都有主题句，但也有一些段落并未包含。这样的段落只包含细节或具体事例，它们综合起来就能指向主要观点。如此一来，文章的主要观点就是隐含的，没有直接表述出来。在这样的段落中，你必须把所有细节综合起来，推断出主要观点。你可以使用以下步骤来找出隐含的主要观点：

1. 通过问自己"作者在整个段落中讨论的是什么"来确定主题。
2. 确定作者想让你了解的主题。看一看每个细节，然后分析每一个都解释了什么观点。
3. 用你自己的话解释这一观点。

下面是一个示例的段落，你可以使用前面阐述的步骤来确定其主要观点。

亚米希人是一个保守的宗教派别，主要生活在宾夕法尼亚州俄亥俄河谷以及其他23个州的小型农村社区。亚米希人社会化的核心是坚定的宗教信仰，强调过一种简朴的生活。本文的一位作者曾经问过几个亚米希人，在亚米希人的孩子中，是否有很多人在成年后就想离开自己生活的社区。他们指出，虽然一些亚米希青少年禁不住诱惑去城镇，开车，喝酒，和非亚米希同龄人约会，但很快他们就发现自己不"适应"外面的世界。更重要的是，大多数人都体验到强烈的内疚感，渴望回到与他们的道德教养相一致的生活方式中。

这一段的主题是亚米希人的生活方式。作者的主要观点是，亚米希人与社区的联系十分密切，以至于很少有人离开过。

阅读下面这个摘自一本生态学图书的小节，并且在每一段的主题句下划线。

生物既复杂又有组织

地球上的生命是由层次结构组成的。每一层都以下面的层为基础，并为上面的层提供基础。所有的生命都建立在元素的化学基础上，每一种元素都是一个独特的物质类型。原子是一种元素中最小的粒子，它能保留该元素的特性。例如，钻石是由碳元素构成的。钻石的最小单位是一个单独的碳原子，任何进一步的分裂都会产生孤立的亚原子粒子，它们就不再是碳了。原子能以特定的方式结合形成分子，比如，一个碳原子可以与两个氧原子结合形成一个二氧化碳分子。虽然许多简单分子是自发形成的，但只有生物才能制造出巨大而复杂的分子。生物的躯体主要由复杂的分子组成。生命分子被称为有机分子，这意味着它们包含一个碳的框架，其中至少有一些氢被绑定。虽然原子和分子之间的化学排列和相互作用构成了生命的基石，但生命本身的质量出现在细胞的层面上。正如原子是元素的最小单位一样，细胞也是生命的最小单位。一个活细胞和一堆化学物质之间的区别，例证了生命涌现出的一些特性。

所有细胞都含有基因，基因是提供控制细胞生命所需信息的遗传单位；称为细胞器的亚细胞结构，是利用基因中的信息使细胞存活的微型化学工厂；细胞质膜是一种薄薄的薄膜，包裹着细胞质（细胞器和周围的水介质），将细胞与外界隔开。有些生命形式（大多只能用显微镜观察）只由一个细胞组成，但较大的生命形式由许多细胞组成，每个细胞都有特定的功能。在多细胞生命形式中，相关的细胞结合形成组织，组织执行特定的功能。例如，神经组织是由神经细胞和各种支持细胞组成的。不同类型的组织结合起来形成一个叫作器官的结构单元（例如，大脑包含神经组织、结缔组织和血液）。一组共同执行单一功能的几个器官被称为器官系统，例如，大脑、脊髓、感觉器官和神经构成了神经系统。所有协同工作的器官系统组成了一个独立的生命体——有机体。

更广泛的组织层次超越了个体有机体。一群非常相似的，潜在的杂交生物组成了一个物种。生活在某个特定区域的同一物种的成员就构成了一个种群。在同一地区生活和相互作用的几个物种形成一个群落。一个群落及其无生命的环境（包括土地、水和大气）构成了一个生态系统。最后，整个地球表面居住着生物的区域（包括它的非生物部分）被称为生物圈。

确定主要细节和次要细节

支持细节是那些能够证明或解释段落主要观点的事实、原因、例子或统计数据。虽然段落中的所有细节都支持主要观点，但它们并非同等重要。在阅读时，要试着辨别并注意最重要、最主要的细节。这些主要细节直接解释了主要观点。次要的、不太重要的细节可能是提供额外的信息，列举一个例子，或者进一步解释某个主要细节。

阅读下面的段落。主题被框了起来，主要观点用了双下划线，主要细节用了单下划线。

> 我们关于更有可能阅读杂志的人群的数据，好过关于阅读杂志人数的数据。毫不奇怪的是，调查显示，杂志阅读量与教育程度高度相关。人们受教育程度越高，花在阅读杂志上的时间就越多。我们还知道女性比男性更倾向于阅读杂志。各种数据都表明了这一点，包括主要吸引女性的杂志比主要吸引男性的杂志卖得好。几乎没有证据表明性革命已经抹去了男性和女性在杂志品位上的明显区别。男性比女性更喜欢阅读商业、金融、机械、科学、体育、户外生活等方面的新闻杂志，以及包含各种女性裸体照片的杂志。男性阅读一般新闻杂志的可能性也更高。另一方面，女性则更喜欢阅读有实用家居信息（食谱、家居装饰、儿童保育和园艺）或时尚和美容信息的杂志。

这个段落以主题句开头。主要细节呈现了已知的杂志阅读模式，次要细节进一步解释并提供了这些模式的例子。

为了确定某个特定细节的重要性，要判断它是直接解释了主要观点，还是解释或提供了关于某个主要细节的更多信息。

阅读下面这篇摘自一本营养学图书中的节选文章。每个段落都绕着主题句画一个方框，并在主要细节处添加下划线。作者提供了哪一类细节？当你完成时，评估你的理解；用你自己的话总结节选内容的要点。

> **胃灼热是由胃酸倒流引起的**
>
> 你在吃东西时，胃会分泌盐酸来开始消化过程。有些人的胃食管括约肌会受到刺激或过度放松，无论哪种情况，结果都是盐酸重新渗入食道。虽然胃有一层厚厚的黏液保护胃免受盐酸的侵害，但食道没有这种黏液，因此，盐酸会灼伤食道。当这种情况发生时，人们的胸部中央会有疼痛的感觉。这种情况通常被称为**胃灼热**。人们经常服用"抗酸剂"来中和盐酸，从而减轻胃灼热感。一种非药物的方法是反复吞咽：这个动作会使得食道内的酸被冲刷到胃里，最终缓解症状。

> **胃食管反流疾病**是一种更痛苦的胃灼热类型，每周发生两次以上。大约 1900 万美国人患有胃食管反流疾病，当盐酸回流到食道时，就会发生胃灼热。虽然偶尔胃灼热的人通常没有结构异常，但许多胃食管反流疾病的患者是食管括约肌过度松弛或食管本身受损。胃食管反流的症状包括持续的胃灼热和反酸。有些患胃食管反流的人没有胃灼热反应，反而会有胸痛、吞咽困难、口腔灼热、食物卡在喉咙里和早晨声音沙哑的感觉。
>
> 引起胃食管反流的确切原因尚不清楚。不过，包括吸烟、饮酒、超重、怀孕、饭后躺下等许多因素都可能导致胃食管反流，还有某些食物也会引起胃食管反流。此外，胃上部位于横膈膜肌上方的裂孔疝，也可能导致腹膜破裂。控制这些因素，例如避免饭后躺下，可以预防或减轻症状。饭前服用抗酸剂也有所帮助，现在有很多其他药物可以治疗胃食管反流。

调整阅读速度

你读报纸的方式、速度与读生物学图书一样吗？令人惊讶的是，很多人都这样。

然而，如果你是一个高效的阅读者，你读报纸的速度会比读生物学图书的速度更快，阅读方式也会不同。通常，报纸更容易阅读，而且你读它的目的也不同。高效的阅读者可以调整自己的阅读速度和理解水平，使之与阅读的材料相适应。

要调整阅读速度，你得决定如何阅读特定的条目。你怎样阅读，取决于你为什么阅读以及需要记住多少内容。许多变量在共同作用。为了有效地阅读，你每次阅读时必须在这些因素之间建立一个平衡。

以下这些步骤，有助于你学会如何调整阅读速度：

1. 评估阅读材料的难度 诸如语言的难度、长度和组织方式等因素，都会影响阅读材料的难度。通常，与较短的或组织良好的材料相比，较长的或组织不好的材料更难阅读。大量的印刷辅助手段（斜体、标题等）可使材料更容易阅读。当你预览材料时，注意这些特点并估计阅读材料的难度。

2. 评估你对这个主题的熟悉程度和兴趣 你感兴趣的材料或者你知道的东西将更容易阅读，在这种情况下，你可以提高阅读速度。

3. 确定你的目的 不同的情况需要不同程度的理解和回忆。例如，你阅读《时代》杂志上某篇文章的速度，要比阅读社会学图书的速度快，因为杂志上的材料对回忆和分析的要求不高。

表 2-1 显示了对不同类型材料的理解水平，并给出了适合每个水平的大致的阅读速度。

表 2-1　理解水平

期望的理解水平	阅读材料的类型	阅读目的	阅读速度
完全理解，100%	诗歌、法律文件、议论文写作	分析、批评、评估	低于 200 字 / 分钟
高度理解，80%～100%	教科书、手册、研究文件	深度理解	200～300 字 / 分钟
中度理解，60%～80%	小说、平装书、报纸、杂志	娱乐享受，一般信息	300～500 字 / 分钟
选择性理解，低于 60%	参考资料、目录、杂志	材料的概述，具体事实的位置，回顾之前读过的材料	600～800 字 / 分钟

有选择阅读，提高阅读效率

许多学生错误地认为印刷出来的东西一定是真实的、有价值的、值得一读的。实际上，印刷信息的重要性和价值，取决于你是否需要学习它以及你是否能在实际中使用它。很多时候，根据阅读材料的种类和阅读目的，你也许只需要阅读某个部分，而跳过其他部分。

在以下这些时候，你可以有选择地阅读：

1. 你在搜索特定的信息　如果你在历史图书中查找某一历史事件的日期，你会跳过这一章中的所有内容，直接找到包含该信息的确切段落。这种只读你要读的特定信息，跳过其他所有信息的方法叫作**浏览**。

2. 不需要深度的理解　如果你不需要记住大部分的事实和细节，那就可能只集中精力阅读主要观点。这种只读主要观点的方法叫作**略读**。

3. 你对自己正在阅读的材料十分熟悉　例如，在阅读过程中，你可能发现图书的前几章是基础内容，你可以跳过已经知道的基本定义的解释和示例。但是，不要跳过整个章节或其中的大部分章节；它们可能包含一些新信息。你也许发现那些章节给出了更精确和更详细的定义，或者针对特定主题采用了新的方法。

4. 阅读的材料与阅读目的不相符　例如，在你阅读物理图书时，有一章的第一个主题是牛顿的运动定律，但这一章也包含了牛顿的传记梗概，详细介绍了他的生活。由于你阅读这一章的目的是关注理论、定律和原则，所以，跳过大部分的传记信息是恰当之举。

5. 作者的写作风格允许你略读（部分）　有些作者举出了许多特定概念或原则的例子。如果你在阅读了两三个例子后，确信自己理解了所解释的意思，那就快速浏览其余例子。除非那些内容提出了一个新的方面或不同的观点，否则就跳过。其他的作者在开始讨论主题之前会先提供详细的背景信息。如果一章的开头总结了你上周读过的那一章内容，除非你觉得需要复习，否则就没有必要再仔细阅读这些信息了。

社会学阅读材料

美国家庭的多样性

詹姆斯·M. 汉斯林（James M.Henslin）

引导问题

1. 你对家庭的看法是什么？
2. 你遇到过哪些不同类型的家庭结构？

当我们回顾一些美国家庭的巨大多样性时，值得注意的是，我们不是将任何一个家庭与美国人的家庭进行比较，这样的比较无法进行。相反，美国各地的家庭生活差别很大。我们已经发现，在很多情况下，社会阶级在我们的生活中十分重要。研究美国家庭的多样性时，社会阶级的重要性将继续显现。

非裔美国人的家庭

请注意，这里指的是非裔美国人家庭这个群体，而不是指单个的非裔美国人家庭。就像没有哪一个白人家庭或哪一个拉丁裔美国人家庭一样，也不存在哪一个非裔美国人家庭。最主要的区别不在于非裔美国人和其他群体，而在于社会阶层。由于属于上层阶级的非裔美国人遵循阶级利益（即维护特权和家庭财产），因此他们尤其关心与他们的子女结婚者的家庭背景。对他们来说，婚姻被视为家族血脉的融合。这个阶层的孩子比其他阶层的孩子结婚晚。

所谓的某个非裔美国人家庭并不存在，就像没有某个印第安人、亚裔美国人、拉丁裔美国人或爱尔兰裔美国人家庭一样。相反，每个种族-族裔群体都有不同类型的家庭，主要决定因素是社会阶层。

非裔美国中产阶级家庭注重自身的成就和受人尊敬的感觉。夫妻双方都有可能外出工作。一个核心问题是，他们希望孩子上大学，找到好工作，顺利结婚——也就是说，与一个和自己一样受人尊敬、努力工作、想在学校出人头地、追求成功事业的人结婚。

贫穷的非裔美国家庭面临着所有与贫困有关的问题。因为男人很可能失业，没什么市场技能，难以很好地履行丈夫和父亲的文化角色。因此，这些家庭很可能由一名女性担任户主，而且，这些家庭的单身女性的生育率很高。离婚和遗弃也比其他阶层更普遍。共享稀缺资源和"延伸亲属关系"是主要的生存机制。在困难时期帮助过别人的人会被认为是兄弟、姐妹或表亲，对他们负有义务，就像他们是血亲一样，而那些不是孩子亲生父亲的男人则被赋予父亲的身份。社会学家使用"虚拟亲属"一词来指代这种亲属关系的延伸。

从图2-1可以看出，和其他群体相比，非裔美国人家庭由已婚夫妇担任户主的可能性最小，由女性担任户主的可能性最大。由于非裔美国女性往往比非裔美国男性在学校里走得更远，她们面临着婚姻不平等。也就是说，符合她们心目中条件的伴侣数量已经减少，而且她们比其他种族的女性更有可能嫁给受教育程度低于自己的男性。

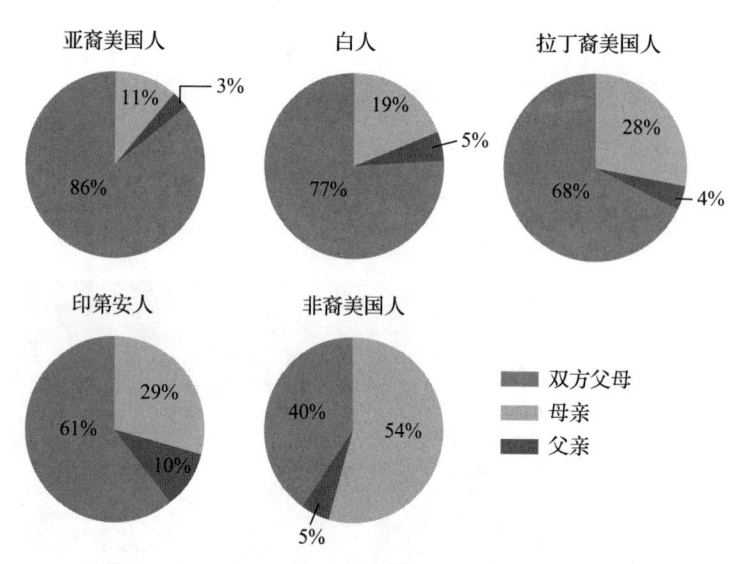

图2-1 家庭的结构：美国的家庭中，有18岁以下的孩子，户主是母亲、父亲或双方的父母

拉丁裔美国人家庭

如图2-1所示，拉美裔美国人家庭中已婚夫妇和女性为户主的比例介于白人和印第安人之间。我刚刚说过的社会阶级对家庭的影响，同样适用于拉丁裔美国人。此外，

家庭因原籍国而异。例如，来自墨西哥的家庭比来自波多黎各的家庭更有可能由一对已婚夫妇作为户主。拉丁裔美国人在美国生活的时间越长，其家庭就越像美国中产阶级。

由于差异如此之大，专家们对拉美裔美国人家庭的独特之处存在意见分歧。一些研究人员发现，拉丁裔美国人家庭中的丈夫/父亲比白人和非裔美国人家庭中的丈夫/父亲扮演着更重要的角色。

过去，对拉丁裔美国人家庭的描述常常包括大男子主义（即强调男性力量、性活力和支配地位），但在美国，大男子主义在逐代地减少，而且，这种趋势当然不限于拉丁裔美国人家庭。与她们的丈夫相比，拉丁裔的妻子/母亲往往更以家庭为中心，对孩子表现出更多的温暖和爱，但这可能是所有种族-族裔群体的真实情况。

由于拉丁裔美国人的家庭差异如此之大，你可能发现，要进行概括是多么困难。然而，在所有对拉丁裔美国人家庭的研究中，一个恒久的社会学观点是：在决定家庭生活方面，社会阶层比拉丁裔美国人或一个家庭的原籍国更重要。

亚裔美国人家庭

从图 2-1 可以看出，亚裔美国儿童比其他种族的儿童更有可能在父母双方的共同抚养下长大。这一显著差异是亚裔美国人获得更高教育和收入的基础。

和其他群体一样，单个的拉丁裔美国人家庭是不存在的。有些拉丁裔美国人家庭很少说或根本不说英语，而另一些已经很大程度上被美国文化同化，不再说西班牙语。

像拉丁裔美国人一样，亚裔美国人也不是一个单一的群体。亚裔美国人从许多不同的国家移民，这意味着他们的家庭生活不仅反映了社会阶层的差异，也体现了文化的多样性。例如，日裔美国人家庭倾向于保留儒家价值观，为家庭生活提供一个框架：人文主义、集体主义、自律、等级制度、尊重老人、节制和义务。义务是每个家庭成员都对其他家庭成员给予尊重，有责任不给家庭带来耻辱。相反，孩子的成功会给家庭带来荣誉。为了管教他们的孩子，这些父母更有可能运用羞耻感和内疚感，而不是体罚。

亚裔美国人之间的文化差异如此之大，以至于许多人甚至不熟悉儒家思想。除了来自原籍国的巨大差异，亚裔美国人的家庭生活也因居住在美国的时间长短而不同。移民时间越晚，家庭生活就越能反映出原籍的移民文化，因为就像其他地方的移民一样，新移民继续着他们的旧模式。相比之下，已经在美国生活了几代的亚裔美国人的家庭，其生活几乎不再体现原籍国的模式了。试图抹平新旧文化之间的鸿沟——让人眼花缭乱的互不相容的期望世界——造成了这样的冲突，以至于亚裔美国移民的孩子比那些已经在这里生活了几代的孩子有着更多的精神问题。

印第安人家庭

也许印第安人家庭面临的最重要问题是遵循传统价值观还是融入主流文化。这一主要区别在家庭之间造成了巨大的差异。传统部落说土著语言，强调独特的美国土著价值观和信仰。而那些已经被更广泛的文化同化了的人们则不会这样。

图2-1也描述了印第安人家庭的结构。可以看出，它与拉丁裔美国人家庭最接近。一般来讲，印第安人父母对孩子很宽容，避免体罚。与大多数美国家庭相比，长者在子女的家庭中扮演的角色要积极得多：长者，尤其是祖父母（外祖父母）不仅要照看孩子，而且也要教育、管教孩子。和其他家庭一样，印第安人家庭的社会阶层也不同。

总而言之，从这篇简短的回顾中，可以看出种族-族群对理解家庭生活的意义不大，社会阶层和文化才是关键。一个家庭拥有的资源越多，就越具有中产阶级核心家庭的特征。与贫困家庭相比，中产阶级家庭的孩子更少，未婚妈妈更少。这些家庭还更加重视教育成就和延迟满足。

检验理解

1. 在理解家庭生活方面，什么比种族和族群更重要？
2. 上层阶级的主要兴趣是什么？
3. 印第安人家庭和亚裔美国人家庭有哪些相似之处？
4. 哪个种族-族群的家庭最不可能由一对已婚夫妇担任户主？
5. 哪一种家庭结构在不同种族间的差异最小（见图2-1）？
6. 哪个族群的家庭结构与白人（非西班牙裔）美国家庭最相似？

批判思考

1. 为什么不存在单个非裔美国人家庭的情况？
2. 解释虚拟亲属的含义。举例说明你所知道的家庭中的虚拟亲属。

3. 讨论一下大男子主义在美国逐代减少的可能原因。

4. 在亚裔美国人的家庭中，尊重家庭成员是很重要的。讨论你了解的家庭中是否存在对老年人的尊重。

5. 讨论一个种族-族群被同化为主流文化的得失。得是什么？失又是什么？

6. 请评价阅读材料中包含的两张照片。它们是否与伴随的文本一致并具有代表性？为什么一致或者为什么不一致？

第二部分 批判阅读策略

第 3 章
评估作者的信息

考虑一下图中的广告。你肯定看到了文字和令人震惊的图像。这两种元素如何结合在一起，制造出强烈的效果或者激起你强烈的反应呢？因为这是一个广告，它必须有一个目标——设计者的目的就是特意让你做某事。这个广告给你什么感觉？它是如何使用文字和图像的结合来影响你的？正如广告要实现特定的目标一样，图书的作者也怀着特定的目的。

在大学里，你会读到研究文章、短文、评论、报告和分析。老师希望你能做更多事情，而不仅仅是理解和记住基本的内容。他们通常要求你批判性地解读、评估指定的阅读材料，并对其做出反应。

在职场中，对事实和数据的分析对于任何一个职业都是不可或缺的，无论你是评估患者病情发展的医生，还是试图找到最赚钱投资项目的商人。你偶然找到的许多信息，在某种程度上都是有偏见的。为了做出明智的决策，你必须知道如何批判性地评估你阅读的内容。

在阅读时推断

阅读时你要超越作者所说的，关注他们的意思。这个推理过程被称为"推断"。

从已知事实中推断

推断是在你知道的事情基础上对你不知道的事情进行理性的猜测。推断在我们的日常生活中十分常见。当你开车上了高速公路，看到一长串的汽车在缓慢移动时，可能推断前方发生了事故或者道路正在施工。当你看到厨房水槽下出现了一摊水时，也许会推断你家厨房的下水管出了问题。你做出的推断不见得总是正确，即使你是基于现有的信息，也有出错的时候。水槽下面的水也可能是水槽满了溢出的结果；你在高速公路上遇到的拥堵，也许在平日里的那个时间是正常的，但你不知道，因为你以前没有在那个时间点走过这段路。推断只是根据已知的信息做出的最佳猜测。

从书面材料中推断

当你进行阅读时，经常需要做出推断。作者并不总是直接表达他们的观点。作者可能出于下面几方面的原因，要求你做出推断。

- 作者省略了一些信息，因为如果不省略，会使得信息太长或者使读者偏离中心观点。
- 作者假设读者有足够的知识来填补遗漏的观点。
- 作者认为，通过推断，读者会收获更多的意义或乐趣。
- 有些作者省略了相关信息，为的是更容易影响读者得出想要的结论，特别是当他可能对包含的细节提出质疑时。

这样你可以发现，做出推断是批判性阅读的重要第一步。你做出的每一个推断，都取决于具体情况、已知事实以及你自己的知识和经验。以下是一些可以帮助你超越事实层面并做出可靠推断的指导原则。

1. **掌握字面上的意思** 你应当辨别出你读过的每一段的主题、主要观点、关键细节和组织结构。

2. 注意细节 特别注意那些不寻常或突出的细节。问问你自己：这些信息有什么不同寻常或引人注目的地方？为什么它包含在这里？

阅读下面这段摘自一本营销学图书的节选文章，并标注不同寻常的或突出的细节。

> **现实世界中的道德的／可持续的决策**
>
> 汉堡王在网上和电视上的一则广告：内华达州的两家汉堡王门店告诉两位前来店里消费的真正的顾客，说汉堡已经从菜单上撤下。你有没有注意到发生了什么？这个视频骗局实际上是一种被称为"剥夺研究"的方法，是对真实市场调查方法的扭曲。在这种"剥夺研究"中，营销人员通过从消费者那里占有某个品牌或产品的方式来衡量他们对该品牌或产品的忠诚程度。从中获得的洞察有助于营销人员设计新的营销和广告策略，更好地与消费者产生共鸣。不同的是，这一次的"研究"进入了商业领域——是一种罕见的将研究转化为促销的方式。这则广告在拉斯维加斯的两家门店上演了整整两天，由演员扮演收银员的角色。8台隐藏的摄像机记录下结果。另一方面，一些要求提供巨无霸汉堡的顾客得到的是来自麦当劳和温蒂等竞争对手的汉堡。其结果是：愤怒的顾客最终退回了这些汉堡，有时还会贬低竞争对手的品牌。"我讨厌麦当劳"，一位年轻的男性顾客说。这一切都被拍了下来，并在视频网站上被人们观看了数百万次。

你有没有标记细节，比如，由8台隐蔽的摄像头拍摄的视频被人们观看了数百万次？

3. 把事实综合起来 把所有的事实放在一起考虑。为了帮助你做到这一点，问自己下面这些问题：作者试图用这些事实暗示什么？所有这些事实和观点似乎指向或说明了什么？为什么作者要包含这些事实和细节？

当你把前面的节选文章中的事实综合起来考虑时，会意识到作者在暗示：展示品牌忠诚度是一种有效的广告和营销工具。

4. 对线索保持警觉 注意用词、包含（或省略）的细节、强调的观点和直接的评论，以确定作者对该主题的态度。在前面的节选文章中，作者将消费者的表现描述为"愤怒"，并对竞争品牌发表了轻蔑的评论，还引用了一位不满意的顾客的话。

5. 验证你的推断 一旦你做出推断，就要核实它是否准确。回头看一看陈述的事实，以确保有足够的证据来支持推断。另外，要确定你没有忽略其他同样合理或者更合理的推断，这些推断可以从同一组事实中得出。

读下面的陈述及紧随其后的句子。如果某句话是从这句陈述中得出的一个合理的推断，将那句话标记出来。

1. 政治候选人现在必须将互联网纳入他们的竞选计划。
   A. 政治候选人可能通过网上聊天来评估选民的意见。
   B. 候选人之间的非正式辩论可以在网上进行。
   C. 网络竞选活动将大大增加竞选活动的总体支出。
   D. 电视竞选活动可能会保持不变。
2. 美国一半的公立学校的教室现在都连上了互联网。
   A. 孩子们比他们的父母更会用电脑。
   B. 许多学生现在可以接触到最新的世界新闻和时事。
   C. 人们不再认为书籍是了解某一主题的唯一信息来源。
   D. 因为有了互联网，老师们变得更好了。
3. 医生借助新的软件和数据库，使患者得到更加准确的诊断，因此，互联网能使医生变得更高效。
   A. 亲自就医的费用可能会减少。
   B. 医生也许能更快地分辨出病情严重的患者。
   C. 医生可能不太注意患者对症状的描述。
   D. 更容易获得关于罕见疾病的症状和治疗信息。

阅读下面的文章。它后面有许多陈述，每一句陈述都是一个推断。你认为每个推断可能准确（意味着文章中有大量的证据支持这一陈述）还是证据不足（意味着文章中几乎没有或完全没有证据支持这一陈述）？

> 北美人的大部分食物都从商店中购买。大多数人都不知道这些食物最初来自哪里——最早是在哪里种植或培育的。这是因为直接参与食物获取的工人相对较少（不到美国工人总数的2%）。即使算上所有与食物获取有关的活动，如营销和运输，也只有14%的美国工人与食品的生产和分配有关。但如今，我们在市场上买的许多食物——玉米饼、莎莎酱、百吉饼、意大利面、比萨、香肠、酱油和照烧汁——已成为主流的"北美"食物。这些食物是从哪里来的？最初，只有来到美国和加拿大的少数族裔和移民才吃这种食物。他们的一些（但不是全部）食物流行起来，受到广大消费者的青睐。简而言之，它们就像苹果派一样具有"美国特色"。
>
> 这些食物中的许多成分都是更早以前人类迁徙的产物。看一看比萨的配料吧，如今，这是我们很多人最喜欢的食物。面团由小麦粉制成，这种面粉最早出现在大约一万年前的中东地区。人类学家是怎么知道的？考古学家在中东遗址发现了这种古老的麦粒，还发现了用来将麦粒磨成面粉的平坦石头和石头擀面杖（我们可以从石头上残留物的显微镜分析中得知）。比萨的其他配料呢？奶酪最早也出现在中东，至少在5000年前（我们有文章提到

过,从那个时候开始,就有了奶酪)。西红柿最早在南美种植,可能是几千年前。不到 200 年前,它们来到了西红柿派(后来变成了比萨)的发源地:意大利。就在 100 年前,西红柿(一些人用来做比萨的主要原料)在东欧还很稀罕,以至于人们不敢吃,因为它的叶子对人和其他一些动物有毒。另一种让我们联想到意大利菜的食物是意大利面条,它(从中国)传入意大利还不到 500 年。所以,比萨的主要食材都不是意大利本土的。

食物的神奇之处在于,它们经常被带到很远的地方,而且,通常是被喜欢吃它们的人们携带。我们的有些食物在活着时也会四处移动。例如,蓝鳍金枪鱼(可重达 1000 磅)从北大西洋、地中海和加勒比海的取食地游到数千公里之外的繁殖地。这种现存鱼类中最大的鱼正被人们猎杀灭绝,因为它的肉被日本人做成寿司,一种从日本传播到世界各地的食物。

1. 许多我们认为属于某个民族或其他民族的食物实际上更加全球化。
2. 如果人们自己种植食物,就会吃到营养质量更好的食物。
3. 人们迁徙的时候,会带上他们的传统饮食。
4. 美国人的饮食比几年前更加全球化。
5. 全球饮食正在造成物种灭绝的问题。

阅读下面的文章,然后回答问题。文章中没有直接给出答案,为了回答这些问题,你必须做出推断。

笑声是最好的药吗

露西去医院看望了髋关节骨折的邻居艾玛。电梯门在三楼打开时,露茜首先看到的是一个小丑,长着巨大的橙色鼻子,推着一辆装饰得五颜六色的手推车,跳着舞穿过大厅。小丑在露西面前停了下来,鞠了个躬,然后翻了个跟头,来到护士站。一群病人欢呼起来。他们中的大多数人坐着轮椅或拄着拐杖。露西问路后,知道艾玛在"幽默室",在那里,电影《闪亮的马鞍》就要开始了。

自从作家诺曼·考辛斯从一种令人衰弱且通常无法治愈的结缔组织病中康复后,全国各地的医院病房都开始尊重幽默。考辛斯是《周六评论》的长期编辑,在医生的协助下,除了定期的治疗外,他还经常看马克斯兄弟的电影和偷拍的电影片段。虽然考辛斯从未声称笑本身就能治愈他的病,但他最让人难忘的是他热情支持的观点:如果说负面情绪可能导致痛苦,那么幽默和正面情绪就可以推进治愈过程。

1. 露西和艾玛的故事，目的是什么？
2. 什么是"幽默室"？
3. 《闪亮的马鞍》是什么类型的电影？
4. 回答标题中提出的问题。

透过种族和性的棱镜观察心理健康

这是一个非常私密的问题，我们个人的生活经历造就了心理健康。因此，种族、民族和性取向往往影响一个人是否会患上抑郁症或其他精神障碍，也对他接受的治疗产生影响。

虽然关于少数群体心理健康的大规模研究并不多，但众所周知，在美国，许多少数族裔、民族或性地位低下的人更容易出现心理健康问题。最近的一项调查显示，8%的非裔美国人和6.3%的墨西哥裔美国人患有抑郁症，相比之下，白种人患抑郁症的比例为4.8%。

少数群体的抑郁和其他精神疾病倾向并不比异性恋的白种人多，但似乎与非裔美国人、西班牙裔美国人、亚裔美国人、太平洋岛民、印第安人和同性恋者在社会上面临的障碍和挑战有关。许多少数群体受某些社会因素的影响比例较高，这些因素可能导致精神疾病，如贫困、无家可归、监禁、暴露于暴力或创伤、难民地位和童年寄养等。此外，受歧视的感觉也会加剧心理健康问题。最近的一项研究发现，拉丁裔美国人在适应美国社会时患上精神障碍的可能性增大，有一部分原因是他们觉得自己属于一个被贬低和受歧视的群体。

更糟糕的是，少数群体往往无法获得文化上或语言上适当的心理健康服务。在美国，只有2%的心理学家和精神病学家是非裔美国人，大多数心理健康提供者只会说英语，而且大部分心理健康从业人员没有接受过针对同性恋客户的特殊需求的培训。少数群体也不太可能拥有能够支付这些服务费用的医疗保险——例如，只有41%的西班牙裔美国人拥有私人医疗保险，而白种人拥有的比例为75%。即使有护理，对心理健康障碍的误诊在少数群体中也比在白人中更常见，对心理疾病的文化歧视或对心理健康护理的不信任，可能使这些少数群体不愿寻求必需的帮助，从而导致了关于他们心理健康方面问题的报告太少，他们或更多依赖于效果较差的传统疗法而不是先进的现代医疗手段。

---

1. 作者对少数群体的态度是什么？
2. 作者对少数群体心理疾病的态度是什么？关于少数群体获得心理健康服务的可能性，作者暗示了什么？
3. 为什么少数群体比白种人更容易被误诊？

评估作者的资格

并非所有的出版物的内容都准确到位。一定要评估你正在阅读的材料是否出自该领域的专家之手,因为专家能对该主题进行富含知识的、准确无误的讨论。例如,某位研究过刑事司法系统的社会学家不一定是移民问题专家。专攻遗传学的科学家很难就温室效应发表权威文章。在一些材料中,作者用脚注解释自己的资质,或者在作品的最后进行总结。在期刊文章中,作者的学院或大学附属机构经常包括在文章之中。作者还可以在材料之中阐明他们的专长或经验。

阅读下面每一句话,并选出在这个问题上最有权威的人。
1. 改善饮食的一个简单方法就是把盐瓶收起来。
   A. 注册营养师及营养学家葆拉·魏盖尔
   B. 终生节食者约翰·米什勒
   C. 《美食与美酒》杂志专栏作家玛丽亚·桑切斯
2. 基因工程提高了许多作物的质量和数量,包括大豆、水稻和玉米。
   A. 股票经纪人克雷格·史汀生
   B. 中西部的电视新闻记者安德鲁·伯内特
   C. 爱荷华州立大学农业学教授夏洛特·科贝尔

辨别谁(头衔或岗位职责描述)将被认为是以下各个主题的合格专家。
1. 一种处方药的副作用
2. 一座公寓建筑的建筑法规
3. 控制考试焦虑
4. 移民法律
5. 暴力视频游戏对孩子的影响

区分事实与意见

事实是可以被证明属实的陈述。**意见**是表达那些既非真实也非虚假的感情、态度或信念的陈述。下面是其中的几个例子。

事实
从1960年至1979年,出生率下降了。
在过去的40年里,已婚女性在劳动力中的比例稳步上升。

意见
家庭结构很快就要发生剧烈的变化。
为人父母是人类最有价值的经历。

还有所谓的专家意见或证词——权威的意见。以下是一些专家意见的例子。

微软公司前董事长兼首席软件架构师比尔·盖茨："现在，我们只是触及了计算机技术能做的表面。"

警察基金会主席休伯特·威廉姆斯："与在外国土地上作战的士兵不同，在国内保障我们安全的警察从来没有得到过他们应得的荣誉。"

作者也会提供专家意见，特别是在他们解释事件、总结研究或评估趋势的时候。在下面的段落中，一本教育学图书的作者解释了药物和怀孕的统计数据。

> 年轻人面临着过去几代人根本不存在的挑战。不过，有关这种状况可能导致青少年机能失调的说法，却有些言过其实。有证据表明，吸烟和吸毒的儿童和青少年人数正在下降。近年来，年轻人吸食大麻的比例比20世纪70年代中期低得多，年轻人非法吸食可卡因的趋势也在下降。在过去20年里，少女怀孕的比例显著下降。

在阅读一部作品时，有必要把事实和意见区分开来。来自可靠来源的事实陈述可以接受，并且用于得出结论、建立论证和支持观点。然而，意见是一个人的观点，你可以自由接受或拒绝。

阅读下面的句子，辨别它听起来究竟是事实、意见，还是专家意见。
1. 大多数美国人强烈反对枪支管制。
2. 蚊子能传播一种称为脑炎的疾病。
3. 海洋生物学家利用互联网来研究和识别动植物物种。
4. 当电脑出现故障或执行非法操作时，电脑用户常常会感到内疚并责备自己。
5. iTunes是美国第二大音乐零售商。
6. 技术文章的知名作家詹姆斯·格莱克指出，网络化数字设备引领了计算机领域的变革步伐。
7. 越来越多的普通公民拥有自己的网站。
8. 个人网站给人一种权力和重要性的感觉。
9. 卡普伦是一本计算机教科书的作者。他说，网络交通堵塞是意料之中的事，这将导致发送和接收信息的反应变慢。

以下每个段落都包含事实和意见。阅读每一段，并说明每个句子是事实还是意见。

> 1. ①哈丽特·塔布曼1820年出生在马里兰州，是一名奴隶，1849年逃到了费城。②她自己的逃生可能需要巨大的勇气，但这只是开始。③通过在"地下铁路"的工作，哈丽特·塔布曼带领300多名奴隶获得了自由。④内战期间，塔布曼继续为废除奴隶制而努力，她为联邦军队做护士和间谍。⑤今天，各个种族的美国人都认为哈丽特·

塔布曼是美国历史上最伟大的英雄人物之一。

2.①美国大约有500万成年人使用无烟烟草，其中大多数是年轻男性。②无烟烟草在年轻人中流行的一种解释是，他们是在模仿咀嚼烟草或使用鼻烟的职业运动员。③在任何一场大联盟棒球比赛中，不少球员咀嚼着烟草，导致脸颊隆起，他们显然相信无烟烟草比香烟危害小的神话。④事实上，无烟烟草中的致癌物质含量是香烟的10倍，是食品和药品管理局批准可供公众使用的食品和其他物质的100倍。⑤小联盟棒球赛禁止使用无烟烟草，这一举措应扩大到所有的职业运动，以帮助阻止无烟烟草产品的使用。

3.①管理式医疗保健计划与某些医生、医院和医疗保健提供商达成协议，以较低成本为该计划的成员提供一系列服务。②管理式医疗保健计划有三种基本类型：健康维护组织、服务点计划和首选供应商组织。③在我看来，首选供应商组织是最好的管理式医疗保健计划，因为它融合了传统医疗保险和健康维护组织的优点。④与传统计划一样，首选供应商组织计划的参与者需要支付保险费、免赔额和共同支付额，但首选供应商组织计划的共同支付额更低（10%或不到10%，而传统计划的共同支付额为20%）。⑤然而，首选供应商组织最大的好处在于它的灵活性：参与者可以从首选供应商的列表中选择他们的医生和服务，或者，如果他们愿意，也可以在计划之外获得护理。

辨别作者的目的

作者写作可能出于许多不同的原因或目的。阅读下面的句子，试着确定为什么每位作者会这样写。

1.急性冠状动脉综合征是由流向心脏肌肉组织的血液减少或中断引起的。

2.新的睡眠-休息可调床具有获得专利的线圈系统和三层厚的床垫，促进每晚的深睡眠和提神的睡眠。在1月1日之前购买任何一张睡眠-休息可调床，你将获得两个豪华羽绒枕头。

3.人笨怨刀钝。

4.如果你的汽车发动机过热，立即打开加热器。靠边停车并尽快打开引擎盖。

5.不要打开来自你不认识的地址的电子邮件。里面可能含有病毒。

第1句用来提供信息，第2句用来说服你买床，第3句用来激发你的思考，第4句用来解释如何处理汽车发动机过热，第5句用来给出建议。

在每一个例子中，作者的目的都十分清楚，就像大多数教科书（提供信息）、报纸文章（交流日常事件）和参考书（汇编事实）一样。然而，在许多其他类型的写作中，作者怀着不同的、有时甚至不太明显的目的。在这些情况下，你必须推断作者的目的。

作者的目的往往是间接地表达意见。或者，作者也许想鼓励读者去思考某个特定的问题。作者通过操纵和控制他们陈述的内容和表达的方式来达到这些目的。作者的写作风格及其目标读者，往往揭示其写作的目的。

作者会改变其写作风格，以便适应他们的目标读者。他们的读者可能是以下之一：

- **属于一般的兴趣群体的读者**——对这个主题感兴趣的人，但不是专家。
- **属于特殊的兴趣群体的读者**——具有专业知识或兴趣的人。
- **怀着特定政治、道德或宗教态度的受众**。

为了确定作者的写作目的，问自己几个问题："谁是作者的目标读者？""作者为什么要写这些？"在学术阅读中，你会经常发现，作者的目的要么是告知（提供信息），要么是说服。

根据下列标题，预测作者的目的是告知还是说服。

1. 改变习惯：网上购物有何不同
2. 我的成绩全是A，但我并不开心
3. 动物不会说话，我们必须替它们说话！
4. 杀人的不是枪，是人
5. 《圣经》关于世界末日的阐述

阅读下面的每一段话，并确定每段话是为谁而写的。

1. 秋天是一年中最适宜种植灌木和多年生植物的季节。秋天温暖的白天和凉爽的夜晚是根系发育的理想条件，从而培育出健康、耐寒的植物。

2. 孩子学会演奏一种乐器，可以带来许多回报。他们会因为成功的个人学习而树立自信；如果他们选择在乐队或管弦乐队演奏，其人际交往能力和社会意识将通过参与团队的协作而得到提高。最重要的是，他们将发展一种令人满意的终身休闲活动。

3. 想要一种清爽健康的解渴方式，试试保利的鹦鹉汁。保利巧妙地将梨汁和胡萝卜汁混合在一起，制成了天然纯正、营养丰富、美味独特的鹦鹉汁。在止渴的时候，请记住，保利的鹦鹉汁收入的1/3都用于亚马孙雨林的保护工作。

4. 在挑选狗狗的时候，重要的是确定一个与你的生活方式相符的品种。带阳台的公寓很适合不需要大量户外运动的小型犬，而占地面积大的房子则会为体型更大、对身体要求更高的犬只提供所需的空间。

评估数据与证据

许多作者在表达自己的意见、陈述观点或进行概括时，都会提供数据或证据来支持自己的观点。作为一位带着批判眼光的读者，你的任务是衡量和评估这些证据的质量。你必须审查证据并评估其充分性。应当重点关注两个因素：提出的证据类型和证据的相关性。各种类型的证据包括：

- 个人的经历或观察。
- 统计数据。
- 示例，对特定事件的描述，或者说明性的情况。
- 类比（与相似的情形进行比较）。
- 历史文档。
- 实验证据。

每一种证据都必须联系它所支持的观点进行衡量。可接受的证据应当直接、清晰并无可争议地支持案例或讨论中的问题。

研究上面的照片。根据照片所示的证据，判断以下哪些陈述较为合理。

1. 这名士兵是美国人。
2. 这名士兵正在问候他的一位好友或亲戚。
3. 这名士兵一直在伊拉克驻防。
4. 这名士兵很高兴。
5. 这张照片是在一个公共场所拍摄的，比如机场。
6. 这名士兵可能会被重新派驻到其他地方。

对于下面的每一句陈述，讨论支持和评估你的陈述所需的证据类型。

1. 父母必须对其婴儿的健康和安全承担首要责任。
2. 道歉通常被认为是一种软弱的表现，尤其在男性当中。
3. 在过去50年里，非法移民的数量一直在稳步增加。
4. 认为堕胎应当合法的女大学生比男大学生多。
5. 汽车广告推销的是美好的体验，而不是真正的交通。

分析作者的语气

假设你是一位客户服务经理，有位客户投诉你供职的公司，涉及你公司销售的计算机工作站的组装说明。你得写封信回应客户的投诉，还需向客户支持部门发送电子邮件，描述问题。两者听起来会一样吗？可能不会。给客户的信应是友好的、礼貌的、通情达理的，试图建立良好的信誉，使客户恢复对公司的信心。给客户支持部门的邮件应是直接、清晰和真实的，要描述这个问题并强调它的严重性。因此，两封信应当采用不同的语气。

语气指的是读者在阅读时感觉作者的声音听起来怎样以及作者对文章主题的感受如何。语气有助于暗示作者的意图。语气主要通过选词和句式、长短等文体特征来体现。因此，语气可能透露感情。例如，作者可以表达惊讶、反对、憎恨、厌恶、钦佩、感激或幽默。

阅读以下句子，注意作者的语气："尽管许多兄弟会认为欺辱是一项历史悠久的传统，但任何核心是毫无意义的羞辱个人和鲁莽饮酒的活动，都不应出现在大学校园里。"在这里，作者的反对之意显而易见。通过选择"羞辱"和"鲁莽"等词语，以及对细节的选择，她的语气很明显。

下面是一些不同语气的例子。每段话给你的感觉是怎样的？

- **指导性的**——"你要总是先检查尺寸，然后再开始任何的编织项目。使用说明书中要求的纱线和针，织一块样品，然后与图样中给出的刻度进行比较。在项目开始前进行调整，可以避免以后出现问题。"

- **同情的**——"在那些鲸第三次搁浅后，筋疲力尽的志愿者放弃了他们的救援努力，并冷酷地看着垂死的鲸被安乐死。"

- **说服的**——"许多飞行常客计划允许你将积分捐赠给慈善机构。你频繁地乘飞机旅行而生成的积分，可以用来帮助那些患有威胁生命的病症的病人搭乘飞机，以得到他们需要的治疗；或者运送紧急救援人员到自然灾害现场；或者只为了让重病的孩子和他们的家人高兴地飞往迪士尼世界。"

- **诙谐的**——"男孩子可以像鹿一样奔跑，像鱼一样游泳，像松鼠一样攀爬，像骡子一样退缩，像公牛一样咆哮，像猪一样吃东西，或者像驴子一样犟，这都取决于气候条件。男孩是一张铺满食欲的皮。不过，他只在醒着的时候才吃东西。男孩们模仿他们的父亲，尽管父亲们在尽一切努力教他们有礼貌。"

- **怀旧的**——"手写信件是一种即将消失的艺术。尽管电子邮件的便捷性无可比拟，但当有人拿着纸笔坐下来写一封好的老式信件时，会让我们想起那段更简单、更体贴的时光。"

语气也可以用来帮助建立作者和读者之间的关系。借助语气，作者可以与读者建立一种共同交流的感觉，把他们拉到一起。或者，作者可能与读者保持一定距离。接下来有两段节选文章，请注意，在节选文章1中，作者明显是以多么正式的口吻与读者保持距离的；而在节选文章2中，读者又是怎样产生熟悉和友好感觉的。

节选文章 1

维生素是有机物质，大部分是人体不能合成的。大多数维生素的功能是辅酶，或者说，是帮助酶的分子，作用是加速人体的化学反应。当体内缺乏某种维生素时，会影响到身体的每一个细胞，因为许多不同的酶都需要同一种维生素，参与诸多不同的身体功能。维生素还有助于其他营养物质的吸收，例如，维生素C可以增加肠道对铁的吸收。一些维生素甚至可以帮助保护身体免受癌症和心脏病的侵袭，延缓衰老过程。

节选文章 2

你是否曾有过这样的经历：有人接近你，想和你说话，但你感到无法控制的冲动，想后退一步，让你和他之间的距离更远？或者，你是否曾经在谈话中伸出手去触碰某人，但对方似乎很不自在，十分冷淡？这些都是常见的现象，特别是当来自不同文化的人相互交流，或者当不同年龄、性别、种族或社会阶层的人相互交流的时候。我们每个人都把自己包围在一个无形的"气泡"中，这个气泡构成了我们认为的个人空间，是我们身体周围留给自己、亲密的熟人和亲密的朋友的区域。

为辨别作者的语气，要特别注意他使用的词语，尤其是它们的内涵意义。问问你自己："作者对主题是什么感觉？他是怎么揭示这个主题的？"有时候，我们很难找到合适的词来描述某位作者的语气。

阅读下面的每个句子，特别注意语气。然后写一个描述语气的句子。列举一些能表达作者感受的词语来证明你的观点。

1. 当为我装袋的男孩向我要小费时，我简直不敢相信自己的耳朵！
2. 这座被称为"落下的水"的壮观建筑，展现了建筑师弗兰克·劳埃德·赖特无与伦比的天赋。
3. 雨下了一整天，破坏了我们乘船外出的计划。
4. 创建和发布电脑病毒的惩罚，应当包括向电脑受到病毒影响的每一个人道歉，而且，每次道歉都应当用手动打字机键入——不能有一个错误！
5. 当你在背包旅行时，你可以通过调整背包尺寸，让它的重量集中在你的腰带而不是肩带部位来减少背部受伤的风险。

以下是一篇摘自美国历史图书开篇章节的节选文章。这一章的标题是"工业时代的美国社会"。用你在本章学到的指导方针来评估作者的信息，回答下面的问题。

商城作为公共场所

明尼苏达州明尼阿波利斯城外的美国商城是美国最大的封闭式购物中心。它也是全国最受欢迎的旅游目的地，每天有 10 万人前往。和其他许多商城一样，这个商城也曾是年轻人的聚集地。周五和周六晚上，多达 1 万名青少年聚集在那里。但这种做法在 1996 年终止了，当时美国商城规定，除非有成年人陪同，否则 16 岁以下的青少年周末下午 6 点要宵禁。从那以后，数百家商场也实行了类似的宵禁。

平均每周在商城消磨 3.5 小时的青少年大声抗议。来自北卡罗来纳州夏洛特市的 16 岁的金伯利·弗拉纳根抱怨道："我们只希望能在商场里闲逛。"美国公民自由联盟的律师凯里·罗斯站在青少年一边："我们反对宵禁，这在把所有未成年人都当成罪犯对待。"

美国商城坚持认为，作为私营企业，他们不受宪法第一修正案的保护，比如言论自由和集会权。商场不是公共财产。然而，商城最近的设计，让人们情不自禁地想起 19 世纪城市的公共空间。美国商城包括一个展览馆、游乐园、婚礼教堂、会议厅、学校、医疗诊所和一个中央"圆形大厅"，用于举办从园艺表演到摔跤比赛等"公共活动"。

在 19 世纪末期，城市生活是在真正的公共空间里进行的。工厂的工人沿着拥挤的街道或挤进有轨电车或地铁或步行去上班。情侣们在购物区或公园漫步。孩子们到街上玩耍。"小意大利"或"唐人街"为所有人提供了异国情调的景点。游乐园和体育赛事吸引了大量人群。1883 年，一位记者在纽约解释说，一个极其庞大的人群聚集在公共空间，形成了一种"模糊而巨大的和谐"。

19 世纪的城市虽然嘈杂、混乱，而且常常管理不善，却有着一种独特魅力。在那里，工人，甚至是移民和年轻女性，可以更容易地找到工作。尽管在住房方面有着种种限制，但房子还是很便宜。虽然城市问题令人生畏，但人民的巨大聚集构成了提升和改革的无限潜力。城市生活是一个伟大的奇观，主要在公共场所上演。

1. 历史教科书的作者也写了这篇开篇文章，评估他们是否有足够的权威来讨论这个主题。
2. 这篇文章主要是事实、意见还是专家意见？用例子支持你的答案。
3. 作者的目的是什么？
4. 评估作者提供的证据的类型。
5. 描述作者的语气。

在阅读时注释

如果你正在看报纸上的分类广告，想要寻找欲出租的公寓，你可能标记某些广告。接下来，当你打电话询问更多信息时，可能会记录每一套公寓的情况。这些注释将有助于确定哪些公寓值得去看。

同样，在其他类型的阅读中，做注释也是一种有益的策略。注释是一种记录你在阅读时的印象、想法、反应和问题的方法。回顾注释，有助于你对阅读材料形成最终印象。

关于如何注释或注释什么，并没有什么固定的规则。一般来讲，在你阅读或重读时，试着标记或记录任何与作品有关的想法。在作品中画线或者做标记，并在页边空白处写下你的注释。

你需要做的注释可能包括：

- 问题。
- 意见。
- 强有力的证据。
- 重要观点。
- 你不同意的观点。
- 好的或不好的支持数据或示例。
- 矛盾之处。
- 重要的术语或定义。
- 形成鲜明对比的观点。
- 关键论证。
- 具有强烈内涵的词语。
- 修辞手法（反映作者情感的形象）。

下面这篇文章给出了一个关于颜色含义的示例注释。仔细阅读，注意做出的标记和注释的类型。

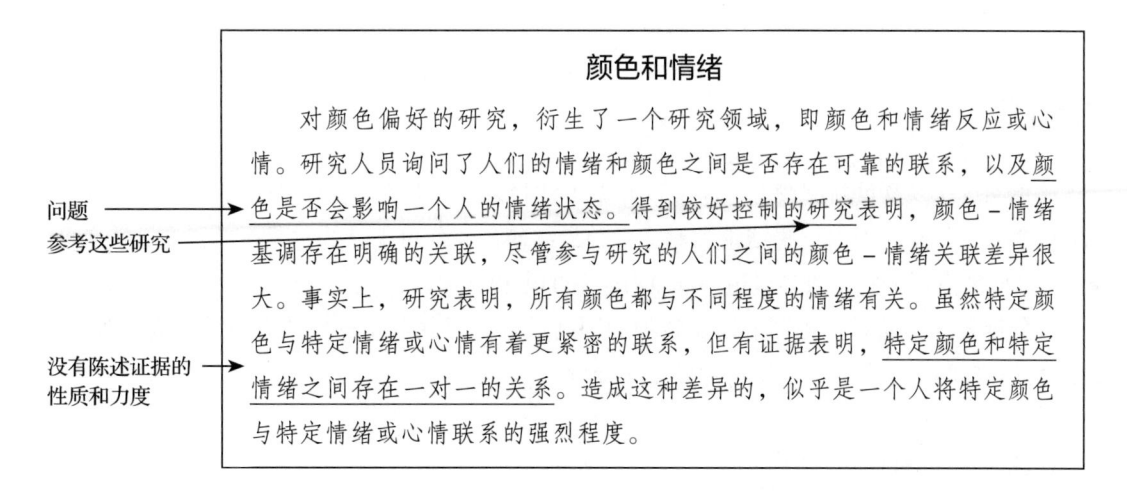

颜色和情绪

对颜色偏好的研究，衍生了一个研究领域，即颜色和情绪反应或心情。研究人员询问了人们的情绪和颜色之间是否存在可靠的联系，以及<u>颜色是否会影响一个人的情绪状态</u>。得到较好控制的研究表明，颜色－情绪基调存在明确的关联，尽管参与研究的人们之间的颜色－情绪关联差异很大。事实上，研究表明，所有颜色都与不同程度的情绪有关。虽然特定颜色与特定情绪或心情有着更紧密的联系，但有证据表明，<u>特定颜色和特定情绪之间存在一对一的关系</u>。造成这种差异的，似乎是一个人将特定颜色与特定情绪或心情联系的强烈程度。

问题 ——
参考这些研究 ——

没有陈述证据的性质和力度 ——

| 什么证据？描述？ | 说到情绪，公众已经对颜色形成刻板印象了。在颜色-情绪关联研究中，尽管有着相反的物证，大多数人仍然把红色调等同于兴奋和活跃，把蓝色调等同于被动和平静。这是一种习得的行为。我们从很小的时候就学会把红色与消防车、信号灯及危险信号联系起来，使我们对红色形成警报或危险的联想。此外，火中的红色、橙色、黄色进一步将这些颜色与热量和动能联系起来。我们已经看到，作为我们语言一部分的文化偏见，进一步支持红色等于兴奋的迷思。这些潜意识的信息明显影响了人们对红色的反应。蓝色调，与清凉的溪流、天空和海洋联系在一起，继续等同于平静和安宁。这同样也是一种后天习得的反应，从我们小时候开始，这种反应就不易察觉地伴随着我们。在理解颜色时，重要的是区分这些文化上习得的颜色联想和真实的生物反应。|

什么是生物的？
怎样导致？

对颜色的情感方面的研究在很大程度上导致了我们对一个非常复杂过程的过度简化。不幸的是，大众媒体一直在大力宣扬这种过度简化。设计界

衣服设计？内部设计？建筑物设计？哪一个？

也已经赶上了潮流，经常对颜色做出除了荒诞说法或个人信仰以外完全没有任何依据的声明。例如，有一本书把蓝色比作"传递凉爽、舒适、保护性和平静的信息，尽管如果其他颜色都是深色，蓝色可能会让人感觉有点压抑"。除了作者的个人意见，这些陈述当然没有任何依据，但是，太多

可以是专家意见，取决于作者的资格

的时候，人们往往将这些个人意见当作事实加以接受。

总结

颜色不包含任何内在的情感触发因子。相反，更有可能的是，我们自己的生理和心理构成所引起的情绪和心情的变化，在其变化的那一刻与颜色相互作用，进而产生了偏好和联想，然后，我们就将它与颜色-情绪反应本身联系了起来。

综合你的观点

在你阅读（以及重新阅读）一篇文章并做了注释之后，最后一步是分析它，将你所有的想法整合在一起，并得出一些结论和对文章的最终印象。你可能认为这是一个过程，类似于看了一部电影后评价它，或者讨论一部具有争议的电视纪录片。

在分析某部作品后，将词汇以及各种问题列成表来寻找其中的模式并评估作者的偏见，可能会很有帮助。以下问题有助于指导你的分析。

- 作者想实现什么？
- 他实现这一目标的效果如何？

- 出现了什么问题？答案是什么？
- 忽略了什么问题？或者说，留下了什么问题没有回答？
- 这些材料有多大价值？它的优点和缺点是什么？

预览、阅读并注释下面这篇文章。提出几个引导问题来聚焦于你的阅读。在阅读时做注释。然后用以上问题来分析和评估这篇文章。

压力不是你的敌人

你有多少次故意让自己感到不舒服？我知道这听起来有点疯狂，但我之所以要问，是因为让自己承受压力，是使自己在身体上、情感上、心理上和精神上系统地变得更强壮的唯一方法。不这么做的话，你会变得更脆弱。

我们一直坚信压力是生活中的敌人。真正的敌人其实是我们不能在压力和间歇性休息之间取得平衡。把身体压榨得太苦太久了，从而导致慢性压力，其结果确实是精疲力竭和崩溃。但是，如果身体受到的压力不足，就会减弱和萎缩。我们中很少有人把自己逼得足够努力去发挥自己的潜能，我们也没有像本来应该的那样充分休息和恢复精力。

这在生理层面上最容易理解。在缺乏定期的心血管运动（这便是一种形式的压力）的情况下，心脏有效输送血液的能力在30岁到70岁之间平均每年下降1%，之后会下降得更快。同样，在缺乏力量训练的情况下，我们在30岁以后平均每年会损失1%的肌肉。

但我们可以显著地扭转这些影响，哪怕是很老的时候。在一系列研究中，一组平均年龄87岁的养老院居民每周进行3次力量训练，每次45分钟。他们有足够的时间休息和恢复。结果，总体而言，他们的力量在短短10周内就增加了一倍多。原理很简单，但并不是完全凭直觉。你越是努力地逼一逼自己，你的身体就越能得到成长。这被称为超补偿，生长实际上是在恢复过程中发生的。这里的限制因素主要是你对不适的容忍度。

想一想注意力。注意力是卓越绩效的核心。不幸的是，我们的思维有它们自己的想法，会从一个念头跳到另一个念头。在这个数字化时代，保持专注比以往任何时候都更加困难。我们从来没有遇到过这么多诱人的干扰。训练大脑和训练身体的原理是一样的。在限定的一段时间内专注于某件事，比如数你的呼吸，或者完成一项要求很高的任务，甚至是读一本很难的书，都可以将你的注意力置于压力之下。当你走神时，你面临的挑战是将注意力重新集中到呼吸、任务或书本上。你练得越激烈，即使是在很短的时间内，也会变得越强大。另一种选择是肤浅。我们每天做的太多的事情实际上并不需要付诸多大的努力，但由此获得的满足感也会转瞬即逝。

> 对我来说，写这篇博客，是为了让自己每周有意识地感到不舒服而采用的一种方式。我并不比别人更喜欢痛苦，所以，为了克服阻力，我在固定的时间写作，每次写90分钟，然后休息一下。
>
> 这也许是令人沮丧和不舒服的绞尽脑汁地思考，特别是在写作过程的初期。我经常感到自己必须离开书桌，吃点东西，查收电子邮件，或者做点别的事情，就是不想再继续写下去了。偶尔我也会屈服于诱惑，但大多数时候，我学会了推迟这些放纵，因为我知道，坚持下去，最终我会觉得更有活力、更有成效、自我感觉更好，而不是来来回回地忙于一天的细微琐碎之中。
>
> 完成一项具有挑战性的工作，一项艰苦的锻炼，或者读一本要求付出脑力的书，都能让我们真正地享受在这之后的一段时间——享受这段时间，不是为了放松，而是我们完全应得的恢复。我们大多数人本能地逃避不舒服，但也同样努力地珍惜休息和恢复。我们将自己留在灰色区中，很少全身心投入，也很少完全放松。你可以在你的生活中加入些什么训练来定期地将自己推出舒适区，然后有意识地恢复精力。延长从刻苦的努力到适度的恢复之间的距离，是通往更具成就感生活的最可靠途径。

1. 文章主要是事实还是意见？证明你的答案。
2. 作者的目的是什么？他是否有效地达成了这一目的？
3. 请总结作者提供的支持其主要观点的证据。
4. 作者是否预见有人会提出异议？如果有，异议是什么？他是如何反驳的？

教育学阅读材料

他的名字是迈克尔

唐娜·M.马里奥特（Donna M.Marriott）

引导问题

1. 这篇文章中描述的人是谁？
2. 为什么作者想把她的经历写下来？

> 这是一个真实的故事，既困扰着我，又激励着我。我真希望我能说，我之所以改了名字，是为了保护无辜。我改了主人公的名字，但遗憾的是，却没能保护到任何人。

那一年，我所教的班级完全融合了各种年龄层次、能力和经验各异的孩子。我和我的教学搭档教了43个孩子，年龄从5岁到9岁不等，能力从一般到普通，有的孩子具有足够的经验，有的孩子则从小被放纵，谈不上有什么经验。我吹嘘自己是一个进步的老师，一个决心改变教育体制的老师。当我环顾教室，可以看到所有最新和最伟大的教育的证据：以儿童为导向的学习，以意义为驱动的课程，响应式的教学，真实的评估。然而，一个小男孩向我展示了我无法看见的东西：在"最佳实践"的外表下，隐藏着一层彻头彻尾的无知。

他在那个上午出现在我的教室门口，紧握着学校秘书的手。秘书显得匆匆忙忙，我也着实忙乱。他是个瘦小的孩子，头发梳理得整整齐齐，穿一件熨得干干净净的衬衫，手里紧攥着午饭钱。秘书把这个孩子交给我，飞快地介绍他的基本情况："他叫迈克尔。他乘公共汽车。他不会说英语。"没怎么介绍，但这所学校就这样。新生出现在办公室的时间，对他们的生活是有意义的，对我们的生活而言却意义不大。我们随意地将这些孩子安排在任何一间有多余椅子的教室里。这不是很受欢迎，但这就是日常。那天，我们做了所有新孩子来到班里以后通常要做的事。我们玩起了介绍名字的游戏。当天值日的孩子带他参观了我们的教室。他坐到了沙发上，虽然不是真的轮到他。孩子们坚持，迈克尔要有一个做任何事情的伙伴——学习伙伴、休息伙伴、上厕所伙伴、午餐伙伴、小房间伙伴、排队伙伴、喝水伙伴、打扫地毯伙伴、搭公共汽车伙伴。他们认为，如果他还有个朋友来一同过夜玩耍，会是一件很好的事情，但我说服了他们。我们真的很高兴我们的学习家庭有这样一个小男孩，但迈克尔并没有融入我们之中。

迈克尔稍稍被排斥在这个团体之外。有时，他好比站在外面往里面看；有时，他又好比从里面朝外面张望。我经常看到他闭着眼睛，朝着某个地方。他很有礼貌，守时，尊重他人，十分可爱，但完全脱离了我，脱离了孩子们，脱离了学习。

我和双语老师见面谈了谈，说出我心头的担忧和各种可能性。她告诉我，"从明天开始，一星期后"，她可以进行一次非正式观察。这真是漫长的等待，但这所学校就是这样。她来了，看了，听了。出去的时候，她说："亲爱的，如果你叫他米格尔，结果可能会更好。"

我感到非常尴尬和困惑。我怎么可以叫错这个孩子的名字呢？我是一个进步教师，怎么能犯这样的错误呢？学校秘书怎么能犯这样的错误呢？为什么父母不纠正她呢？为什么那孩子又不纠正我呢？

米格尔没和我们待多久。他的家人开始按照他们自己的日程表行事。我们没来得及说再见，但学校里就是这样。

米格尔转学后大约三个星期，我才拿到他的资料。我翻看文件夹，为他的下一位老师更新，这时我注意到一件事，让我屏住了呼吸。他的名字不是迈克尔，也不是米格尔。他的名字叫大卫。

我想知道这个孩子是怎么在我的教室里待了一个多月的，而且，在整个这段时间里，他都没有足够的个人能力告诉我，他的名字叫大卫。是我，是其他孩子，还是这所学校的什么，让大卫觉得他必须放弃自己的名字？

我得猜一下大卫脑子里在想什么。我猜，是有人告诉他要尊重女老师——在学校要"做个好孩子"。我猜，他是以为，如果老师决定改掉他的名字，那就改掉好了……仅此而已。我猜他没有把学校和任何已知的现实联系起来。在家里他可以是大卫，但在学校，他被期望成为另一个人。

我不需要猜测我自己是这件事情的同谋。我从没想过他会叫迈克尔以外的名字。在我的整个人生经历中，人们都叫我的名字。极少数情况下，有人可能念错了我的名字，但我会及时且礼貌地纠正。从小，大人就教我，我要为自己说话。我有权力做我自己——无论是在我的学校，在我的社区，还是在我的生活中。我从没想过问问大卫他的名字。这超出了我的经验范围，超出了我的文化范畴。

我们之间的权力距离很大。我拥有所有的权力。我是白种人；我是老师；我说英语。大卫没有权力。他是棕色人种；他是个孩子；他说西班牙语。我们的个人主义意识发生了冲突。我希望他有自我意识——为自己挺身而出，大声疾呼。但他否认自己。大卫预料并接受了他在学校文化中的这种"不足"。我们对现实的看法两极分化。我相信系统的精确性。挂号卡上的名字必须是正确的。学校就该这样。大卫接受了这个系统的不精确性。更改名字，只是整个令人困惑的经历的一部分。

自从大卫顺从地坐在我的教室一隅，这么多年过去了，我学到了许多"艰难的经验教训"。我学到了一些关于消极种族主义的教训——我们在自己身上看不到，也不想看到，并且极力否认的那种种族主义。我学到了关于隐性力量和显性力量的教训——关于那些我们选择去倾听的声音和那些我们在不知不觉中沉默的声音。我了解到，成为一名好老师，不仅要靠进步的课程、教学方法和评估，还要靠融洽的关系。

> 如果我能回到那一天，当学校秘书带着一个头发梳理得很整齐、穿着一件熨得很平整的衬衫的小男孩进来时，我会和他握手并说："你好。我是唐娜，你叫什么名字？"我相信，如果我问了他，他就会告诉我了。

检验理解

1. 迈克尔是谁？
2. 作者认为自己是一位什么样的老师？
3. 班上同学是怎么对待迈克尔的？他自己适应吗？
4. 双语老师提出了怎样的建议？
5. 作者在迈克尔转学之后发现了什么？
6. 为什么这个男孩让人们叫错他的名字？
7. 描述作者从这次经历中学到的"艰难的经验教训"。
8. 如果可以的话，作者会怎样分别对待这个孩子？

批判思考

1. 这篇文章的目的是什么？
2. 描述作者的语气。
3. 作者对她的学生做出怎样的推断？
4. 解释作者所说的"权力距离"是什么意思。
5. 在这篇文章中，教育工作者面临的问题是什么？
6. 文中照片给这篇阅读增加了什么？

第 4 章
评估作者的技巧

你会如何描述照片中的艺人？诸如"现代""个人主义""独特"这样的词，可能浮现在你的脑海。然而，不管你怎么描述她，有一点是清楚的：她通过她的时尚感，非常清晰地表达着自己。就像人们借助发型、服装和珠宝来表达个人风格一样，作者也运用各种技巧来表达自己，而不仅仅是简单的文字。本章讨论作者"风格"的各个组成部分。

在本章中，你将会看到作者怎样用丰富多彩的语言说服别人，如何通过省略来误导别人，怎样做出可能是根据事实或者可能并非根据事实的概括，还将了解如何揭示作者的偏见。你将研究作者怎样使用陈词滥调、行话、典故、委婉语言、夸张的言辞来操纵读者。理解这些技巧，将大大提高你的批判性阅读技能，并帮助你掌握有效的交流所需的语言艺术。

作者是否使用了有内涵意义的语言

所有词汇都有一个或多个标准的意思，这些意义被称为**外延意义**。许多词汇还有内涵意义。**内涵意义**包括可能伴随一个词的感觉和联想。内涵意义会因人而异。"国旗"一词的外延意义是用作国家象征的一块布。对许多人来说，美国国旗是爱国主义和热爱国家的象征。不过，对另一些人来说，它可能意味着他们衣服上的一个有趣的装饰。

作者和演讲者使用内涵意义来激发你的情绪，或者让你的脑海中产生积极或消极的联想。假设一位作者正在描述一个人如何喝酒，作者可以选择诸如大口地喝、小口地抿、咕隆咕隆地喝、豪饮这样的描述，它们都创造了一个人的不同形象。因此，内涵意义是语言的有力工具。在阅读时，你要注意作者的用词所暗示的意义。写作或说话时，一定要选择有适当内涵的词语。

作者是否使用了比喻性语言

比喻性语言将两种具有共同特征的不同事物进行比较。如果你说你的公寓看起来像被龙卷风席卷过，你是在比较两种不同的东西——你的公寓和龙卷风的破坏。比喻性语言具有创造性或想象性的意义，而不是字面上的意义。你的意思是说，公寓里一片狼藉。比喻性语言是一种强大的工具，它可以让作者在读者的脑海中创造形象或描绘图画。比喻性语言也允许作者在不直接陈述的情况下暗示某个观点。如果你说议员像熊一样咆哮，你是在暗示议员的声音像动物一样大声和有力，但你没有直接说出来。通过植入熊的行为形象，你已经向读者传达了你的信息。

比喻性语言主要有三种类型：明喻、隐喻和拟人。

明喻用"好像""仿佛"等词来进行比较：

- 这台电脑像蜂箱一样嗡嗡作响。
- 下午 5 点以后，我们的市区就像鬼城一样寂静。

隐喻陈述或暗示了两个不同事物之间的关系。比喻常用的词是"是"：

- 这个计算机实验室是一只蜂箱。
- 下午 5 点过后，我们的市区是个鬼城。

拟人根据一种特征来比较人类和非人类，将人类的特征归因于观点或物体。如果你说"风尖叫着发出愤怒的信号"，你就是在给风以尖叫、愤怒和发出信号的人类特征。这里还有两个例子：

- 太阳茫然地照射着我们。

- 在停顿了两天之后，她的笔开始在纸上跳跃。

一定要分析使用比喻性语言的动机。通常情况下，作者用它来描述而非讲述。作者可能说"这个女人红着脸"（讲述），也可能说"这个女人的双颊泛着火光"（描述）。

在评估比喻性语言时，提出以下问题：

1. 作者为什么进行比较？
2. 比较的基础是什么，即两者共同的特征是什么？
3. 比较是否准确？
4. 你的脑海中浮现了什么画面？这些画面给你留下什么感觉？
5. 比较是正面的还是负面的？
6. 有没有可能出现几种不同的解释？

解释下列例子中使用比喻性语言的比较。

1. 山顶上的景色犹如一幅画卷。
2. 她的记忆是一块空白的石板。
3. 图书馆的改造工程是一头无法控制的野兽。
4. 在早晨上下班的路上，车道上的汽车像一窝蛇那样乱成一团。
5. 涨潮时，海浪咆哮着要她赶快逃跑。

将下列语句转换成比喻语言的表达式。示例：我很紧张。我觉得我的胃里好像有1000只蝴蝶在飞舞。

1. 他很饿。
2. 云很美。
3. 人人都在争辩。
4. 考试很难。
5. 我的朋友笑了。

作者是公平的还是有偏见的

想一想你最近看到的一则电视广告，也许是一种特定型号的汽车。广告告诉你汽车的优点——你为什么要买它——但是，广告告诉你它的缺点了吗？广告是否描述了该车型与竞争对手相比有哪些不足之处？当然不会。我们能够预料广告商会对他们的产品进行片面呈现。然而，我们期望其他形式的写作诚实而直率；否则，他们就会提出有偏见的观点。

为了察觉偏见，你可以提出以下问题：

1. 作者是像记者那样陈述事实，还是像销售员那样只提供有利的信息？
2. 作者是否强烈支持问题的某一方面？
3. 作者用含蓄的或比喻性的语言来塑造正面的还是负面的形象？
4. 作者在该问题上是否情绪化？
5. 对于这个主题，还存在作者没有意识到的或者没有讨论的其他观点吗？

阅读下面每一句话，判断哪些句子表现了偏见。
1. 城市应当为行人而不是汽车而设计。
2. 有线电视频道比以往任何时候都多。
3. 现行的选民登记制度是假的。
4. 职业体育已经成为精英运动。
5. 太空探索每年耗费数百万美元。

描述作者在以下每个段落中的偏见。

> 1. 夜复一夜，年复一年，西雅图是世界上最令人兴奋的音乐城市之一。外地人在大陆的这个角落寻找他们在其他地方找不到的声音——我们给了他们想要的东西。我们的小俱乐部生态系统和热情的观众，从未停止培养伟大的新乐队。
>
> 2. 如果我们要遵循购买"国货"者的主张来帮助我们的经济，那么，当我们需要和想要那么多在别处生产的东西时，"国货"又能有多大的帮助呢？
>
> 3. 美国父母真的那么糟糕吗？答案很简单：不。当然，我们爱我们的孩子，希望他们得到最好的。我们的问题是，我们不确定什么是最好的，确切地说，在我们这个受成功驱动的、以成就为导向的国家里，我们不知道什么才是最好的。或许，与对每次考试成绩排名相比，美国父母最好的选择应该是一个非常美国式的理想：追求幸福。

作者没告诉我什么

作者会通过省略而进行误导。以下是作者误导读者的六种常见方式：

- **省略必要的细节** 假设描述在家上学时，一位作者说："许多孩子发现在家上学有益。"但是作者没告诉我们什么呢？如果作者没有告诉我们，有些孩子觉得在家上学很孤独，觉得与同龄人隔绝，那么，作者对在家上学的描述就是不公平的。在这里，作者故意省略了一个读者需要了解的家庭教育的基本细节。
- **忽视不一致的证据** 假设同一位作者描述了一项研究，该研究得出结论，在家接受教育的孩子在学业上表现优异，为了公平起见，作者还应当报告，其他研究已经证明，在家接受教育的孩子在学业成绩上与接受传统教育的学生没有区别。在这种情况下，作者忽略了不一致的证据，只报告了他想让读者知道的证据。
- **有选择地报告细节** 在描述在家上学的环境时，假设作者报告"家庭环境是理想的"，并继续描述舒适的家庭环境、灵活的时间安排以及支持的父母指导，而并没有指出在家上学的不足之处，如缺乏教学软件库、与同学协作的学习活动或辅导员的支持，实际上，作者就是在选择性地报告细节，告诉我们什么是正面的，而忽略负面的细节。
- **进行不完全的比较** 假设作者这样总结他关于在家上学的文章："在家上学是让孩子接受良好教育的更好途径。"作者并没有告诉我们的是，在家教育比哪条途径更好。

比私立学校好吗？比公立学校好吗？作者进行了不完全的比较。
- **使用特定句子结构** 作者避免透露信息的一种方法是使用特定句子结构，导致读者无法识别谁执行了特定的操作。在"杯子被打破了"这个句子中，你不知道是谁打破了杯子。在"账单已被支付"这句话中，你不知道是谁付的账。
- **使用未指定的名词和代词** 作者避免透露信息的另一种方法是使用不指代特定人或事的名词和代词。"他们说中午会下雨"这句话，并没有说明谁预言会下雨。"这总是发生在我身上"这句话，并没有表明作者身上总是发生什么。

对于下面的每一个句子，指出省略了哪些信息。
1. 我们的社区被这家水处理厂给毁了。
2. 他们提高了那个州的测试分数。
3. 人们被福利改革伤害了。
4. 某些国家一直禁止动物试验。
5. 运动员收入过高了。
6. 他们说，哥伦比亚河有太多的水坝。
7. 任何人都可以上网。
8. 他们提出了指控。
9. 许多城市的交响乐团已经倒闭。
10. 这张支票很可能是伪造的。

作者是否做出概括并辅以证据支持

假设你正在阅读一篇文章，上面写道："音乐家都是喜怒无常的人。"你认为每个写过歌、唱过歌、演奏过乐器的音乐家都喜怒无常吗？你能想到例外吗？这句话是一个概括的例子。概括是基于部分已知信息（作者见过或观察过的音乐家）对整个群体（音乐家）的理性陈述。概括需要从已知的东西跳跃到未知的结论。概括可以用诸如"全部""总是""没有一个""从来不"这样的词来表达。有些语句也许暗示但不直接表明作者引用了整个组或类。"音乐家是喜怒无常的人"这句话暗示但并没有直接说明所有的音乐家都喜怒无常。

评估概括的关键是评估用来支持它们的证据的类型、质量和数量。持批判眼光的读者应当做到以下几点。

1. **评估证据的类型** 对于如下所示的概括，你需要什么类型的证据来让你相信表述属实？
   - 大学生对未来的职业目标犹豫不决。
   - 快餐缺少营养价值。
   - 外国汽车性能优于美国同类车型。
2. **评估证据的质量** 例如，对于大学生的概括，你可能需要看一看关于大学生职业目标的研究报告。即使研究确实得出了许多大学生会犹豫不决的结论，认定每个学生都犹豫不决也不合适。如果没有给出证据，那么这种概括并不可信，应当受到质疑。
3. **评估具体细节** 对于"宠物总是麻烦"这句话，问问作者指的是哪种宠物，然后问什么是麻烦。

4. 想一些例外情况 对于"医生性格冷漠和难以接近"这句概括，你能想到一个你见过或听说过的关心病人的医生吗？如果是这样，那么，这种概括并非在所有情况下都准确。

阅读下面的每一个句子，辨别哪一句是概括。
1. 互联网正改变美国。
2. 流感每两年就造成一次严重的流行病。
3. 大多数毒品案件都是从抓捕当地的小毒贩开始，然后转向搜捕他们的供应商。
4. 上大学是经济成功与进步的必要条件。
5. 感冒是由病毒引起的，不是由细菌引起的，不是天气寒冷引起的，也不是饮食不当引起的。

阅读下面的每一段话，并找出在每个段落的概括。
1. 儿童保育工作者的受教育程度较低，与其工作的重要性不相匹配。整整一代的孩子日复一日地落在只有高中教育水平的女性手中。这些孩子将来会因为我们对儿童保育就业的忽视而遭受痛苦。
2. 过去几年，司机的情况越来越糟。年纪最大和最小的司机的驾驶技术尤其差劲。对于新手驾车，应当有更严格的测试和更多的课程，当驾车者达到60岁时，应参加每年一次的视力检查和道路测试。这是保证道路安全的唯一办法。
3. 西雅图总是下雨。
4. 私立学校的学生比公立学校的学生获得更好的教育。

对于下面的每一句概括，指出你要提什么问题以及需要什么类型的信息来评估概括。
1. 素食主义者是和平主义者，他们没有枪。
2. 大多数犯罪是由高中辍学学生犯下的。

作者做了什么假设

假设一位朋友问你，"你不再欺骗你的女朋友了吗？"这个人（也许根本不是你的朋友）是在做一个假设。他认为你已经欺骗你女朋友了。假设是一种观点或原则，作者认为它是真实的，而不努力去证明或证实。这里还有一些例子：

- 你又要犯同样的错误了，是吗？（假设你至少已经犯过一次这样的错误。）
- 等到你成熟了，你会意识到你犯了一个错误。（假设你现在还不成熟。）
- 你和你姐姐一样傲慢。（假设你姐姐很傲慢。）
- 我的狗生气了。（假设狗有情感并且能够表达情感。）

上面的每个句子，都没有试图证明或支持隐藏的假设。

作者经常做出假设，却不努力去证明或支持它们。例如，作者可能认为电视助长了儿童的暴力行为，进而坚称要限制儿童看电视。如果作者的假设是错误的或未经证实的，那么，从这个假设引出的陈述，应当受到质疑。例如，如果电视不鼓励暴力行为，那么，就不应接受限制看电视的建议，除非有其他理由。

阅读下面的每个句子，然后选择作者所做的假设。

1. 不应在动物身上试验化妆品，因为可能会引起它们的疼痛、伤害甚至死亡。
   A. 动物拥有避免痛苦和折磨的权利。
   B. 应当在人身上试验化妆品。
   C. 在动物身上开展研究之前，应先麻醉。
2. 教师助理缺乏高等学位，因此，他们不能有效地教育孩子。
   A. 教师助理应当获取高等学位。
   B. 为了有效地教学，需要高等学位。
   C. 拥有高等学位的教师不一定是有能力的教师。
3. 美国边境州必须采取行动遏制非法移民；否则，国家资金将很快耗尽。
   A. 作者反对使用国家资金帮助非法移民。
   B. 非法移民必须合法进入美国才能得到政府的援助。
   C. 应当修订国家资助的指导原则。

对以下列出的每个句子，至少找出一条假设。

1. 杂货店应当减少每周销售物品的数量，降低总体价格。
2. 取消心理学课程中的论文考试会降低学生的写作能力。
3. 我们的城市应当增加更多的公共交通工具，以减少交通拥堵和污染。
4. 对濒危物种应当圈养，以确保它们的生存。
5. 政府不需要资助艺术家，因为他们的作品卖很高的价钱。
6. 废除工会将提高我们国家的生产力。

分辨下列每一篇短文中的假设。

1. 从我自己的家庭发展来看，有太多的年轻学生专注于派对、服装竞争、音乐和性。他们在为这个竞争激烈的世界做准备的过程中，似乎并未在日常生活中十分强调目标的设定和学业上的成就。

2. 与此同时，一个令人不安的消息正发送给训练营的男孩和女孩。刻苦训练、锻炼、吃有营养的食物——还有偷偷服用违禁类固醇，因为，毕竟胜利和打破纪录才是一切。而且，如果你赚了大钱，就有足够的钱来照顾你受伤的身体。

3. （奥巴马和罗姆尼）两人都缺乏典型的政治家那种获得外部批准和认可的渴望。他们蔑视政治生活中的普通义务，无论是无休止地摆姿势拍照（奥巴马），还是机械地进行政治演讲（罗姆尼）。

作者是否使用了操纵性语言

作者可以通过他们选择的语言来塑造读者的思维和对信息的反应。作者使用各种语言操纵手法来达到期望的效果，以特定方式传达信息，吸引特定的人群。这些手法包括陈词滥调、行话、典故、委婉语和模棱两可的话。

陈词滥调

陈词滥调是一种令人厌倦的、过度使用的表达。这里是几个例子：
- 好奇害死猫。
- 越大就越好。
- 他像蝙蝠一样瞎。

这些日常表达已经被过度使用了；它们的使用是如此普遍，以至于不再具有特定的意义了。

在一篇文章中使用大量的陈词滥调，也许表明作者没有深入思考这个主题，或者没有努力用一种有趣而独特的方式来表达他的观点。

因为陈词滥调太常见了，导致很多读者往往只看表面价值而不去评估它们的意义和恰当性。为评估陈词滥调，你可以提出下列问题。

1. 作者是想用陈词滥调来掩饰还是略过细节？ 陈词滥调往往把复杂的情况过于简化。在决定选课时，学生可能会说："不要把今天能做的事拖到明天。"事实上，学生今天就可以选好，但最好等到他有时间思考、做研究，并与他人讨论选课事宜的时候再来做决定。

2. 作者是否试图避免直接陈述不受欢迎或不愉快的观点？ 假设你正在阅读一篇关于遏制世界恐怖主义的文章。在描述了最近的恐怖主义行为之后，作者用陈词滥调来总结这篇文章，"将来会怎样，将来就会怎样。"这句陈词滥调到底是什么意思呢？在这种情况下，这句陈词滥调暗示（但没有直接声明）对恐怖主义无能为力，这是一个不受欢迎的观点，如果直接表达出来，会受到批评。

3. 陈词滥调与文章相符并合适吗？ 假设在写一篇关于大学经济资助的文章时，作者告诫学生们在收到助学金之前不要花，他说："不要过早地打如意算盘。"其实，这样的陈词滥调反而没什么意义。阐述贷款支票经常被推迟，在收到钱之前就花钱可能会导致严重的财务问题，则更有意义。

4. 使用这些陈词滥调揭示了作者的什么特点？ 使用陈词滥调，可能表明作者没有充分认识他的读者，也没有兴趣迎合他们。在写作中堆满陈词滥调的作者没有意识到他的读者更喜欢新鲜的、描述性的信息，而不是标准的陈词滥调。

对于下面的每一句陈词滥调，解释它的意思，然后想一想它在什么情况下是不真实的或不恰当的。

示例

陈词滥调：Don't change horses in midstream.（过河途中莫换马。）

意思：一旦你开始做某件事，就绝不能试图朝三暮四。

场合：如果你意识到你做了一个糟糕的决

定，而且有办法改正它，那就应当改正它。例如，假如你意识到你在选数学课的时候选错了等级，那就试着放弃该课程，或者更改为适当的等级。

1. 迟做总比不做好。
2. 机不可失，时不再来。
3. 好篱笆造就好邻居。
4. 有钱能使鬼推磨。
5. 如果你没有什么好话要说，那就什么都别说。

行话

行话是指某一特定学术领域或特殊利益集团使用的、一般公众不容易理解的词汇、短语和专业术语。图书馆员在交流的时候会说一些行话，例如："我们正在考虑几种不同的方法来解决聚合问题，使我们的读者能够更有针对性地搜索期刊数据库。"

医生在和其他医疗专业人员交流治疗时会使用专门的语言，例如："在护士肘复位技术中，将拇指放在肘前窝，然后进行纵向牵引。"

行话往往使那些不属于这一行当的读者感到困惑、孤立或排斥。作者可能会使用行话来显得自己更有知识，甚至比读者更优秀。缺少专业知识的、不具批判性的读者可能仅仅因为作者用术语来捍卫自己的观点而接受这些观点，并且认为作者必定很有知识，才能使用复杂的、别人不熟悉的术语。

如果作者使用了你不理解的术语，那么，你可能不是作者的目标读者。如果你是目标读者，那么，作者也许在有意地操纵你。作者或许是故意使用行话来表现自己的权威地位。再比如，一篇有关器官移植的面向大众的文章的作者，可能使用晦涩的医学术语来陈述一些事实，而如果用外行的话表述，这些事实也许令人不愉快或反感。

在下面段落中的行话下画线。你能通过上下文来理解新的术语吗？这些行话是令人困惑还是具有操纵性？你会继续读这篇文章的其他部分吗？

1. 在这项双盲试验中，我们随机分配患有中度-2或高危骨髓纤维化的患者，每日两次口服鲁索利替尼（155例患者）或安慰剂（154例患者）。通过磁共振成像评估的主要终点是24周时脾体积减小35%或更多的患者的比例。

2. 随着基于闪存的固态硬盘在各种计算设备中越来越受欢迎，在发生停电时闪存的完整性变得越来越重要。与传统的硬盘驱动器相比，固态硬盘的电源故障可能更加危险。由于固态硬盘使用复杂的闪存转换层来管理逻辑块地址和物理闪存位置之间的映射，如果掉电破坏了该映射的元数据，整个固态硬盘可能无法运行。

3. 需要循证医学报告的饮食从业人员应该尝试期刊文献数据库CINAHL提供的一个新功能，该功能通过数据库供应商EBSCOHost提供。当在这个数据库中进行搜

> 索时，临床医生可以将结果限制为循证医学报告。这些报告提供了通过随机对照试验的系统荟萃分析收集的数据。于是，从业人员可以使用这些建议来告知他自己的实践。

典故

典故是指参考著名的宗教、文学、艺术或历史作品或来源。作者可以引用《圣经》的诗句、著名诗歌或小说中的人物、著名歌曲中的歌词，或者拿破仑、乔治·华盛顿等历史人物。作者通常认为，受过教育的读者会认识和理解他们的典故。以下是一些典故：

> 1. 一位作者把某人描述为有约伯般的耐心。在《圣经》中，约伯是一个义人，他的耐心受到上帝的考验。
> 2. 一篇关于亲子关系的文章提到了俄狄浦斯情结。俄狄浦斯是希腊神话中的一个人物，他在不知情的情况下杀死了自己的父亲，娶了自己的母亲为妻。当他发现自己做了什么时，他把自己弄瞎了。俄狄浦斯情结虽然有争议，但指的是孩子容易被异性父母所吸引。

作者可能在写作时包含大量的文学或学术典故，使他们的作品看起来像学者所著。不要对作者使用的典故印象过于深刻，特别是晦涩的典故。也许作者是在用典故来转移读者对缺乏实质性细节或支持的注意。在评价作者对典故的运用时，可以问以下问题：

- 这个典故的意思是什么？
- 为什么作者在写作时包含这个典故？
- 典故对作品的整体意义有何贡献？

委婉语

这些句子有什么共同之处？

- 他遭受战斗疲劳。
- 这家公司正在裁员。
- 极刑是有争议的。

每个句子都使用一种被称为委婉语的表达。**委婉语**被用来代替令人不愉快的、尴尬的或其他令人反感的词或短语。"战斗疲劳"一词是一种不那么令人不快的表达方式，它指的是退伍军人因战争经历而产生的心理问题，"裁员"一词代替了"解雇"，而"极刑"则代替了死刑。

委婉语往往是将某事的重要性或严重性最小化或者轻描淡写。它们经常被用于政治和广告，可以用来掩饰读者或听众可能无法接受的行为或事件。例如，可以用"战争伤亡"一词

第4章 评估作者的技巧

来代替"阵亡士兵"一词，以减少攻击的影响。说政客的陈述与事实不符，也比说政客撒谎影响小一些，批评性弱一些。

作者可能用委婉语来改变你对某种情况的严厉性、丑陋、严肃程度的认识，从而改变你的看法。当作者使用委婉语时，要替换委婉语的日常意义，注意作者传达的信息是否发生了改变。

模棱两可的话

模棱两可的话是指故意含糊不清或回避的语言。它通常夸大或夸张了原本可以简单表达的信息。研究这种语言的专家威廉·鲁茨将其定义为"假装交流但实际上并未交流的语言"。这里有一个例子：来自负责安全的空军上校的信中说，重量超过 30 万磅的火箭助推器"在表面撞击时具有足够的爆炸力，足以超过对暴露在外的人员造成生理损伤的可接受的超压阈值"。上校的声明用一句简单的话来说就是：如果一枚 30 万磅重的火箭落在一个人身上，这个人就会死。

以下是美国前参议员埃弗雷特·德克森使用模棱两可的话的一个幽默例子：

> 我想起了填写保险单申请表的那个人。他必须回答的一个问题是："你父亲多少岁去世的，死因是什么？"他父亲被绞死了，但他不想把这个写进申请里。他琢磨了一会儿，最后写道："我父亲去世时 65 岁。他是在参加一次公共活动时平台倒塌身亡的。"

模棱两可的话使用了委婉语，但它也在其他方面夹杂着别的语言，目的是迷惑听众或读者，或者使他们听起来一头雾水。这些表达经常使用听者可能不熟悉的技术语言（行话）。模棱两可的话还会使用夸张的语言，这些词往往使事情看起来比实际情况更重要或更复杂。读到模棱两可的话时，要怀疑作者的动机。问问你自己：

- 为什么作者故意回避或含糊不清？
- 他在极力隐瞒什么？

公共关系学阅读材料

女性动员起来反对邋里邋遢的男人

丹尼斯·威尔科克斯（Dennis Wilcox）和格莱恩·卡麦伦（Glen Cameron）

引导问题

1. 公众示威如何影响你对问题的看法？
2. 草根组织是什么意思？

如今，不刮胡子似乎成了男性的一种时尚，从男时装模特到名人，甚至是那些想让自己看起来很酷的普通男性。那么，一个致力于让男人们把胡子刮干净的剃须刀制造商该怎么做呢？

有研究表明，年轻男性剃须频率下降，得知这一研究结果后，吉列及其公关公司波特诺维利认为必须采取措施。不过，还有的研究显示，只有3%的受访女性更喜欢衣着邋遢的男性。这条信息成了一场"运动"的核心，该"运动"旨在充分利用女性在伴侣的打扮决定中发挥的影响力，为剃得干干净净的外表赢得更多支持。

然而，难就难在如何进行一场有创意的宣传活动，让男性关注这一信息。这个有创意的解决方案是一个有点前卫的宣传活动，主要是为了获得广泛的媒体报道。该公司创建了一个半开玩笑的抗议团体，名为"反感不刮脸全国社会十字军组织"（NoScruf），该组织的"成员"是女性，她们发誓，她们的男人不剃须，她们就不刮腋毛。给男人的最后通牒是，"要么刮掉胡子茬，要么就失去这个女孩。"

吉列为剃须干净的男性举办的集会是一场高度视觉化的活动，吸引了媒体的关注。

这场"运动"始于网上的NoScruf.org网站，该网站特意展示了一些业余的图片和幽默的流媒体视频，强化了草根运动的理念。网站提供新闻报道和视频片段。在一个名为《做梦吧，胡茬小子》的视频中，一个衣衫褴褛的年轻人看到了如果女人不再刮腋毛，世界会变成什么样子。

网站上还介绍了两位女性名人是"NoScruf"运动的"创始人"。其中一位是凯莉·摩纳哥,她是真人秀节目《与星共舞》的第一位赢家,如今是一名电视演员,另一位是布鲁克·博克,众所周知的泳装模特,在男性杂志上排名为世界上最性感的女人之一。在一次新闻发布会上,摩纳哥说:"我们在NoScruf给那些想接近我们的邋遢家伙们传达了一个信息:'做梦吧,胡茬小子!'"

两位女明星还出席了在纽约先驱广场举行的抗议集会。她们带领着50名魅力四射的年轻女性,穿着印有NoScruf品牌的T恤,自豪地炫耀着假的腋毛,上面写着:"你们不刮胡子,我们就不剃腋毛。"这场抗议集会看起来如此真实,甚至连美国有线电视新闻网的一位制片人在上班的路上都召集了一个新闻小组来报道。这次集会在《今日》节目中也有报道,其他主要城市的媒体也报道了。根据波特·诺维利的说法,"幽默、不协调的妆容和名人的出现,共同转化为一致的有利报道"。女性对她们邋遢的男友极度不满的这一核心信息得到了反复强调。

由于媒体对抗议集会的报道,NoScruf网站在24小时内获得了超过200万的点击量和6.5万名独立访问者。这段名为《做梦吧,胡茬小子》的短视频被观看了700多万次。该活动赢得了2007年度的"公关周"推广活动。

检验理解

1. 为什么吉列公司发起这场运动?
2. 吉列公司依赖谁来传递他们的信息?
3. 谁创建了NoScruf网站?
4. 描述NoScruf网站的语气和风格。
5. NoScruf是怎么获得媒体关注的?

批判思考

1. 这篇阅读材料出现在一本公共关系图书上。作者写这篇文章的目的是什么?
2. 为什么作者把"成员""运动""创始人"这样的词加引号?
3. 将你对运动参与者的推断与最后一段中的事实进行对比。最后,这种提升是否代表了女性的真实感受?
4. 为什么吉列希望这场运动看起来像一场草根运动?如果这是一个巧妙的、制作好的广告,人们会有怎样不同的反应呢?
5. 为什么吉列要聘请名人?这对"运动"有何影响?
6. 文中的那张照片用于什么目的?

第5章
阅读和评估论证

研究图中一群学生参加示威的照片。示威者举着的牌子表明了他们对降低大学学费这一问题的立场。我们缺少的只是让我们相信大学学费太高的证据或理由。于是，这张照片代表着一场争论的开始。

大多数职业都需要你为自己的观点进行论证,并为你的建议提出合理的理由。学习辩论的要素,会让你成为一名更有说服力的员工,这对你下次争取加薪一定会有帮助!

什么是论证

这是一场简短的辩论。在你阅读的时候,请注意,这场辩论提供了理由来支持这样一个观点:应当允许学校规范校外网络欺凌。

赞成校外网络欺凌管制

两名高中生在社交网站上创建了一份种族主义档案,其中包含种族主义语言和关于私刑的漫画。其他学生也链接到了这个网站,并发表了难听的评论。老师们报告说,学校里的许多少数族裔学生都很害怕。

在另一所高中,学生们制作了一份名为"我们讨厌阿什利"的资料,其中包括对他们的这位同学体重的粗俗性暗示和玩笑话。阿什利不愿意再去上学,成绩直线下降。她的父母说,她正在接受心理治疗和自杀监护。

学校官员有权对有害的校外网络言论进行监管吗?他们应当这么做吗?这是当今学校管理者面临的主要挑战。

这个问题的根源在于,最有害的网络欺凌事件发生在学生在校外发布或发送材料的时候,因为他们有更多的无人监管时间。但是,有害的影响却出现在学校,因为学生们是在一起的。网络欺凌事件会导致青少年逃学和感到挫败,更有甚者,会导致自杀和校园暴力。

2007年12月《青少年健康杂志》报道的关于网络欺凌的研究表明,网络欺凌的施暴者和欺凌对象都报告了严重的社会心理问题,并增加了线下的人身攻击和关系攻击①的发生率。网络欺凌的对象报告说,他们携带武器上学的可能性是其他学生的8倍。对学生安全的担忧是真实存在的。那些不相信学校官员能帮助他们的学生可能寻求自行报复,或者拒绝来学校。

法庭一贯裁定,如果校外学生的言论在学校造成了(或者,如果理性的人们预期会造成)重大扰乱,或者干扰了学生的权利,学校官员可以对其做出回应。符合这一标准的情形包括暴力的身体接触或口头争吵,干扰学生参与学校活动的能力并严重扰乱学校运行和教学的敌对环境。

---

① 关系攻击是指一种有意通过破坏或控制对方的人际关系来达到伤害对方目的的行为,类似于"社会性死亡"这个在中国网民中流行的网络用语。——译者注

> 学校官员没有权力仅仅因为他们觉得校外的言论令人讨厌或反感就对其做出回应。对这样的言论做出反应是父母的责任。但是，当校外的言论引起对学生安全和健康的合理担忧时，学校官员必须有权力做出回应——因为每个学生都面临着潜在的危害。

论证的组成部分

论证有四个组成部分：

- **论证必须提到一个问题——即人们不同意的问题或争议**　堕胎、枪支管制、动物权利和毒品合法化，都是这些问题的例子。
- **论证必须在某个问题上表明立场**　这种立场被称为主张。论证可能主张应当禁止手枪，或者使医用大麻合法化。
- **论证为这一主张提供了支持**　支持包括理由和证据，它们证明主张是合理的，应当被接受。当然，也可以使用情感呼吁。
- **驳论考虑的是相反的观点，可能试图证明相反的观点不正确，或使其名誉受损**　并非所有的论证都包含驳论。

论证的结构如图 5-1 所示。

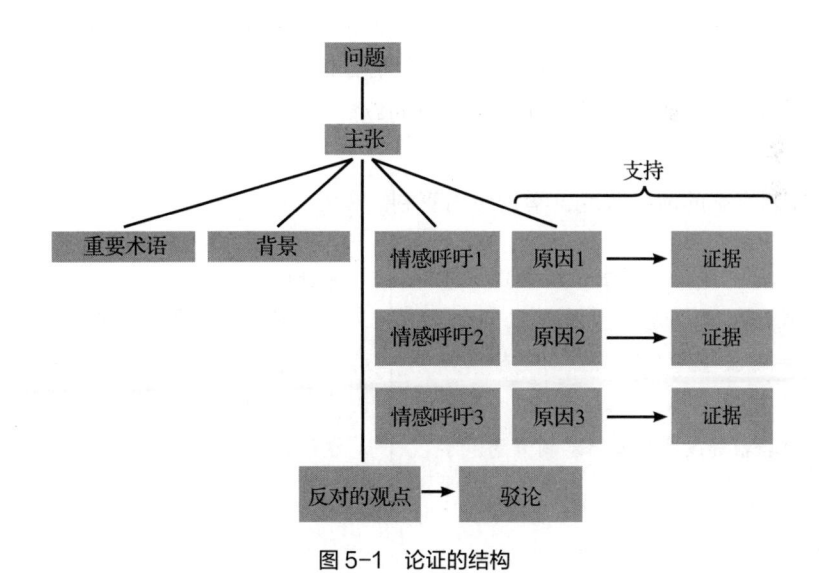

图 5-1　论证的结构

在上面的辩论中，正如标题宣告的那样，问题是对网络欺凌的监管。作者主张学校应当管制校园外的网络欺凌。首先，网络欺凌的有害影响发生在学校；其次，学校已经获准对校外的言论做出回应。作者提供的证据包括示例和研究的引文。

作者并没有反驳反对的观点，即不应允许管制。相反的观点可能会说，管制校外行为是家长的责任。为了反驳这种相反的观点，作者可能会说，父母不愿意或不知道如何提供适当的监督和管制。

主张的类型

主张是作者在这个问题上所持的立场。以下是一些关于动物权利的主张：
- 动物不应拥有人类拥有的任何权利。
- 动物的权利是有限的：免于痛苦和折磨。
- 动物应当享有和人类一样的权利。

主张有三种常见的类型。**事实主张**是一种可以通过观察或研究来证明或证实的陈述，如下面的例子：
- 在10年内，雨林的破坏将导致数百种动植物物种灭绝。

价值主张是指某一事物或观点比另一事物或观点更好或更令人满意。对与错或可接受与不可接受的问题，导致了价值主张。关于棒球运动员使用类固醇的论证，就是一种价值主张。作者认为类固醇的使用是不可接受的，因为它对球员和棒球比赛都有害。

下面是另一个例子。以下的价值主张断言，强制要求高中生参加社区服务是适当的。
- 要求高中生参与社区服务，将培养更多具有社区意识的毕业生。

政策主张表明应当或应该做些什么来解决问题。下面的政策主张阐明了威拉德在网络欺凌问题上的立场。
- 为了控制有害的网络欺凌，学校应当管制。

辨别以下每一项是事实主张、价值主张还是政策主张。
1. 对违反酒后驾驶规定一次以上的司机，应判处强制性监禁。
2. 由于学生对当前的政策和领导感到满意，学生会选举在很大程度上被学生群体忽视了。
3. 在美国社会，大麻的使用和滥用继续升级。
4. 公立学校应实行强制性的着装规定。
5. 为了运动而杀死鹿和其他大型动物是错误的。

支持的类型

常见的支持类型有三种：
- **原因** 原因是支持一项主张的一般性陈述。这解释了作者的观点为什么是合理的，应当接受。在前面关于赞成校外网络欺凌管制的文章中，作者围绕为什么应当管制网络欺凌给出了两个原因：它是有害的；学校已经在监管校外言论。
- **证据** 证据由事实、统计数据、经历、比较和例子组成，它们证明为什么这个主张是有效的。在前面关于赞成校外网络欺凌管制的文章中，作者提供了网络欺凌的例子，引用了有关该问题的研究，并参考了法院的裁决。
- **情感呼吁** 情感呼吁是针对读者可能关心的需求或价值的想法。需求包括生理需求（食物、水、住所）和心理需求（归属感、成就感、自我价值感、能力感）。在前面关于赞成校外网络欺凌管制的文章中，作者唤起读者的公平感和对网络欺凌受害者的同情。

辨别用于支持下列每一段简短论证的证据类型。

1. 许多学生从事兼职工作，他们得在一周之中的下午晚些时候和晚上工作。在一周之中，这些学生不能使用图书馆。因此，图书馆的开放时间应当延长至周末。

2. 因为父母有权决定孩子的性态度，性教育应该在家里进行，而不是在学校。

3. 不应强迫任何人吸入不愉快的或有害的物质，这就是我们州禁止在公共场所吸烟的原因。既然嗅觉很重要，为什么不该制定法律来阻止人们使用强烈的古龙水或香水，尤其是在餐馆里？

归纳式和演绎式论证

归纳式和演绎式论证是常见的两类论证。一方面，**归纳式论证**从观察到的细节中得出一般结论。例如，通过观察大量运动员的表现，你可以得出这样的结论：运动员的身体有耐力。另一方面，演绎式论证从一般陈述开始，称为大前提，然后转向更具体的陈述，称为小前提。例如，从"运动员的身体有耐力"这一大前提出发，你可以推断，因为安东尼是一名运动员（小前提），他的身体一定有耐力。

这两种类型的论证都以假定正确的陈述开头。基本上两者都遵循"如果是这样，那么就这样……"的一般模式。有时，论证可能更为复杂，包含好几个步骤——"如果是这样，而且发生了这件事，那么就应当这么做。"你可以在图 5-2 中看到各种类型的论证。

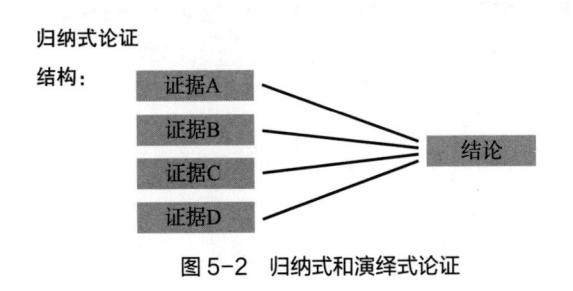

归纳式论证
结构：
证据A
证据B
证据C
证据D
→ 结论

图 5-2 归纳式和演绎式论证

示例：

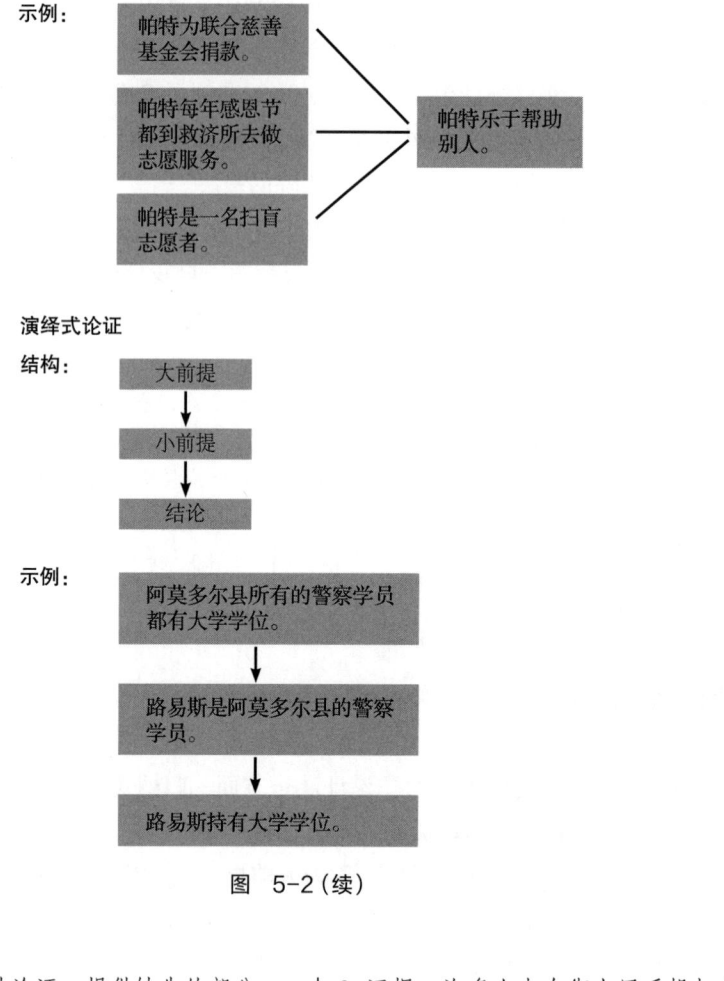

- 帕特为联合慈善基金会捐款。
- 帕特每年感恩节都到救济所去做志愿服务。
- 帕特是一名扫盲志愿者。

→ 帕特乐于帮助别人。

演绎式论证

结构：

大前提
↓
小前提
↓
结论

示例：

阿莫多尔县所有的警察学员都有大学学位。
↓
路易斯是阿莫多尔县的警察学员。
↓
路易斯持有大学学位。

图 5-2（续）

对于下面的归纳论证，提供缺失的部分。

1. 证据：洪教授穿着牛仔裤和法兰绒衬衫上课。
   证据：哈金森教授讲课时穿着卡其布裤子和跑鞋。
   证据：_____
   结论：这所学校的教授上课时穿着休闲。

2. 证据：许多人走在街上用手机打电话。
   证据：大多数家里至少有两部手机。
   证据：在餐馆和商场里，可以看到人们使用手机。
   结论：_____

对于下面的演绎论证，提供结论。

1. 大前提：所有年平均成绩在 3.5 分以上的学生都可以获得暑期实习机会。
   小前提：杰奎琳的年平均成绩为 3.7 分。
   结论：_____

2. 大前提：小学生缺课是由于生病。
   小前提：五年级学生奎因昨天缺课了。
   结论：_____

阅读论证的策略

论证需要慢慢地、仔细地阅读，多读几遍。当你第一次阅读时，试着去了解它的三个基本元素：问题、主张和支持。接下来更加仔细地再读一遍，以便紧跟作者的推理路线，并识别和评估文章中提供的证据。

在阅读前思考

在阅读之前，用下面的问题来引导你的思考。

1. **标题暗示了什么？** 在阅读之前，预览一下文章，问一问自己，关于问题、主张或支持，标题都有些什么暗示。

2. **作者是谁，他有资格吗？** 核实你是否认识作者，如果认识，评估他是否有资格围绕这个问题写文章。例如，职业高尔夫球手菲尔·米克尔森所写的某篇文章将是关于职业高尔夫道德问题的权威来源。如果同样的论证是由州参议员或医生写的，那它的可信度就会降低。作者的具体资质与所提供证据的价值有关。

3. **出版日期是什么时候？** 核实出版日期会促使你考虑最近是否出现了新的，甚至可能是相互矛盾的证据。

4. **关于这个问题，我已经知道些什么？** 尝试用两栏列表进行头脑风暴。在一栏贴上"赞成"的标签，另一栏贴上"反对"的标签，并在每一栏里尽可能多地列出你的观点。通过自己思考问题，你就不太可能被作者的呼吁所左右，而是更有可能客观地思考和评价原因和证据。

预览但不要仔细阅读下面的论证，完成下面的活动。在读过后文阐述的关于阅读论证的策略后，再阅读这段论证。

反对校外网络欺凌管制

如果校长看到两个学生在当地公园或商场欺负另一个学生，她可以对孩子们训话，警告家长，如果真的很严重就报警。不过，最可能的情况是，她不会考虑动用校长的权力，让那些恃强凌弱的学生停学或者以其他方式惩罚他们。和大多数人一样，她会认为这超出了她的职权范围。同样的标准也应适用于网络欺凌。

当孩子在学校或参加学校主办的活动时，学校管理者代替了家长。我们的社会赋予老师教育、指导和约束学生的余地，以确保营造有利于学习的安全环境。虽然学生在学校门口并没有放弃他们拥有的宪法权利，但法庭已经授予了管理者一些回旋余地，以限制学生在受学校监护期间的言论自由、隐私和其他权利。

> 一旦学生脱离学校的监护，他们不仅重新获得了宪法赋予他们的全部权利，而且他们的父母或监护人也重新获得他们的权利，包括指导和控制孩子成长的权利。父母的价值观和家庭的动态是不同的。有些家长宁愿容忍，而有些家长则主张报复。学校管理者有他们自己的价值观和解决问题的方法，这些可能不同于家长的方法。谈到孩子的校外行为时，父母有权决定是否管教以及如何管教他们。
>
> 限制学校对校外言论的惩戒权限，并不妨碍学校管理者采取措施，严加管束，以解决问题。父母通常不知道孩子们所做的一切，对于网络活动更是如此。大多数父母可能希望学校管理者提醒他们，让他们知道孩子的欺凌行为，而把管教的决定留给他们。对于那些可能越界成为犯罪行为的欺凌行为，联系警察也许是恰当的。
>
> 最后，虽然学校管理者需要认识到他们在法律上没有权力管制学生的校外言论，但学生应当明白，网络言论往往会在现实世界中带来后果。这不同于在商场里说的那些过激愚蠢的话，在互联网上发表言论，将产生更为持久的影响，而且更容易被人接受。大学和未来的雇主越来越倾向于揭露这些刻薄而愚蠢的网络帖子。
>
> 总而言之，学校管理者有权对发生在学校的欺凌行为（无论是网络的还是其他形式的）进行处罚，但只有家长（或必要时警察）才有权在校外处理此类事情。

1. 关于这个问题、主张或证据，标题暗示了什么？
2. 关于这个问题，你已经知道了什么？在一个列表中列出"正方"和"反方"两栏，进行头脑风暴。

主动阅读

在阅读论证时，尤其重要的是主动阅读。

阅读论证时可以采用下列的具体策略：

1. **先读一遍，以获得最初的印象** 不要关注细节；相反，试着对论证有一个大致的感觉。

2. **多读几遍** 首先确定作者提出的具体主张，并开始辨别支持它的原因和证据。再读一遍论证，看看作者是否承认或反驳相反的观点。

3. **阅读时做注解** 记下你的想法；记下你同意的观点、不同意的观点、想到的问题、额外的原因或者被作者忽略的证据，以及作者没有提到的反驳观点。

4. **突出显示重要术语** 通常，论证取决于如何定义某些术语。例如，在一场关于破坏森林的辩论中，"破坏"意味着什么？是指在森林中建造房屋，还是指为木材清理土地或创建住房分区？突出显示作者提供的重要术语和定义。

5. **为分析论证的结构而画图** 由于许多论证都很复杂，你可能发现，用图表来体现将大有裨益。通过将论证用图表展示出来，你也许能找出未经证实的观点、没有提供证据的理由，或者是理由和情感呼吁之间的不平衡。你可以采用图 5-1 所示的格式来帮助你分析某段论证的结构。

评估论证的策略

一旦你理解了文章阐述什么及如何阐述，就可以评估文章的合理性、正确性和价值了。

证据的类型

归纳式论证的有效性，部分地取决于为得出结论而提供的证据的可靠性和正确性。而演绎式论证的有效性，取决于论证所基于的前提的准确性和正确性。评估每种类型的论证包括评估论证基于的陈述的准确性和正确性。通常来讲，作者提供证据来证实他们的观察或前提。作为批判性的阅读者，你的任务是评估是否有足够的证据支持论证中的主张。

证据的相关性和充分性

一旦你确定了支持论证的证据，下一步是确定是否有足够的正确的证据来引导你接受作者的主张。这总是涉及判断；并没有容易遵循的规则。你必须确定提供的证据是否直接支持主张，以及是否提供了足够的证据。

以下是评估证据时可以提出的一些问题：

1. 观察者到底是有偏见，还是夸张地或错误地感知了某种局面？
2. 示例是不是典型的和有代表性的？
3. **使用的统计数据是不是公平且明确？** 许多人对数字、百分比、平均值等统计数据印象深刻，认为它们是无可辩驳的证据。事实上，统计数据也可能被误用、歪曲，或者用来选择性地提供并非最客观、最准确的情况。要以批判和质疑的态度对待统计数据这类证据。
4. **进行的比较是切合实际的和真实的吗？** 比较的可靠性取决于参与比较的各种情况到底有多么接近或多么相似。例如，马丁·路德·金在他著名的《伯明翰监狱来信》中将非暴力抗议者比作被抢劫者。要评估这种比较，你需要考虑两者的相似之处以及不同之处。

重读前文关于反对校外网络欺凌管制的文章，特别注意使用的证据类型。然后回答下面的问题。 1. 使用了哪些类型的证据？	2. 证据是不是有说服力？ 3. 证据是不是充分？ 4. 为了强化论证，原本还可以使用哪些其他类型的证据？

术语的定义

一段清晰而有效的论证会仔细地定义重要术语，并且始终如一地使用它们。例如，一篇支持或反对动物权利的文章会解释"动物权利"这个术语的含义，描述或定义这些权利，并在整段论证中使用。

因果关系

论证往往建立在因果关系的假设之上。例如，一段支持枪支管制立法的论证可能声称，正是由于人们可以随时拿枪，才导致枪击事件的增加。这样的论证意味着，人们随时可以拿到枪支，将导致枪支的使用次数增加。如果作者没有提供证据证明这种因果关系的存在，你就应当质疑这种观点的准确性。

暗示的或明示的价值体系

论证往往暗示或建立在某个价值体系（一个作者认为是对的、错的、有价值的和重要的结构）之上。然而，每个人都有自己的价值体系；尽管我们的文化促成了许多重要观点的一致（比如，谋杀是错误的，人的生命是有价值的），但也允许存在分歧。这个人可能认为说谎永远都不对；那个人也许会说，这得视情况而定。有些人的价值观基于宗教信仰；另一些人可能不认同这些信仰。

在评估论证时，要寻找价值判断，然后决定这些判断是否与你的个人价值体系相一致，是否可以接受。下面是一些价值判断的例子：

- 无论收入如何，每个人都应获得大学助学金。
- 死刑违反人权。

承认并反驳相反的观点

许多论证承认相反的观点。例如，一位作者可能反对枪支管制，但他也许认同相反的观点，即拥有枪支会导致枪击案件的发生。

很多论证也试图反驳相反的观点（解释为什么它们是错误的、有缺陷的或不可接受的）。一种方法是质疑对方证据的准确性、相关性和充分性，另一种方法是不同意对方的理由。反对枪支管制的作者也许不同意人们可以随时获得枪支就会导致枪击的观点，他说："杀人的不是枪，是人。"

当阅读与相反观点针锋相对的论证时，问自己以下问题：

- 作者是否清晰而公正地表达了相反的观点？
- 作者是否用逻辑和相关证据驳斥了相反的观点？

不公平的情感呼吁

情感呼吁试图通过唤起阅读者的情感来吸引或刺激他们,从而塑造阅读者对该主题的态度。下面将描述几种类型的情感呼吁。

1. 充满感情色彩或者带有偏见的语言 通过使用能够产生情感反应的词语,作者可以建立积极的或消极的情感。例如,一个新香水系列的广告承诺"放纵""更新""滋养""呵护"用户。一则汽车广告使用诸如"豪华轿车般的舒适""欧洲风格""动物般的光滑"等短语来引起受众的兴趣。

2. 虚假的权威 虚假权威包括使用知名人士的意见或行为。我们都见过运动员为内衣代言,或明星为洗发水代言。这种吸引人的广告方式基于这样的观念:人们崇拜名人,努力像他们一样,尊重他们的意见,愿意接受他们的观点。

3. 联想 我们可以通过将某种产品、理念或地位与其他已被人们接受或高度重视的事物联想起来,从而产生情感呼吁。爱国主义是很有价值的,因此,在广告中把某种产品称为"全美品牌",就是一种情感上的呼吁。一辆叫"美洲狮"的车会让你想起一种跑得快、圆滑的动物。描绘风景优美的瀑布的香烟广告或者演讲者站在美国国旗前的广告,都是这样的例子。

4. 向"普通人"呼吁 有些人不信任那些受过良好教育的人、富有的人、十分追求艺术的人,或者在其他方面明显不同于普通人的人。针对此种情况,商业广告可以通过展示产品在普通家庭中的使用情况来为其做广告,某位政客也许在描述她的背景和教育时暗示她和其他人一样,销售人员也许穿着和他的客户相似款式的衣服。

5. 人身攻击 攻击持相反观点的人而不是观点本身的辩论被称为"人身攻击",即对人的攻击。例如,"一个连大学文凭都没有的女人,怎么能够批评司法判决呢?"这是攻击这位女性的教育水平,而不是她的观点。

6. "加入群体"的呼吁 呼吁人们去做别人正在做的事情,相信别人相信的东西,或者购买别人正在购买的商品或服务,被称为群体呼吁或从众效应。那些宣称他们的汽车是"美国最畅销的汽车"的广告,就迎合了这一动机。一些文章引用民意调查来支持一个有争议的问题(如"68%的美国人支持死刑")也是在利用这种呼吁。

逻辑推理中的错误

推理中的错误通常称为逻辑谬误,在论证中十分常见。这些错误会使论证无效或者露出缺陷。下面描述几种常见的逻辑谬误。

循环推理

这种错误也被称为"回避问题",它涉及用结论的一部分作为证据来支持结论。这里有两个例子。

- 在毫无防备的动物身上做残忍的医学实验是不人道的。
- 不应将女警官派到犯罪现场,因为逮捕罪犯是男人的事。

在循环推理中,因为没有证据支持这个主张,所以没有理由接受这个结论。

草率概括

这种谬误意味着结论是根据不充分的证据得出的。举个例子:你尝了三个橘子,每个都是酸的,所以你认为所有橘子都酸。另一个例子是:通过观察一个乐队的表演,你就得出这个乐队不适合表演的结论。

不合逻辑的推论

错误地建立因果关系是不合逻辑的推论。例如,说"因为我的医生年轻,所以我相信她会成为一名好医生"是不合理的,原因在于,年轻并不能保证医术高明。这里还有一个例子:"阿图里奥·阿尔瓦雷斯是州参议员的最佳人选,因为他是一个普通公民。"某个人的身份是普通公民,并不一定使他成为合格的州参议员。

错误的原因

错误原因谬误是一种错误的假设,即认为两个在时间上相互紧随的事件是有因果关系的。假设你打开一把伞,接着在凹凸不平的人行道上绊了一跤。如果你说你绊倒是因为你打开了伞,就是在假设错误的原因。

非此即彼的谬误

这种谬误假设一个问题只有两个方面,或者对于某种特定的情况,只有两个选项或选择。换句话讲,即没有中间立场。关于对电视暴力镜头的审查问题,非此即彼的谬论认为,我们要么允许,要么禁止电视上的暴力。这种谬误并没有意识到其他的选择,比如限制观看时间,限制某些类型的暴力,等等。

找出下列陈述中的逻辑谬误。

1. 在我的生物课上,所有的非裔美国学生都得了A,所以非裔美国人在生命科学方面一定很优秀。
2. 如果你们不支持核军备控制,那你们就是反对保护我们的未来。

3. 我的妹妹既做不了数学计算题，也不能量入为出地花钱，因为她对数学有焦虑症。
4. 一位知名的市长注意到他所在州的四个最大城市的犯罪率下降了，于是宣布他新的"严厉打击犯罪分子"的宣传活动取得了成功，并将犯罪率下降归功于自己。
5. 我总是点一份水果点心当甜点，因为我对巧克力过敏。

阅读下列出现在《今日美国》的两段论证，并完成之后的问题。

在视频暴力上的失误

在蓬勃发展的电子游戏世界里，有一些黑暗的角落，难怪一些家长担心沉迷于游戏的青少年会做些什么。还有一点也不奇怪，一些州的立法者正在利用这些担忧，设法取缔向未成年人出售暴力和色情游戏。一项禁止向未满18岁的公民出售此类游戏的法案正在等待伊利诺伊州州长的签署。密歇根州立法机构也在提出类似的建议。今年，至少有9个州和哥伦比亚特区也提出了这个问题。但是出于什么有用的目的呢？

这是一个古老故事的最新篇章。当青少年的娱乐活动冒犯了成年人的情感，人们的第一反应是把这种新现象看作对社会秩序的威胁。第二反应则是试图禁止它。父母们（他们也都曾是青少年）似乎忘记了历史的教训：禁令从来都不起作用；也许还不符合宪法。法院已经裁定，如今，复杂的电子游戏作为创造性表达受到保护。如果社区想要限制这些游戏，必须拿出压倒一切的证据，证明游戏对公众构成了威胁。但这一证据并不存在。

立法者和行动团体声称，参与虚拟犯罪活动的兴奋感将刺激青少年尝试真实的犯罪。但自20世纪90年代初第一个血腥的射击游戏问世以来，美国的暴力犯罪率已下降近30%。青少年犯罪率的降幅更大。联邦贸易委员会的一项调查发现，83%的未成年人购买和租赁电子游戏的行为，父母都知情。

法官们一再拒绝接受那些研究，称其存在缺陷。那些研究的支持者宣称，研究显示幻想暴力与反社会行为之间存在联系。就威胁的程度而言，视频暴力主要是对个体的、脆弱的青少年的威胁，而且只有父母才能解决。

许多家长并不知道，他们正在接受一些帮助。游戏行业的评级系统将游戏分为六类，从"适合幼儿"到"仅限成人"，并且要求详细描述其内容。此外，受欢迎游戏的新模型包含了家长控制，也就是说，家长可以阻止孩子们玩与年龄不适合的游戏。制造商已宣布扩大评级教育计划，主要零售商也收紧了对未成年人销售的限制。

黑暗、无味甚至无耻的东西总会有市场，父母应当让孩子远离它们。但是，即使立法者怀着最好的意图，这个问题也超出了他们的能力范围。新法律很可能只会给父母一种错误的印象，认为有人在为他们解决这个问题。

家长们需要我们的帮助

在我成长的过程中,父母曾经担心我是否在社区里和不好的孩子混在一起。如今,父母们更要担心的是:孩子们下午不是在学校里打篮球,而是在索尼游戏机的控制下模拟谋杀、肢解、斩首和性诱惑的行为。

像《侠盗猎车手》和《光晕2》等游戏就使用了美国军方用来训练士兵杀死敌人的技术。另一款游戏《刺杀肯尼迪》再现了对已故总统的刺杀。作为家长,这是我最不想让8岁的孩子看到的事情。

但事实是,92%的2岁至17岁的孩子都在玩电子游戏——这对他们来说是一种伤害。爱荷华州立大学最近开展的一项研究将玩电子游戏与大脑中一个与极端行为障碍直接相关的区域联系起来。另一项研究发现,玩暴力游戏的孩子考试分数较低。正如一位家长告诉我的那样,我们"在与电子游戏争夺孩子的思想和灵魂"。在我看来,电子游戏在这场争夺中是赢家。

正因为如此,作为一名家长和州长,我很高兴看到我们上周通过了一项立法,使得伊利诺伊州成为全美第一个禁止向18岁以下儿童出售或出租过度暴力或色情游戏的州。

我们不允许孩子们买烟、买酒、买色情物品,那为什么让他们购买那些我们明知会对他们造成长期伤害的电子游戏呢?

许多零售商可能辩解说,他们并没有向儿童出售这类游戏。但联邦贸易委员会的一项研究发现,69%的青少年男孩能在未获父母许可的情况下购买暴力和色情游戏。我认为我们绝不能将利润置于孩子的利益之上。

我知道一些利益集团不喜欢限制任何东西的想法。但是,当涉及我们的孩子和他们的幸福时,有一点点常识好不好?告诉孩子他们可以购买暴力和色情电子游戏,会传递错误的信息并且强化错误的价值观。

针对每段论证:

1. 辨别其主张。
2. 列出用于支持该主张的主要理由。
3. 使用了哪些类型的证据?
4. 评估证据的适当性和充分性。
5. 使用了什么样的情感呼吁?
6. 作者是承认了还是反驳了相反的观点?

对比这两段论证:

1. 对比使用的证据的类型。

2. 你觉得哪段论证更有说服力？为什么？
3. 在评估这个问题时，有哪些更深入的信息会是有用的？

科技阅读材料

那些被认定为恐怖组织发布的信息，网站是否应该禁止其继续发布（赞成）

参议员约瑟夫·I. 利伯曼（Joseph I.Lieberman）赞成

引导问题

1. 你认为网站应当禁止被认定为恐怖组织的团体发布信息吗？
2. 应当收紧还是放松对互联网的审查？

> 恐怖组织广泛依赖互联网来吸引支持者，推进他们的"事业"。参议院国土安全和政府事务委员会的两党工作人员报告描述了这一网络运动，该报告解释了基地组织如何管理旨在招募追随者的网络媒体运作。其核心是给内容打上图标，确保内容是由基地组织或类似基地组织这样的联盟组织制作的。美国国务院认定所有这些团体都是外国恐怖组织。
>
> 在 YouTube 视频网站上搜索，将返回数十个带有图标或标志的视频，表明这些视频是恐怖组织中的某个分组织的作品。绝大多数文件记录了美国士兵遭受的恐怖袭击。另一些文件则提供武器训练、基地组织领导人的演讲和旨在使潜在新兵变得激进的一般材料。
>
> 换句话讲，恐怖组织利用 YouTube 视频网站进行宣传，招募追随者，并提供武器培训——这些都是恐怖活动必不可少的。基地组织和其他恐怖组织制作的在线内容在激进化过程中可以发挥重要作用，而激进化的最终目标是策划和实施恐怖袭击。YouTube 网站还不知情地让恐怖组织保持了活跃、普遍和扩大的声音，尽管他们在军事上遭遇了挫折，美国执法部门和情报部门的行动也取得了成功。
>
> 保护公民不受恐怖袭击是美国政府的首要任务。私营行业可以帮助我们做到这一点。谷歌公司通过采取行动，减少使用 YouTube 视频来传播那些想要杀害无辜平民的人的目标和方法，将为这一努力做出特别重要的贡献。
>
> 显而易见的行动是，谷歌已从 YouTube 撤下了 80 个视频，这些视频违反了该公司反对无故暴力的指导原则。这只是一个开始，但还不够。基地组织及其分支机构制作的关于袭击美国军队的视频仍在 YouTube 网站上，并且违反了 YouTube 自身的社区指南。这些视频

应当马上撤下来。此外，谷歌继续允许被美国国务院认定为外国恐怖组织的组织上传视频。无论是什么内容，像基地组织这样的恐怖组织制作的视频都不应容忍，他们致力于攻击美国并杀害美国人。谷歌必须重新考虑其政策。

那些被认定为恐怖组织发布的信息，网站是否应该禁止其继续发布（反对）

莱斯利·哈里斯（Leslie Harris）和约翰·莫里斯（John Morris）反对

参议员乔·利伯曼在美国的"反恐战争"上倒退了一步，他要求YouTube审查据称由恐怖组织发布的数百个视频。当谷歌旗下的网站迅速做出回应，删除了大量违反其"反对仇恨言论和暴力"的指导原则的视频时，他坚称行动"还不够"。

在参议员看来，什么才"足够"呢？删除所有受污染的视频，即使是那些令人憎恶但明显受宪法保护的宣传视频，以及一个"防止这些内容再次出现"的计划。

我们打击恐怖主义的努力，继续在损害公民的自由。到目前为止，广泛的互联网审查还没有扎下根来，但如果谷歌同意利伯曼的要求，我们就会采取审查的方式。

我们设计的系统是明智的，在线服务建立了严格的服务条款并加以执行。用户帮助监管该系统，网站收到潜在冒犯内容的通知后，通常会删除违规内容。出于自我监督的精神，利伯曼要求审查特定视频是公平的，但要求对所有视频进行持续审查，并删除那些不符合自己选择标准的视频，这就越界了。

去年，国会把互联网作为反恐活动的重点。众议院已通过《暴力激进化和本土恐怖主义预防法案》，该法案特别发现互联网"通过提供广泛和持续不断的与恐怖主义有关的宣传，为暴力激进化、基于意识形态的暴力和美国本土的恐怖主义进程提供了便利"。

国会可以从这一发现中吸取两个截然相反的教训。其一，互联网是一个重要的交流工具，美国应学会更好地利用它来打击恐怖主义和宣扬我们的价值观。其二，通过审查互联网和摧毁我们最初的自由来打击恐怖主义。

具有讽刺意味的是，当利伯曼的信被送到谷歌公司时，参议院的一个人权小组正在听取关于压制性政权对互联网自由威胁的证词。

检验理解

阅读材料1

1. 根据阅读材料，恐怖组织依赖互联网的两个目的是什么？

2. 描述被确认为恐怖组织的 YouTube 视频的内容。

3. 什么活动被描述为恐怖主义活动的基本要素？

4. 根据作者的观点，激进化过程的"最终目标"是什么？

阅读材料 2

1. 为什么 YouTube 删除了据称是恐怖组织发布的视频？

2. 作者把什么称为反恐努力的"受害者"？

3. 当前的系统是如何控制在线内容的？

4. 作者认为，国会可以从《暴力激进化和本土恐怖主义预防法案》的调查结果中吸取哪两个教训？

批判思考

1. 标记每段阅读材料中具有强烈的正面或负面内涵意义的词。

2. 对比两段阅读材料的语气。

3. 哪段论证试图反驳另一段？反驳有多么成功？

4. 哪段阅读材料更具说服力？解释你的答案。

5. 作者以什么样的方法来支持他们的论证？评估每段阅读材料中的证据类型。

6. 文章中的照片，是赞成还是反对禁止某些组织在网上发布内容？你是怎么分辨出来的？

第三部分 学术阅读策略

第6章
学术思维模式

这张照片给你的印象是什么？仔细看，你会发现这张迷宫的照片有着独特而复杂的模式。我们经常遇到的模式——例如，错综复杂的道路模式、社区模式，以及自然界中最美丽的模式。想象一片叶子，或者蝴蝶的一对翅膀。就像我们可以仔细观察自然界和我们周围世界的模式一样，我们也可以从作者组织信息的方式中发现特定的模式。

许多人认为他们工作的地方就是一个他们在那里做些事情，然后获得报酬的地方。但事实是，大多数工作都要求你思考，而不仅仅是做事情。训练你自己从信息中观察思维模式，将有助于更好地记住需要记住的信息，从而做好你的工作；这对于管理来说是一种很好的做法，在这些岗位上，你要培训其他人怎么做这项工作。

模式：阅读的焦点

让我们首先来试着做几个学习实验。

实验1：为下面的数列写出空格中的数字

1，5，7，8，12，14，15，＿＿＿，＿＿＿，＿＿＿

实验2：简短地研究下面每一幅图，然后继续阅读。

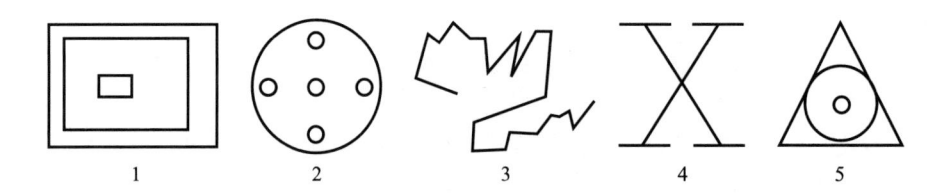

接下来合上书，快速画出你刚刚研究过的每一幅图。现在让我们分析一下你的成绩。在第一个实验中，最后的三个数字是19、21和22。如果你写对了，就会意识到这些数字依次增加4、2、1，然后重复这个模式。现在提供接下来的三个数字。你是填写的26、28和29吗？既然你掌握了模式，现在就变得很容易了。掌握了模式之后，从记忆中重新构建整个序列，也不是一件艰难的任务了。

对于第二个实验，你也许正确地画出了图1、2、4、5中某些或全部的草图。但你画对图3了吗？可能没有吧。为什么？因为图3是不规则的，没有任何模式可寻。

从这两个实验中，你可以看到，模式使得有的任务更容易完成，它们促进你的记忆和回忆。模式也为人们的思想而存在，我们将它们称为**思维模式**。

常用的学术思维模式包括：定义；分类；顺序或次序；原因和结果；比较和对比；列表 / 列举。这些模式可以通过几种方式为你所用。

- **模式通过让你预测作者的思维发展，为阅读提供了焦点**　例如，仅从一个标题或主题句，你就能预测这个小节或段落将遵循怎样的思维模式。当你看到"政府支出类型"的标题时，也许会预料其内容是如何划分或分类政府支出的。
- **模式帮助你记住和回忆你读过的内容**　分组、分块或有组织的信息比单一的、不相关的信息更容易存储。此外，信息以怎样的方式存储在记忆中，也会影响检索信息的难易程度。思维模式帮助你组织信息，并为随后的回忆提供检索线索。
- **模式在你自己的写作中十分有用**　它们可以帮助你更连贯地组织和表达观点，使阅读者更容易理解。

定义模式

每个学术学科都有自己的专业词汇。入门级图书的主要目的之一是为学生介绍这种新的语言。因此，定义是一种常用的模式，在大多数入门级图书中都有使用。

假设让不熟悉"喜剧演员"这个术语的人给这个词下定义。首先你可能会说，喜剧演员是负责搞笑的艺人。然后你可以把喜剧演员和其他类型的艺人区分开来，你可以说，喜剧演员是讲笑话和逗别人笑的艺人。最后，你可以举几个例子，列举几位在电视上出现过的著名喜剧演员的名字。尽管你也许非正式地提出了这个词的定义，但这个定义也应当遵循标准的、经典的模式。定义的第一部分告诉你，这个术语属于什么类别或群体（艺人）。第二部分告诉你，是什么将这个术语与同一类或类别中的其他术语区分开来。第三部分包括进一步的解释、特点、示例或应用。

在下面的段落中，看看术语"遗传学"是如何定义的。

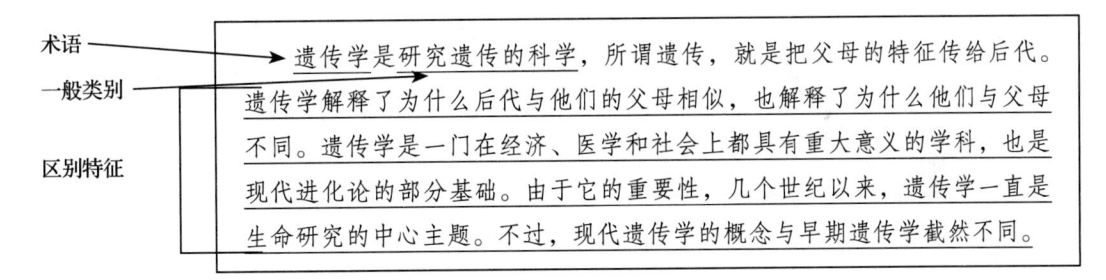

> 术语 ──────→ 遗传学是研究遗传的科学，所谓遗传，就是把父母的特征传给后代。
> 一般类别 ──→ 遗传学解释了为什么后代与他们的父母相似，也解释了为什么他们与父母不同。遗传学是一门在经济、医学和社会上都具有重大意义的学科，也是
> 区别特征　　现代进化论的部分基础。由于它的重要性，几个世纪以来，遗传学一直是生命研究的中心主题。不过，现代遗传学的概念与早期遗传学截然不同。

阅读下面的段落，回答之后的问题。

> 之前学习和储存在大脑中的信息可能完全丢失或消失。例如，如果你的头部受到重击，你也许在被袭后的一段时间内都不记得发生了什么。这种记忆失灵是失忆症的一个例子，**失忆症**是指整个时间跨度的记忆丧失。失忆症不像普通的遗忘，后者通常只对特定时期学习到的一些材料有影响。失忆症有两种类型：器质性失忆症发生在大脑因中风、损伤或疾病而受损后；功能性失忆症通常发生在心理创伤或极度压力后，大脑本身并没有明显的问题。

1. 失忆症的定义是什么？
2. 失忆症与普通的遗忘有什么区别？器质性失忆症是怎么定义的？
3. 是什么导致了功能性失忆症？
4. 失忆症属于什么一般类别？

> 现代**入室盗窃罪**将两种较轻的罪行——非法侵入和犯罪的意图——结合起来，构成了重罪犯罪。《模范刑法典》和大多数州的法典都定义了不同程度的盗窃行为，并将盗窃范围扩大到除房屋以外的其他财产，如汽车、露营地、飞机、帐篷和度假小屋。入室盗窃并不需要强行闯入或有偷窃的意图。未获授权居住在住宅中的人，就满足盗窃犯罪意图。现代入室盗窃罪并不要求窃贼真正"破坏"任何东西，进入一个有标记的、受限制的空间就是盗窃，即使没有门、锁或障碍物来打开或穿过。

1. 入室盗窃罪的定义是什么？
2. 入室盗窃罪包括哪两种不那么严重的罪行？
3. 入室盗窃罪属于什么一般类别？
4. 入室盗窃包括哪些性质？描述"突破"是否为犯罪的必要要素。

> **食源性疾病**，大多数人所指的"食物中毒"，通常是指通过食物或饮料摄入的由微生物引起的疾病。引起食源性疾病最常见的原因是细菌和某些细菌释放到食物中的毒素。一般来讲，细菌传播容易且迅速，只需要营养、水分、适宜的温度和时间就能繁殖。诸如红肉、家禽、蛋和海产品等动物蛋白食品是食源性细菌的常见宿主。海绵、擦碗布、切菜板、木制餐具和人手也是如此。

1. 食源性疾病的定义是什么？这一段用了什么过渡词？
2. 食源性疾病的原因是什么？
3. 什么食物通常会导致食源性疾病？
4. 食物中毒通常还可以归因为哪些其他物品？

阅读下面关于新闻发布的文章，回答之后的问题。

新闻发布

自从1906年艾薇·李为宾夕法尼亚铁路公司发布了一份新闻稿以来，新闻发布就已经出现了。时至今日，这仍是最常用的公关策略。新闻发布的定义基本上是一种简单的文件，主要目的是向报纸、广播电台和杂志等大众媒体传播信息。你在周报或日报上读到的大量信息，都来自宣传人员或公关人员为客户或老板准备的新闻稿。《华尔街日报》波士顿分社社长加里·普特卡承认，该报"50%以上"的报道来自新闻发布。奥兰多市班尼特公司进行的另一项研究发现，75%的受访记者表示，他们在报道中使用了来自公关人员的信息。

媒体依赖新闻发布，有几个方面原因。首先，当今大众传播的现实是，记者和编辑把大部分时间花在处理信息而不是收集信息上。其次，没有哪家媒体企业有足够的员工来报道社区中的大事小情。因此，报纸上的许多常规新闻都是由公关人员提供的信息加工而成的。正如一家主要日报的编辑曾经说过的那样，公关人员是报纸的"无偿记者"。

1. 这篇文章的目的是什么？
2. 标出每一段的主题句。如果文章中没有明确表述的主要观点，就写一个句子表达主要观点。
3. 新闻发布的定义是什么？
4. 为什么新闻发布对媒体很重要？
5. 关于名人和政治家的新闻发布稿是由什么人撰写的？
6. 你觉得大多数记者和编辑大部分时间在做什么？

分类模式

如果让你描述电脑的类型，你可能提到台式电脑、笔记本电脑和上网本电脑。将一个广泛的主题划分为主要类别，你就在应用一种称为分类的模式。

这种模式在许多学科中得到广泛应用。例如，心理学图书可能通过将人类的需求分为两类来解释：主要的和次要的。在化学图书中，各种化合物也许根据共同的特征进行分组和讨论，比如氢或氧的存在。分类模式根据共同的或共有的特征将主题分成若干部分。

以下是一些主题的例子以及每个主题可能被划分成的分类或类别。

- 电影：喜剧、恐怖、神秘
- 动机：成就、权力、归属、能力
- 植物：叶、茎、根

请注意以下段落是如何对癌症进行分类的：

癌症的名称来源于它生长的组织类型。癌指由上皮细胞构成的恶性肿瘤。由腺体发展而来的肿瘤叫作腺肉瘤。肉瘤是所有由结缔组织引起的癌症的总称。骨原性肉瘤是儿童时期最常见的癌症类型，它破坏正常的骨组织，并最终扩散到身体的其他部位。<u>骨髓瘤</u>是一种恶性肿瘤，常见于中老年人，它会干扰骨髓产生血细胞的功能，导致贫血。<u>软骨肉瘤</u>是软骨生长的恶性肿瘤。

阅读下面的段落，回答之后的问题。

个性类型

性格会影响你到底是快乐的、具有良好社交能力的人，还是悲伤的、孤僻的人，这应该不足为奇了。然而，你的个性也许不仅仅影响你的社交；它可能还是你的压力水平以及你患心血管疾病、癌症和其他慢性病及传染性疾病风险的一个关键影响因素。个性有几种类型。

A型个性的定义是勤奋、争强好胜、时间至上的完美主义者。A型个性的人患心脏病的风险大大增加。相反，B型个性被描述为放松、不争强好胜、对他人更宽容。今天，大多数研究者意识到，我们中没有人会一直完全属于A型或B型的个性。当我们对日常生活中的各种挑战做出反应时，可能表现出这两种类型中的一种。此外，最近的研究表明，并非所有A型个性的人都将承受负面的健康后果；事实上，一些干劲十足的人似乎能够在他们超负荷的生活方式下茁壮成长。只有那些表现出"有毒核心"的、心里怀着不成比例的愤怒的、不信任别人的、对生活抱着一种愤世嫉俗态度的人（也就是一系列被称为敌对的特征的人），患心脏病的风险才会增加。

C型个性的人坚韧不拔，往往拒绝承认感觉。他们倾向于遵从他人的意愿（或者做"取悦者"），缺乏自信，常常感到无助或绝望。研究表明，可能正是由于这些特征，他们更容易患上哮喘、多发性硬化症、自身免疫性疾病和癌症等疾病。

最近发现的一种个性类型是D型（苦恼型），其特征是具有过度的负面担忧、易怒、忧郁和社交抑制的倾向。最近的几项研究表明，D型个性的人死于心脏病发作或心脏性猝死的可能性是正常人的8倍。

1. 列举这篇文章中包含的个性类型。
2. 哪种类别的人最有可能患上心脏病？
3. 一个否认自身感觉的人被归入什么类别？
4. 哪个类别的人最放松？

> ### 轨道中的星体
>
> 　　八大行星是围绕太阳运行的最大天体,但它们不是唯一天体。冥王星、阋神星和另一些体积足够大的天体如今被认为是矮行星,它们的体积大到其自身引力足以使它们变成圆形的天体。其余的小天体传统上被分为两类:主要由金属和岩石构成的**小行星**和主要由岩石和冰构成的**彗星**。
>
> 　　小行星的定义几乎没有争议——它们是一种在组成上类似于类地行星的物体,但体积太小,不能算作行星。大多数小行星的轨道位于火星和木星轨道之间的**小行星带**。然而,彗星的定义几乎和行星的定义一样存在争议。
>
> 　　彗星来自太阳系的遥远地带,它们只有在接近太阳时才会长出尾巴,此时太阳的热量将部分冰转化为气体。天文学家们认为,彗星来自两个巨大的"水库":一是位于海王星以外的太阳系区域的**柯伊伯带**,我们在那里发现了冥王星和厄里斯以及许多类似的但是小一些的天体,二是遥远得多的、球形状的区域,称为奥尔特云。

1. 环绕太阳运行的星体的主要分类是什么?彗星的两种类型是什么?
2. 矮行星的例子是什么?
3. 为什么彗星有尾巴?

读下面的文章,回答之后的问题。

> ### 纤维的类型
>
> 　　**纤维**是植物不可消化的部分,它构成了叶子、茎和种子的支撑结构。和淀粉一样,纤维由多糖长链组成。人体很容易分解淀粉链;然而,连接纤维分子的化学键不易断裂。这意味着大多数形式的纤维能够通过消化系统,但没有被分解和吸收,因此,纤维对我们的饮食贡献很少的能量,甚至没有贡献能量。
>
> 　　营养专家和食品生产商用几个术语来区分不同类型的纤维。我们之所以在这里讨论这些术语,是因为它们对于我们理解纤维对健康的贡献十分重要。天然存在于食物中的纤维被称为**膳食纤维**。在某种意义上,你可以把膳食纤维看成是植物的"骨架"。良好的膳食纤维来源包括水果、蔬菜、种子、豆类和全谷物。另一种类型的纤维称为**功能纤维**,我们将其制造出来并添加到食物和纤维补充剂之中。你可能在营养标签上看到的功能纤维来源包括纤维素、瓜尔胶、果胶和车前草。

> 　　纤维也可以根据其化学和物理性质分为可溶性和不可溶性纤维。**可溶性纤维**溶于水。它们也是黏性的，意味着它们湿润时会形成凝胶。虽然消化道不能独立消化可溶性纤维，但它们很容易被结肠中存在的细菌消化。可溶性纤维通常存在于柑橘类水果、浆果、燕麦制品和豆类中。研究表明，定期摄入可溶性纤维能够降低血液中的胆固醇和血糖水平，从而降低患心血管疾病和2型糖尿病的风险。
>
> 　　**不可溶性纤维**通常不溶于水。这些纤维通常是非黏性的，不容易被结肠中的细菌消化。不可溶性纤维往往存在于全麦中，如小麦、黑麦和糙米，也存在于许多蔬菜中。这些纤维与降低胆固醇水平没有关系，但以促进正常的肠道运动、缓解便秘和减少憩室病的风险而闻名。

1. 这篇文章的目的是什么？
2. 标出每一段的主题句。如果没有明确的主要观点，写一个句子来表达。
3. 纤维的主要分类是什么？
4. 膳食纤维和功能纤维是怎么区分的？纤维又是怎么归类为可溶性纤维和不可溶性纤维的？
5. 可溶性纤维是如何被消化道消化的？

顺序或次序模式

　　如果让你总结一下你今天做了什么，你或许按照重要事情发生的顺序逐一提到它们。在描述如何编写某个特定的计算机程序时，你应当一步一步地详细描述这个流程。如果有人让你列出你觉得这个星期到目前为止取得的成绩，你可以按重要性排序，把最重要的成绩列在前面。在每一种情况下，你都按照特定的顺序或次序来呈现信息。让我们看一看顺序的几种类型。

时间顺序

　　时间顺序是指事件在时间上发生的顺序。这种模式在涉及解释过去事件的学术学科中是必不可少的。历史学、研究政府的学科以及人类学是主要的例子。在各种形式的文学作品中，时间顺序也是明显的，小说、短篇故事和叙事散文都是以时间顺序为基础的。

　　以下这个段落使用时间顺序描述国会是如何处理《美国爱国者法案》的。

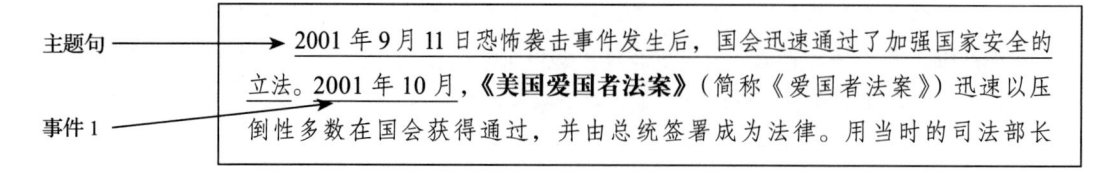

主题句 ——→ 2001年9月11日恐怖袭击事件发生后，国会迅速通过了加强国家安全的立法。2001年10月，**《美国爱国者法案》**（简称《爱国者法案》）迅速以压
事件1 —— 倒性多数在国会获得通过，并由总统签署成为法律。用当时的司法部长

事件2 ── 约翰·阿什克罗夫特的话来说，《爱国者法案》为联邦执法机构提供了新的权力，"以弥补我们调查恐怖分子能力上的漏洞"。

事件2 ──▶ 在2005年7月伦敦交通系统遭受恐怖袭击之前，公众和国会议员呼吁废除《爱国者法案》中一些更具争议的条款。在这些袭击事件发生之后，

事件3 ── 国会重新相信，有必要对恐怖主义进行强有力的防御，因此废除《爱国者法案》中的一些条款的运动失去了势头，这些条款将在2005年年底到期。

事件4 ── 然而，2005年12月，就在《爱国者法案》部分条款到期之前，有消息称布什政府大规模监视美国公民，秘密搜查清真寺以寻找放射性物质，并在未获法庭授权的情况下进行了数千次搜查，结果招致美国社会对《爱国者法案》的强烈反对。在最后一刻的谈判中，《爱国者法案》中的争议条款得到了延长，

事件5 ── 并于2006年初批准了《爱国者法案》的续期。

流程

在专注于完成动作的步骤或阶段的学科中，作者通常采用**流程**模式。这些科目包括数学、自然与生命科学、计算机科学以及工程学。

请注意以下这个解释神经元如何发送信息的段落，作者是怎样采用流程模式的。

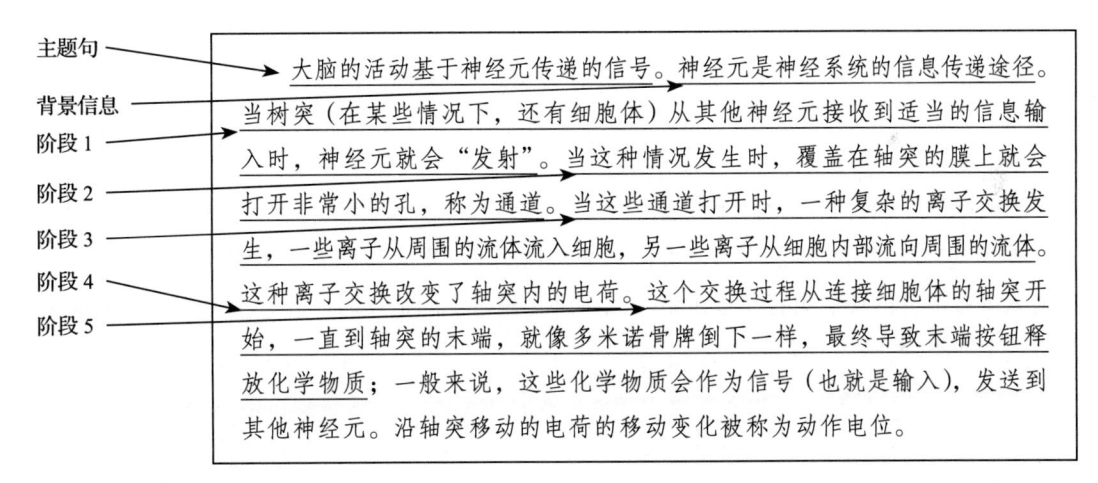

主题句 ──▶ 大脑的活动基于神经元传递的信号。神经元是神经系统的信息传递途径。
背景信息 ── 当树突（在某些情况下，还有细胞体）从其他神经元接收到适当的信息输
阶段1 ── 入时，神经元就会"发射"。当这种情况发生时，覆盖在轴突的膜上就会
阶段2 ── 打开非常小的孔，称为通道。当这些通道打开时，一种复杂的离子交换发
阶段3 ── 生，一些离子从周围的流体流入细胞，另一些离子从细胞内部流向周围的流体。
阶段4 ── 这种离子交换改变了轴突内的电荷。这个交换过程从连接细胞体的轴突开
阶段5 ── 始，一直到轴突的末端，就像多米诺骨牌倒下一样，最终导致末端按钮释放化学物质；一般来说，这些化学物质会作为信号（也就是输入），发送到其他神经元。沿轴突移动的电荷的移动变化被称为动作电位。

重要性的顺序

这种模式有时表现为优先或偏好的次序。观点以两种方式排列：从最重要的到最不重要的，或者从最不重要的到最重要的。在接下来的段落中，生活水平下降的原因按重要性的顺序排列。

| 主题句 → | 美国生活水平下降的趋势有许多不同的原因，其中只有几个主要的原因可以在这里确定。最重要的可能是去工业化，随着许多美国公司将生产转移到劳动力廉价的贫穷国家，制造业工作岗位大量流失。但是，去工业化主要伤害的是低技能的制造业工人。大多数受过良好教育、高技能的服务行业员工都毫发无损。因此，去工业化不足以解释经济衰退。经济衰退的另一个主要因素是消费的大幅增加和储蓄的大幅减少。就像政府一样，人们花的比挣的多，负债累累。节俭的人们的平均储蓄率仍然明显低于经济快速增长的国家。高消费低储蓄的习惯可能是"二战"后直到20世纪70年代初国民富足的结果。 |

（"最重要"箭头指向"最重要的可能是去工业化"；"不重要"箭头指向"经济衰退的另一个主要因素"）

空间顺序

根据信息的物理位置，或在空间中的位置或顺序而组织的信息，表现出一种称为**空间顺序**的模式。采用空间顺序的学科，其物理描述十分重要。这些学科领域包括许多技术领域、工程和生物科学。

你可以看到以下对特定血液循环类型的描述是如何依赖于空间关系的。

> 肺循环引导血液在心脏和肺之间流动。缺氧的、二氧化碳含量高的血液通过身体组织的两条大静脉（腔静脉）返回，进入右心房，然后进入右心室。从那里，它被泵入肺动脉，肺动脉分为两个分支，每个分支通向一个肺。在肺部，动脉经历了广泛的分支，形成了巨大的毛细血管网络，气体交换在毛细血管网络中发生，血液变成富氧的，二氧化碳则被排出。富含氧气的血液通过肺静脉返回心脏。

在使用这种模式时，画图是最重要的；通常情况下，图表伴随着文本内容。例如，图表可以使人脑各部分的功能更容易被理解。当讲师在进行空间描述时，经常参考视觉化辅助工具或黑板上的图画。

阅读下面的段落，回答之后的问题。

时间模式

> 玛丽莲·梦露在成名之前经历了巨大的个人悲剧。她是母亲的私生女，其母情绪不稳定，大部分时间都在精神病院度过。梦露的原名是诺玛·简·贝克，她小时候在几个孤儿院和寄养家庭中长大。即使那样，尤其是在当时的那种环境下，她也梦想着成为一名

好莱坞明星。在20世纪40年代后期，她扮演了几个小角色，大部分是性感愚蠢的金发女郎。直到约翰·休斯顿于1950年导演的影片《夜阑人未静》，她才引起很大的轰动。后来，她出现在一系列三流工作室的项目中，尽管平庸，公众还是叫嚷着要更多的玛丽莲。

梦露在最受欢迎的时候厌恶地离开了好莱坞，到演员工作室学习。回来后，她要求更多的钱和更好的角色——并且都得到了。她失败的婚姻和风流韵事经常上头条，她越来越多地诉诸毒品和酒精来寻求慰藉。她的不负责任是出了名的，甚至经常不愿意在片场露面，这导致了巨大的成本超支。由于她对毒品和酒精上瘾，即使她现身了，她也不知道自己是谁，更不知道自己身在何处。她死于1962年，死因是过量服用巴比妥酸盐和酒精。

1. 这段描述是什么年代？
2. 梦露是什么时候开始因表演而受到关注的？
3. 梦露在她名声最盛的时候做了什么？
4. 是什么导致梦露的死亡？

流程模式

回收包括收集使用过的材料，将其分解，并重新加工制造新的物品。回收循环包含三个基本步骤。第一步是收集和加工用过的商品和材料。社区可以指定地点，供居民丢弃可回收物品或者收取回收费。收集到的物品被带到材料回收设施，在那里，工人和机器对物品进行分类，然后，回收设施对材料进行清洁、粉碎，并为再处理做准备。一旦准备好，这些材料就被用于制造新的产品。要使回收循环发挥作用，消费者和企业必须完成循环的第三步，即购买用可回收材料制成的产品。购买回收的产品可在经济上刺激工业回收物料，并鼓励新的循环回收设施开工或扩大现有的循环回收设施规模。

1. 这个段落中描述了什么流程？
2. 流程中的第二步是什么？
3. 要完成第三步，需要什么？
4. 开放或扩大回收设施的动机从何而来？

空间顺序模式

毛发在皮肤表面上几乎无处不在，全身没有毛发的地方，只有脚的两侧和脚底、手掌、手指和脚趾的两侧、嘴唇和外生殖器的部分。每个毛囊在表皮表面开放，但向真皮深处延伸，通常延伸到下真皮。在表皮深处，每个毛囊都被紧密的结缔组织鞘包裹着。感觉神经的根毛丛包围着每个毛囊的基部。因此，你甚至可以感觉到一根单一的毛发的运动。

1. 这个段落描述了什么？
2. 毛囊的最深处是什么？
3. 每个毛囊被什么环绕着？
4. 如果你在教科书上读到这段描述，你希望伴随它的是什么？

重要性顺序模式

> 我们知道，不健康的食物、缺乏运动和缺乏父母的控制是导致儿童肥胖的因素，但生活区域也在体重增加中起着很大的作用。在一篇关于导致儿童肥胖的因素的文章中，阿丽尔·孔西利奥等人断言，孩子在哪里长大，是孩子健康的一个至关重要的因素。这篇文章解释，在诸如布朗克斯这种贫穷的城市社区中长大的孩子，比在郊区长大的孩子更容易患肥胖症。他们的理由是什么呢？是孩子们出去玩太危险了。
>
> 最重要的是，在这些孩子成长的地区，快餐比健康食品更便宜，而他们的父母可能工作很长时间。其次，他们居住的社区空间狭小，户外并不是玩耍的安全去处。为了保证安全，孩子们会选择室内活动，而这些活动往往是久坐不动的。最后，学校里可能太穷，买不起学生的体育设备，这意味着学生必须寻找其他方式来娱乐自己，而在家里的活动也同样有限。

1. 这个段落描述了什么？
2. 除了贫穷的城市社区，还有什么其他原因导致儿童肥胖？
3. 为什么这些社区的孩子吃更多的快餐？
4. 为什么有些学校不开设体育课？

阅读下面的文章，回答之后的问题。

路易斯和克拉克的探险

在 1803 年至 1804 年冬天，路易斯和克拉克在圣路易斯召集了一支 84 人的队伍。到了春天，他们乘着一艘 18 米长的龙骨船和两只独木舟，缓缓沿着密苏里河逆流而上。深秋时分，他们到达了现在的北达科他州，在那里建造了一个小车站——曼丹堡，并在那里度过了冬天。1805 年 4 月，他们将 30 多箱植物、矿物、兽皮和骨头，以及印第安人的手工艺品运回给总统，在一个名叫萨卡加维亚的肖肖尼族妇女和她的法裔加拿大人丈夫图森·夏博诺的陪同下，再次向山区进发，由图森·夏博诺担任翻译和向导。6 月，他们抵达密苏里大瀑布。他们花了一个月的时间来运输。参差互见的山脉在远处沉默地隐现。

然而，路易斯似乎没有注意到那些阻碍他运输的布满巨石的溪流和深谷，仍然保持乐观。8月10日，他写道，如果山脉外的哥伦比亚河像他迄今遇到的那样，"通过水路穿越大陆将是可行和安全的"。然后他开始了漫长的攀登，进入比特鲁特山脉，最终来到了莱姆希山口附近的大陆分水岭。在山顶之外，路易斯看到了绵延不绝的"未知的、令人生畏的雪山"。当时，穿过落基山脉的可通航水路还不存在。

1. 这段文章的目的是什么？
2. 标记每一段中的主题句。如果没有明确的主要观点，写一个句子来表达。
3. 路易斯和克拉克是从哪里开始他们的旅程的？
4. 他们给总统运回了什么？
5. 谁作为翻译协助了他们？
6. 他们抵达大陆分水岭时，发现了什么？

录像遗嘱

许多遗嘱的争夺涉及书面遗嘱。辩诉人指控立遗嘱人在立遗嘱时精神上无行为能力、受到不正当的影响、欺诈或胁迫。虽然书面遗嘱不言自明，但立遗嘱人的心智能力及其行为的自愿性，不能仅从书面遗嘱中确定。

为了防止无正当理由的遗嘱争夺，立遗嘱人可以使用一份录像遗嘱作为书面遗嘱的补充。对一份能够经受住不满的亲属和所谓继承人挑战的遗嘱进行录像，包括做好一定的计划。

应当遵循以下程序。书面遗嘱应符合该州的遗嘱法规。立遗嘱人应当先熟悉遗嘱文件，再进行录像。录像应从立遗嘱人逐字逐句背诵遗嘱开始。接下来，律师应当向立遗嘱人提问，以证明立遗嘱人头脑清醒并理解其行为的含义。遗嘱执行人签署遗嘱和证人作证的仪式应当是录像的最后一段。录像带应保存在安全的地方。

通过对立遗嘱人行为的录像，法官或陪审团可以判断出立遗嘱人在立遗嘱时的心理能力以及遗嘱赠与的自愿性。此外，欺诈的竞争性遗嘱将在这样的证据面前站不住脚。

1. 这段文章的目的是什么？
2. 标记每一段中的主题句。如果没有明确的主要观点，写一个句子来表达。
3. 文章用什么模式来描述录像遗嘱？
4. 什么时候录像遗嘱是有用的？
5. 立遗嘱人阅读遗嘱前应采取什么步骤？
6. 录像的最后一步是什么？

原因和结果模式

因果模式表达了在时间上相连的两个或多个动作、事件之间的关系。不过，这种关系不同于时间顺序，因为在这种模式中，一个事件引起了另一个事件。按照因果模式组织的信息可能会：

- 解释原因、来源、理由、动机和行动。
- 解释某一特定行为的效果、结果或后果。
- 同时解释原因和结果。

下面这篇文章清楚地阐明了原因和结果，给出了社区学院是一种受欢迎的教育类型的原因。

主题 —— 社区学院在今天的高等教育中发挥着重要的和不断扩大的作用，未来可能变得愈加重要。在21世纪之初，大约有一半在高等教育院校注册的本科学生进入社区学院。
原因1 —— 大多数州的入学协议允许学生在社区学院学习通识教育课程，然后转到四年制大学申请学位。此外，许多社区学院提供有
原因2 —— 价值的两年制课程以及很多四年制学院和大学不提供的非学分课程和项目。在许多情况下，社区学院开设小班授课，拥有全职教师（其主要兴趣
原因3 —— 是教学而不是研究），而且拥有最先进的技术和教室设施。然而，尽管社区学院在美国教育中扮演着越来越重要的角色，但它们也面临着与公立学校和高等教育的其他组成部分一样的挑战。

所有提出"为什么"问题的学科都采用因果思维模式。它被广泛应用于科学、技术和社会科学等专业。

许多表达因果关系的陈述都是以直接顺序出现的，原因在前，结果在后。不过，有时也会使用倒序。

找出下列每一项的原因和结果。将原因圈起来，在结果下画线。

1. 大多数营养学家一致认为，长期减重需要适度节食（比如，每天摄入的热量比身体所需的少200～500卡路里）和适度锻炼相结合，这两者通常都需要调整一些行为。
2. 当身体失去水分时，肾脏会刺激一种荷尔蒙的产生，这种荷尔蒙会激活口渴的冲动。
3. 神经性厌食症是自我挨饿的一种类型，它在某种程度上可能是由于我们的文化对瘦的强调造成的。
4. 电脑程序的运行是容易还是困难，部分取决于你选择的数据输入系统。

因果模式并不局限于简单的一因一果关系的表达。可能有多个原因，也可能有多个结果；可能既有多个原因，又有多个结果。例如，路面湿滑和没有购买防滑轮胎（原因）都可能导致你的车滑进沟里（结果）。

确定以下每一句陈述是表达了单个还是多个原因，或者表达了单个结果还是多个结果。将原因圈起来，在结果下画线。

1. 大量饮酒（每天三杯或更多）会显著增大所生的婴儿体格发育迟缓、协调性差、肌肉张力差、智力迟钝和其他问题的可能性，这些统称为胎儿酒精综合征。
2. 心因性失忆症是一种严重的、经常是永久性的记忆丧失，会导致定向障碍和无法运用过去的经验。
3. 社会懈怠，也就是在大群体中减少工作时间的倾向，可能是快速扩张的企业中工人生产率下降和企业利润下滑的原因。
4. 一种国际贸易产品的世界价格可能受到来自任何一个国家的需求和供应的或大或小的影响。
5. 胰岛素的主要作用是降低血糖水平，但它也会影响蛋白质和脂肪的代谢。

以下段落是使用因果模式来组织材料的。阅读它们，回答之后的问题。

> 科学家在一些人群中发现了镰状细胞等位基因。为什么某些人群的死亡率更高？因为自然选择倾向于在特定环境中携带一个镰状细胞等位基因副本的个体。镰状细胞贫血等位基因是一种适应，一种在疟疾易发地区的人群中增加适应性的特征。疟疾是由寄生的单细胞生物体引起的疾病，这种生物体生命周期的一部分以红细胞为食，最终杀死红细胞。由于严重疟疾患者的红细胞被耗尽，他们会患上贫血，这可能导致死亡。当个体携带一个镰状细胞等位基因副本时，他们的血细胞在受到疟疾寄生虫感染时会变形。这些变形的细胞很快死亡，降低了寄生虫的繁殖能力和感染更多红细胞的能力，从而降低了携带者患有贫血的风险。镰状细胞等位基因降低了患严重疟疾的可能性，因此自然选择导致它在易感人群中的频率增加。

1. 解释为什么镰状细胞等位基因对人类有帮助。
2. 等位基因如何降低疟疾风险？
3. 什么是疟疾？
4. 疟疾怎么导致死亡？

> 管理层创造了使命宣言和愿景，以促使员工持续专注于公司的战略和目标。企业的使命宣言和愿景形成了一种"感觉"或工作环境，也就是企业文化。**企业文化**是管理层和员

第6章 学术思维模式

工共有的价值观、规范和行为的集合,定义了组织的特征。例如,谷歌就有一种独特的文化,它的企业哲学包括"不做坏事也能赚钱"和"工作应该是具有挑战性和有趣的"。

因此,一方面,当企业文化没有获得很好的定义,或者,更糟糕的是,企业文化还支持可疑的行为时,就会产生问题。天然气巨头安然公司就是这样一个例子。由于严重缺乏控制和高层管理人员不良的道德行为,公司最终破产。另一方面,当企业文化强大时,所有员工都接受这种文化,他们就有动力去维护这种文化并监督自己的行为。

1. 什么造就积极的企业文化?
2. 企业文化未能获得良好定义的后果是什么?
3. 当企业文化强大时,结果是什么?
4. 企业文化是怎么影响安然公司的?

两种基本类型的损伤源于健身相关的活动:创伤性损伤和过劳性损伤。**创伤性损伤**通常发生在突然和剧烈的情况下,往往由事故造成。典型的创伤是骨折、韧带和肌肉撕裂、挫伤和撕裂。如果创伤性损伤导致明显的功能丧失和立即的疼痛,或者30分钟后疼痛仍未消失,请咨询医生。过多的剧烈运动,或者过多没有变化的运动,都可能增加过劳性损伤的可能性。**过劳性损伤**是指在运动过程中,肌腱、肌肉和关节受到日复一日的压力累积造成的损伤。这些损伤常发生在重复性运动中,如游泳、跑步、骑自行车和踏步有氧运动等。正常情况下,在体育活动中出现的力量并不足以引起韧带扭伤或肌肉拉伤,但如果这些力量持续数周或数月,它们可能导致损伤。

1. 创伤性损伤的原因是什么?
2. 过劳性损伤通常是怎么发生的?
3. 哪种类型的伤害通常是创伤性损伤?
4. 你什么时候应当检查是否存在创伤性损伤?

阅读下面这篇关于酒精的文章,回答之后的问题。

酒精的直接作用

乙醇最显著的作用点发生在中枢神经系统。它主要是降低神经传递和突触连接处冲动的频率。这种神经传递的减少导致中枢神经系统功能的显著抑制,致使呼吸频率、脉搏频率和血压的降低。随着中枢神经系统抑制的加深,生命功能明显下降。在

> 极端情况下，可能会导致昏迷和死亡。
>
> 　　酒精是利尿的，导致尿量增加。虽然这种效应可能会导致自动脱水（失水），但实际上身体保留了水分，大部分水分存在于肌肉或大脑组织中。这是因为水通常被从脑脊液（大脑和脊髓内的液体）中抽出，致使神经系统细胞水平的线粒体脱水。线粒体是细胞内负责特定功能的微型器官。它们严重依赖体液平衡。当线粒体因饮酒而发生脱水时，就无法执行其正常功能，从而导致一些症状，包括一些饮酒者所遭受的"酒后头痛"。
>
> 　　酒精会刺激肠胃系统，如果空腹饮用，可能引起消化不良和胃灼热。长期饮酒会导致反复的刺激，这与食道癌和胃癌有关。此外，人们在短暂的饮酒狂欢中摄入异常大量的酒精，将导致心律失常，甚至完全丧失心律，这或许引起血流中断，并可能对心肌造成损伤。

1. 这段节选的目的是什么？
2. 标出每一段的主题句。如果没有明确的主要观点，写一个句子来表达。
3. 神经传递的减少将导致什么？
4. 酒精利尿作用的结果是什么？
5. 为什么饮酒有时会导致消化不良和胃灼热？
6. 如果酒精导致心律不齐，会有什么后果？

比较和对比模式

比较思维模式是用来强调或讨论观点、理论、概念或事件之间的相似之处，而对比思维模式则强调差异。当作者同时关注相似点和不同点时，就使用组合模式。比较和对比模式广泛应用于社会科学，研究不同的群体、社会、文化或行为。文学阅读可能需要对诗人、文学作品或文体特征进行比较。商业学阅读或许研究各种管理风格，比较组织结构，或对比零售计划。

　　下面的段落显示了一个对比，它对比了公共关系中的第一手研究和第二手研究。

> 　　使用"第一手研究"一词时，人们往往只想到科学调查和复杂的统计表格。然而，在公关领域，研究方法可以像收集数据和信息一样简单。事实上，一项对从业人员的调查发现，3/4 的受访者描述他们的研究方法是随意和非正式的，而不是科学和精确的。这种方法被称为"第二手研究"，因为它使用书籍、杂志文章、电子数据库等现有信息。相比之下，在第一手研究中，新的和原始的信息是通过直接回答特定问题的研究设计而产生的。

第一手研究与第二手研究的差异

取决于作者关心的是相似点、差异点，或者既相似又不同之处，模式可能以不同的方式组织。假设一位美国文学教授正在比较惠特曼和弗罗斯特这两位美国诗人，下列每一种组织方式都是可能的：

1. 将两人进行比较　也就是说，首先讨论弗罗斯特的诗歌和惠特曼的诗歌有什么相似之处，然后再讨论他们有什么不同之处。

2. 逐个诗人进行讨论　例如，首先讨论惠特曼诗歌的特点，然后探讨弗罗斯特诗歌的特点，最后总结他们的异同。

3. 逐个特点进行讨论　例如，首先讨论两位诗人对隐喻的运用，接下来讨论他们对押韵的运用，最后讨论他们共同的主题。

阅读下面的段落，回答之后的问题。

> 使学校公立化的两个要素是公共资金和公共责任，这两者在私立学校中都不存在。家庭选择私立教育的原因很多。有些人选择私立学校是为了潜在的好处，比如小班教学，为有学习障碍的学生提供特定的指导，或者游学和课外机会。
>
> 在大多数情况下，公立学校和私立学校并存于一个几乎没有敌意的社区中。然而，引起摩擦的潜在理念可能存在差异。与公立学校不同的是，私立学校没有义务来教育所有学生，而是可以挑选和开除学生。因此，他们的课堂通常很少出现行为问题，教师与学生的比例更小，家长的支持更强。一些私立学校的老师认为这是一种取舍，因为他们中的大多数人的工资比公立学校的老师低。

1. 这篇文章探讨了两件什么事情？
2. 这个段落是主要使用比较、对比，还是同时使用两者？
3. 描述公立学校和私立学校不同的两个方面。
4. 为什么家庭选择私立学校？

> 新的后工业社会的主要特征是什么？与我们正在崛起的工业社会不同，它的标志不是原材料和制造业。相反，它的基本组成部分是信息。教师传授知识给学生，而律师、医生、银行家、飞行员和室内设计师则向客户出售他们在法律、身体、金钱、空气动力学和配色方案方面的专业知识。与工业社会中的工厂工人不同，这些人不生产任何东西。相反，他们传递或使用信息来提供其他人愿意付费的服务。

1. 这篇文章比较或对比了两件什么事情？

2. 后工业社会的基础是什么？
3. 工业社会中的大多数工人在工作时做些什么？
4. 在后工业社会中，信息怎样与金钱相联系？

阅读下面关于婚姻的文章，回答之后的问题。

20世纪50年代做个好家庭主妇的贴士

1972年，研究员杰茜·伯纳德发表了一项研究，比较了男性和女性的婚姻制度。她的结论是什么呢？婚姻通常是两种不同的经历：一种是她的，另一种是他的，这被称为"他的和她的"婚姻。对男性而言，婚姻意味着增进身心健康，改善工作和经济前景，以及和未婚男性相比犯罪的概率更低。在比较已婚女性和未婚女性时，也发现了同样的情况。所以，总的来说，婚姻对男性和女性都是积极的一步。

然而，对已婚男性和已婚女性的健康状况进行比较后发现，婚姻给男性身心健康带来的好处比女性大得多，因为未婚男性患身心疾病和犯罪的概率要比未婚女性高得多。伯纳德得出结论，婚姻对男人和女人都有好处，但如果男性和女性都结婚了，则对男性更好。她的解释是，婚后的"家庭主妇"这个常见角色是没有条理且孤立的，它切断了女性在工作之外享受的社会联系，并涉及持续而乏味的要求。

伯纳德的研究自从发表以后，因各种原因受到质疑。与她研究的时代相比，现在的社会条件已发生很大变化。一个简单的例子表明了这些重大变化：20世纪70年代，只有大约40%的已婚妇女有工作，而到2001年，这一数字已上升到60%。这当然意味着，符合"家庭主妇"这一定义的女性更少了。然而，尚不清楚这种变化是否抹去了"他的和她的"的婚姻体验。例如，男性仍然比女性更有可能从事全职工作，获得更多收入，从事更高地位的工作。即使女性也在外工作，她们仍然要做更多的家务和照顾孩子，她们说，在这些责任上，她们的选择比男性少。近年来，男性在家务和照顾孩子方面所占的比例有所增加，但这些责任仍然绝大多数落在女性身上。

1997年，阿莉·霍赫希尔德出版了《第二班》，书名指的是有工作的女性还要承担家庭责任。霍赫希尔德在研究了50个夫妻双方都工作的家庭后，发现许多女性回到家又要准备晚餐、打扫卫生、洗衣服，并且干其他家务活。后来她发现，如果算上有偿工作和做家务的工作，女性平均每周比男性多工作15个小时！当性别角色扩大到允许（或强迫）妇女外出工作时，家庭中相应的性别角色并没有缩小到足以使女性获得与男性相类似的婚姻经历。与传统的家庭主妇角色相比，"她"的经历让人们通过工作获得了更大的自尊和自我满足，但也增加了在两个复杂的领域取得成功的压力：职场和家庭。

1. 这篇文章的目的是什么？
2. 标出每一段的主题句。如果没有明确的主要观点，写一个句子来表达。
3. 伯纳德发现婚姻对男性和女性有什么好处？
4. 为什么伯纳德发现婚姻对男性比对女性好处更大？
5. 自伯纳德的研究发表以来，已婚女性就业的变化对其婚姻经历有何影响？
6. 根据霍赫希尔德的研究，为什么女性比男性做更多的家务？

列举 / 枚举模式

如果有人要你评价你看过的一部电影，你可能会描述角色、情节和技术效果。这些关于电影的细节可以按任何顺序排列；每个细节都提供了这部电影的更多详细信息，但它们之间没有特定的关系。这种想法的安排被称为**列举**或**枚举**，也就是通过一个接一个地陈述某个主题的方式来提供信息。通常，对于这些细节，并没有特别的安排方法。

下面的大豆种类列表可以按任何顺序列出，而不会改变这一段的意思。

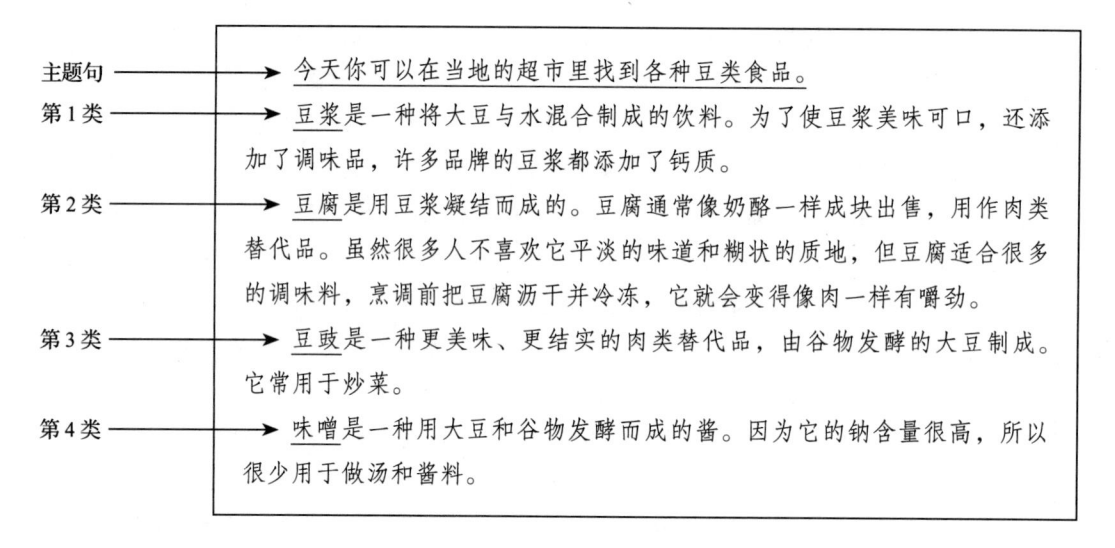

主题句 →	今天你可以在当地的超市里找到各种豆类食品。
第1类 →	豆浆是一种将大豆与水混合制成的饮料。为了使豆浆美味可口，还添加了调味品，许多品牌的豆浆都添加了钙质。
第2类 →	豆腐是用豆浆凝结而成的。豆腐通常像奶酪一样成块出售，用作肉类替代品。虽然很多人不喜欢它平淡的味道和糊状的质地，但豆腐适合很多的调味料，烹调前把豆腐沥干并冷冻，它就会变得像肉一样有嚼劲。
第3类 →	豆豉是一种更美味、更结实的肉类替代品，由谷物发酵的大豆制成。它常用于炒菜。
第4类 →	味噌是一种用大豆和谷物发酵而成的酱。因为它的钠含量很高，所以很少用于做汤和酱料。

这一模式广泛用于许多学科的图书中。它最松散的形式可能只是一系列的选项，比如影响发光的因素、特定诗人的特征、对原子的描述、定义贫困的一系列特征。

更严格的是运用列举来解释、支持或提供证据。支持可以采用事实、统计数据或示例等形式。例如，"白领犯罪的发生率在过去10年里急剧增加"这一陈述之后，会有事实和统计数据记录证明这一增长。

阅读下面的段落,回答之后的问题。

> 正是因为视觉系统如此复杂,它并不总是完美地工作。例如,近视的人很难聚焦远处的物体。近视通常是由于眼球前后径太长,无法正确聚焦在视网膜上的图像。另一个视觉问题是远视,在这种情况下,人们很难聚焦近处的物体。这样的远视通常是由于眼球前后径太短,或者晶状体太薄,使视网膜上的图像无法正确聚焦。最后是散光,即角膜或晶状体的曲率有缺陷,导致视力模糊。和近视和远视一样,散光也可以通过眼镜(有时是隐形眼镜)来矫正。

1. 这个段落的主题是什么?
2. 这个段落列举的是什么类型的信息?
3. 近视与远视有什么区别?
4. 什么是散光?

> 少数族群的形成是由于政治边界的扩大或移民,具有不同习俗、语言、价值观或身体特征的人受到同一国家组织的控制。在那里,一些身体和文化特征相同的群体歧视具有不同特征的人。在这场权力斗争中,失败者被迫成为少数族群;赢家享有更高的地位和更大的特权,这是他们的统治所带来的。沃格利和哈里斯指出,所有少数族群都有以下五个特点:①他们受到统治集团的不平等对待;②他们的身体或文化特征不受统治族群的尊重;③他们往往因为自身的身体或文化特征——以及这些特征带来的残疾——而感到强烈的族群团结;④他们成为少数族群的成员不是自愿的,而是天生的;⑤他们倾向于在自己的族群内结婚。共享的文化或身体特征,具备相似的受歧视经历,在自己的族群中结婚,创造了一种共同的身份——有时甚至是共同的命运感。然而,这些共同经历并不意味着所有的少数族群都有相同的目标。

1. 少数族群是如何形成的?
2. 少数族群的身份怎样影响其婚姻?
3. 一个人在生命的哪个阶段会进入一个已经存在的少数族群?
4. 共同的身份或命运是怎样在少数族群中形成的?

> 联系营销调查问卷的受访者的最新方法是借助互联网。其中一种方法是在某组织的网站上发布一份调查问卷,然后让访问者在线填写。这样做的好处是,一旦访问者完成了调查,就可以立即获得他的回复,并且可将结果添加到一个正在运行的结果列表中。研究人员采用几种方法来吸引受访者访问网站,包括在其他网站或

> 在线网络上发布宣布调查结果的横幅广告，向目标受众发送电子邮件邀请，打电话邀请个人参与，发送明信片，以及提供礼品券等奖励。一般来讲，在线调查的回复时间应在20分钟以内，并且应当包括像选择题这样的封闭式问题，以及少数几个开放式问题。好的图像、音频和视频也能鼓励人们参与。

1. 这个段落列举或枚举了什么？
2. 找到受访者来进行调查的最先进的方法是什么？
3. 这种方法有些什么优势？
4. 调查中应包含什么类型的问题？

阅读以下节选文章，回答之后的问题。

> ### 疼痛的理论
>
> 疼痛的神经生理学基础可以用几种理论来解释，但这些理论都不是相互排斥的，也不是完全全面的。
>
> **特异性理论**
>
> 这一理论认为，特定的痛感受器受到特定类型的感官刺激的刺激，向大脑发送脉冲。这一理论研究的是疼痛的生理基础，但没有考虑到疼痛的心理成分，也没有考虑到疼痛的耐受性。
>
> **模式理论**
>
> 这一理论试图包括特异性理论没有充分解释的因素。它表明疼痛起源于脊髓的背角。产生某种类型的神经冲动，并且导致中枢神经系统编码的强烈感受器刺激，这种刺激表明疼痛。像特异性理论一样，模式理论也不能解释疼痛的心理因素。
>
> **门控制理论**
>
> 最流行和可信的概念是门控制理论。门控制理论的首要前提是，疼痛体验的实际存在和强度，取决于特定的神经冲动传递。其次，沿着神经系统的门机制控制着疼痛的传递。最后，如果门打开了，导致疼痛感觉的冲动就能达到意识水平。如果门关闭了，冲动就不会达到意识的水平，就体验不到疼痛的感觉。

1. 这些节选段落的目的是什么？
2. 标出每个段落的主题句。如果没有明确的主要观点，就写下一个句子来表达。
3. 特异性理论的局限是什么？
4. 解释门控制理论。

混合模式

思维模式通常是混合的。在描述流程时，作者可能还要解释，为什么每个步骤必须按规定的顺序依次排列。讲师也许通过将某个概念与类似或熟悉的事物进行比较来定义这个概念。假设一篇政治学文章这样开篇："在考虑权力平衡时，'权力'和'权力潜力'之间的区别很重要。"那么，你或许想到一个定义模式（在该模式中，定义了两个术语），但你也许还想到，该文章会讨论这两个术语的区别（对比模式）。在下面的文章中，作者使用了定义和列举来解释儿童虐待问题。

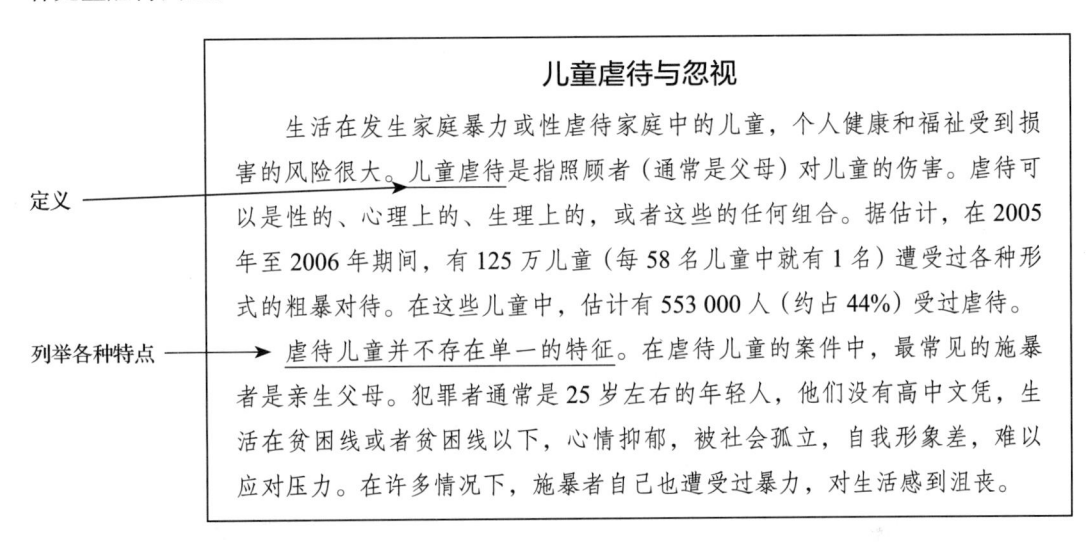

儿童虐待与忽视

生活在发生家庭暴力或性虐待家庭中的儿童，个人健康和福祉受到损害的风险很大。<u>儿童虐待是指照顾者（通常是父母）对儿童的伤害。虐待可以是性的、心理上的、生理上的，或者这些的任何组合。</u>据估计，在2005年至2006年期间，有125万儿童（每58名儿童中就有1名）遭受过各种形式的粗暴对待。在这些儿童中，估计有553 000人（约占44%）受过虐待。

<u>虐待儿童并不存在单一的特征。</u>在虐待儿童的案件中，最常见的施暴者是亲生父母。犯罪者通常是25岁左右的年轻人，他们没有高中文凭，生活在贫困线或者贫困线以下，心情抑郁，被社会孤立，自我形象差，难以应对压力。在许多情况下，施暴者自己也遭受过暴力，对生活感到沮丧。

（左侧标注：定义；列举各种特点）

下面这个段落探讨超级计算机。阅读该段落，回答之后的问题。

> **超级计算机**是处理大量科学数据的超快系统，通常用于搜索潜在的模式。超级计算机可以是一台计算机，也可以是作为一台计算机并行工作的一系列计算机。像大型机一样，它们储存在特殊的、安全的、有可控气候的房间里。超级计算机和大型机之间的主要区别是，超级计算机专注于尽可能快地执行几组指令，而大型机可以同时执行许多指令。

1. 这个段落使用了什么模式？
2. 超级计算机与大型机在哪些方面相似？
3. 超级计算机是用来做什么的？
4. 超级计算机侧重于迅速地做什么？

以下这篇文章使用了混合模式。阅读该文章，回答之后的问题。

多元文化与同化

如果你移居到一个新的国家，不仅会带着物质财产，还会带着隐藏的文化包袱。"卸下"这些包袱可能是件棘手的事情，但你需要找到一种方法来适应你的新文化。**多元文化主义**是一个支持社会内不同文化内在价值观的概念。多元文化主义的支持者认为，移民在融入新文化的同时，应当与他们的原始文化保持联系，如语言、文化信仰、传统和宗教。然而，多元文化主义的反对者担心这种做法会阻碍群体适应主流文化。

同化是少数族群接受主流文化模式的过程。如果一个少数族群完全抛弃了它以前的文化而选择新的文化，那么，这个族群很可能经历快速同化。美国政府试图强行地快速同化的一种方法是把印第安儿童从他们的父母那里带走，并将其安置在寄宿学校，让他们接受"白人教育"。然而，许多印第安学生离开寄宿学校时，并没有准备好生活在主流文化或者他们自己的文化中。

20世纪60年代，马歇尔·麦克卢汉普及了"**地球村**"一词，它指的是通过即时电子通信来"缩小"世界。麦克卢汉的研究表明，由于技术的发展，时间和空间的差异正迅速变得无关紧要。但科技真的能拉近人与人之间的距离吗？在互联网出现之前，斯坦利·米尔格拉姆做过一个实验，试图确定这个世界到底是不是一个小世界。米尔格拉姆找到了来自美国不同地区的人，让他们去寻找陌生人。他让他们只使用自己的熟人圈子，把一封信寄给他们不认识的目标人。他只提供了实验对象的姓名和居住地，其他什么也没有提供。在经过2~10人的转手后，这些信件最终找到了它们的目标。既然互联网在我们的生活中扮演了如此重要的角色，那么，人与人之间的分隔会比20世纪60年代更短吗？

多兹等人利用互联网进行了一项类似的研究。通过电子邮件，多兹让6万多人参加了一项目标搜寻活动，在13个不同的国家寻找18个人。他们的结果与米尔格拉姆的结果惊人地相似。尽管这些发现支持了世界很小的观点，但它们并未表明今天的世界比米尔格拉姆时代的世界更小。

1. 这篇文章的目的是什么？
2. 标出每个段落的主题句。如果没有明确的主要观点，就写下一个句子来表达。
3. 这篇文章使用了哪些模式？
4. 多元文化主义的弊端是什么？
5. 美国印第安寄宿学校的项目显示了关于强迫快速同化的什么情况？
6. 关于互联网如何改变世界，多兹的研究表明了什么？

对于下面的每个主题句，预测一下描述该主题句的段落可能展示什么样的思维模式。

1. 另一种不完全符合经典条件反射或操作性条件反射模式的学习形式是借助洞察力来学习。
2. 国民生产总值是一个经济指标，考虑一个国家在某一年生产的商品和服务的总价值。
3. 心脏和血管的疾病，即心血管疾病，是当今美国人死亡的主要原因。
4. 神经元中的脉冲传导曾被比作铜线中的电脉冲，但这种类比并不恰当。
5. 人体抵御感染的第一道防线由几种非特异性抵抗力组成，之所以这样命名，是因为它们无法区分不同的入侵者。
6. 研究表明，强迫症有其生物学基础。
7. 神经系统主要由两种细胞组成：一种是神经元（神经细胞），专门负责将信号从身体的一处传递到另一处；另一种是支持细胞，负责保护、隔离和强化神经元。
8. 新古典主义和浪漫主义都起源于反叛。
9. 人类学是研究人类从起源到现在的科学。
10. 在20世纪之前，拉丁美洲的大多数人口与古代的人口相类似，高死亡率抵消了高出生率。

其他有用的组织模式

前面几节中介绍的模式是最常见的。然而，作者并不局限于这几种模式。特别是在学术写作中，你可能发现一个或多个其他模式。

陈述与澄清

许多作者先陈述事实，然后对其进行澄清或解释。例如，作者可能在一个段落的开头这样说："对你最好的教育，不一定对别人也最好。"这个段落的其余部分将讨论这一陈述，解释教育需求如何因人而异，而且基于学生的才能、技能和目标来进行教育，以阐明开头这句话的含义。

在下面这个关于水的段落中，作者采用了陈述与澄清的模式。

陈述 → 水是不会短缺的。最便宜的（也是完全可持续的）清洁淡水的来源是降雨，每年大约有113 000立方千米（3000万亿加仑）的降雨落在世界各地的陆地上，年复一年。尽管其中有一小部分的水在动植物活着的时候暂

澄清 → 时储存在它们体内，但事实上，所有这些水，要么补充了地下水，要么蒸发到空中形成云层，再形成降雨——年复一年，总共有113 000立方千米。有时，巴西的水更多，苏丹的水更少，有时，更多的水会因洪水而流失。但由于地球是一个封闭系统，因此，所有的水都和我们在一起。

请注意，作者以"水是不会短缺的"作为开头，然后继续澄清这个事实。

总结

  总结是一种浓缩的陈述，它提供了一个更宏大的观点或一篇文章的要点。作者通常总结他们已经说过的或别人说过的话。例如，在心理学图书中，你会发现许多研究的总结。作者不会要求你阅读整篇研究报告，而是总结研究的成果。其他时候，作者可能以浓缩的形式重复他已经说过的话，作为强调或澄清的一种方式。

  在下面这个关于人类对其他类型生物的影响的段落中，作者使用了总结的组织方法。

表明后面的内容 ⟶ 总而言之，人类的文化进化和伴随而来的人口增长对其他生命形式的
是总结　　　　　　持续生物进化产生了深远影响。我们敏捷的双手和头脑已经改变了地球上
　　　　　　　　　许多陆地和水生栖息地。人类已经成为最强大的自然选择力量。用已故的
　　　　　　　　　进化生物学家史蒂芬·杰伊·古尔德的话来说："由于一种被称为智能的
　　　　　　　　　光荣进化的意外力量，我们已成为地球上生命延续的管家。我们没有要求
　　　　　　　　　发挥这一作用，但也不能放弃这一作用。我们也许不适合，但我们还是
　　　　　　　　　来了。"

  请注意，作者总结了许多关于人类对其他类型生物的影响的事实。

概括和示例

  示例是解释不熟悉或未知事物的最好方法之一。示例是说明某个概念或观点的具体实例或情况。作者通常会提出一个概括性的陈述或概括，然后通过举例来解释，使其意义清楚。在一本关于社会问题的图书中，你可能发现这样的概括：员工盗窃电脑的行为正在增加。这一节内容或许继续提供一些来自特定公司的例子，在这些公司中，员工将虚假信息插入公司的计算机程序中，然后窃取公司的资金。

  在下一段关于禁忌的文章中，作者运用了概括和举例的方法。

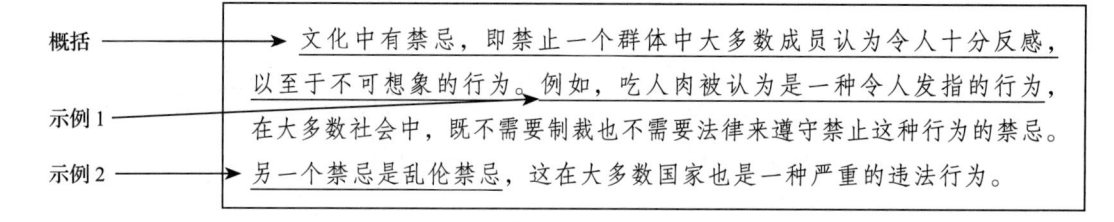

概括 ⟶ <u>文化中有禁忌，即禁止一个群体中大多数成员认为令人十分反感，
　　　　以至于不可想象的行为。</u>例如，吃人肉被认为是一种令人发指的行为，
示例 1 ⟶ 在大多数社会中，既不需要制裁也不需要法律来遵守禁止这种行为的禁忌。
示例 2 ⟶ 另一个禁忌是乱伦禁忌，这在大多数国家也是一种严重的违法行为。

请注意，作者在开头概括了大多数文化都有禁忌，然后又列举了一些具体禁忌的例子。

补充

作者往往介绍一个观点或陈述，然后提供关于这个观点或陈述的补充信息。例如，一本教育学图书可能介绍在家上学的概念，然后提供关于其好处的更深入的信息。这种模式通常用于扩展、阐述或者更详细地讨论某个观点。

在下面这个关于病原体的段落中，作者使用了补充模式。

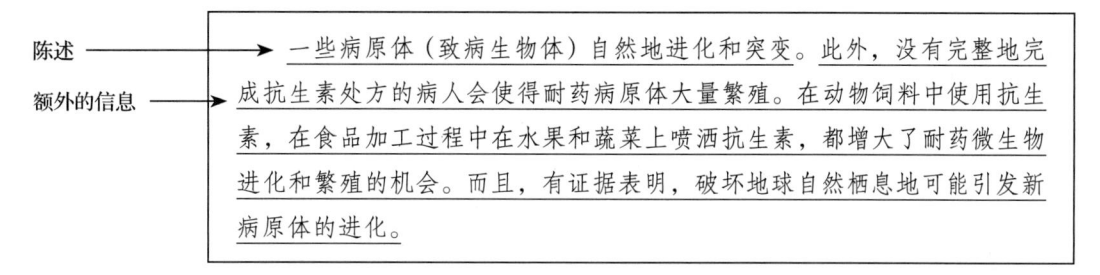

陈述 ——→ 一些病原体（致病生物体）自然地进化和突变。此外，没有完整地完
额外的信息 ——→ 成抗生素处方的病人会使得耐药病原体大量繁殖。在动物饲料中使用抗生素，在食品加工过程中在水果和蔬菜上喷洒抗生素，都增大了耐药微生物进化和繁殖的机会。而且，有证据表明，破坏地球自然栖息地可能引发新病原体的进化。

请注意，作者说，有些病原体是自然变异的，然后又补充说，它们的变异也是人类活动的结果。

对于下面的每个语句，从以下模式中选择其采用的模式：陈述和澄清、总结、概括和示例，以及补充。

1. 简而言之，物理人类学家仍在等待找到将现代人类与早期原始人类联系起来的遗骸。
2. 自人类首次进化以来，人类就一直在使用图片来沟通和理解他们的环境。洞穴绘画和星座人物的创造只是几个例子。
3. 炭疽热是一种通过吸入方式进行传播的细菌。炭疽热也可通过皮肤接触而被感染。
4. 网络布告栏和列表服务使人们有可能不经意地遇到他们平时不会接触到的人。例如，一个广受欢迎的、由来自世界各地品茶爱好者组成的列表服务。
5. 青蛙能够借助皮肤从水中吸收氧气的方法在水下呼吸。除了在水下呼吸，青蛙也能在空气中呼吸，但它们的皮肤必须是湿的，以便从空气中吸收氧气。
6. 人类婴儿的莫罗反射可以很好地总结为树上生活的延续。当婴儿感知到跌落的感觉时，它会展开双臂和双手，试图阻止自己从树枝上掉下来。
7. 人们认为是动物本能的东西，往往是高度发达的感觉的表现。一个恰当的例子是，鲑鱼能够利用高度发达的嗅觉回到产卵的河流。
8. 甲壳类动物有外骨骼而不是内骨骼。为了说明这一点，想象一下龙虾的外壳，它可以被剥掉，而一旦剥了壳，就只剩下肉了。
9. 发行量是增加杂志广告收入的关键。事实上，许多杂志提供免费或非常低的订阅费用，以增大发行量和支持广告收入的增长。

阅读下面的每一段文章，辨别其使用的组织模式。从以下模式中选择：陈述和澄清、总结、概括和示例，以及补充。

1. 你有没有为某件事激动过，结果却发现自己的看法完全错了？让我们烦恼的不是现实，而是我们错误的看法。例如，假设你发现有人邀请了所有人参加聚会，唯独没有邀请你，你可能开始想，为什么你被排除在外。有人不喜欢你吗？你是否冒犯了别人？这样的想法十分常见。然而，现实情况也许与你是否受欢迎完全无关。或许派对的组织者弄错你的电子邮件地址，抑或垃圾邮件过滤器将邀请函归为了垃圾邮件，抑或只是一个简单的疏忽。

2. 有时消费者希望改变自己，成为一个不同的自己或者提升自己。服装、美容用品或化妆品，以及各种配件（如太阳镜、珠宝、文身，甚至彩色隐形眼镜）给消费者提供了修改外表（"改头换面"）从而改变"自我"的机会。消费者在使用自我改造的产品时，往往试图通过创造一个新的自我，维持现有的自我（或防止失去自我）、延伸自我（修改或改变自我）来表达个人主义或独特性。此外，消费者有时使用自我改变的产品或服务，以符合或呈现特定类型的人（如军人、医生、企业高管或大学教授）的外观。

3. 和以前的主要战争一样，越南战争主要深刻地影响了非裔美国人的生活。对于在越南服役的黑人士兵来说，这场战争提供了一个机会，再次证明他们准备在许多方面为自由而战。然而，美国关于民权和黑人权力的争议在越南引起反响，而与此同时，有关美国干预越南的分歧也影响了民权和黑人权力运动。无论是在后方还是在战场上，暴力的背景塑造了人们看待和讨论种族问题的方式。每天的新闻广播把战争带到平民的电视机上，有些人称之为"客厅战争"。对大多数士兵来说，短暂的服役时间（大多数士兵在越南参战不超过一年）减轻了美国士兵的孤立感。此外，正如马丁·路德·金在河畔教堂的反战演讲中指出的那样，这场战争影响了美国国内的种族政策，因为它转移了本来可以用于反贫困战争和其他"伟大社会"社会项目的联邦资金。

4. 总之，出版业正在经历重大变化，这些变化是由人口变化、金融动荡和新技术的压力带来的。不稳定性和重新评估在行业的所有部门（报纸、杂志和书籍）都是常见的，但是每个部门的情况都截然不同，这足以让我们对它们分别进行审视。

5. 当人们听音乐或播放音乐时，就会激活大脑不同区域中的大型网络。例如，在一项研究中，研究人员监测了音乐系学生的大脑活动，他们让学生要么在演奏古典音乐中用右手弹钢琴的部分片段，要么仅仅在不动的情况下去想象弹奏这首曲子。这些研究人员发现，当演奏者真正在弹钢琴和想象自己在弹钢琴时，他们的额叶和顶叶（位于左右两个大脑半球）的大部分激活模式非常相似。但是，只有在真正弹钢琴时，运动条才被激活，顶叶则在真正弹钢琴时被更加强烈地激活（这可能反映了它们在指定的看得见的键盘空间布局中的作用）。

6. 总之，某种药物是好是坏，并不取决于客观条件，而是取决于主观顾虑。这是人们如何定义事物的问题。人们的定义反过来又影响他们如何使用和滥用药物，某种药物是合法还是非法，以及他们想采取什么社会政策。这是关于药物使用和滥用的主要社会学方面，我们将在本章中一再强调。

7. 人类迁徙绝不可能结束。大规模的迁徙仍然是每天的新闻。联合国《世界人权宣言》确认，任何人都有权离开自己的祖国到其他地方寻求更好的生活，但它不能保证会有任何地方愿意接纳任何人。和过去一样，当代移民背后的主要推动因素是经济和政治。此外，人们正试图从贫穷国家移居到富裕国家，从政治上受压迫的国家移居到更民主的国家。不但如此，数百万人正在逃离国内和国际战争。移民的压力越来越大，在未来几年，他们可能会成为世界上最大的政治和经济问题。

8. 理疗是由医生开具处方，然后由持证的理疗师随访病人并撰写一份治疗计划。理疗助理帮助病人执行这些治疗计划，每周随访病人2次或3次，根据病人的进展情况，持续6周至8周或更长时间。在某些情况下，他们会使用电刺激或超声波来刺激神经或肌肉。如果病人拥有新的设备，如拐杖或助行器，他们将帮助病人学习使用。他们会检查医生开的任何药物，确保病人在服用，并经常与病人及其家人讨论安全问题，比如可能导致病人绊倒的松动的电线。最后，他们会给病人留下指导，让他们自己做运动。

历史学阅读材料

非裔美国人的崛起

达琳·克拉克·海恩（Darlene Clark Hine）、威廉·C.海恩（William C.Hine）和斯坦利·哈罗德（Stanley Harrold）

引导问题

1. 你预料这篇阅读将使用什么思维模式？
2. 关于非裔美国人和成功，你已经知道些什么？

在民权时代的胜利之后，许多非裔美国人在克服困扰他们祖先的经济和教育劣势方面取得了长足进步。在一定程度上，由于这一进展，他们也活得更长久，更健康了。不过，非裔美国人与占人口多数的白人在财富、教育和健康水平上的差距虽然缩小了，但依然存在。2004年，比尔·考斯比利用布朗决定纪念50周年的机会，批评他所谓的"不负责任的贫穷黑人父母和他们违法的孩子"，由此黑人贫困的持续存在以及与之相关的社会问题，在黑人中爆发了重大争议。考斯比呼吁中产阶级黑人承担更大的"个人责任"，他认为，他们应当把自己和他们的孩子作为贫穷的非裔美国人的榜样，而不是孤立于美国主流社会之外，模仿黑人贫民区的街头文化。许多黑人评论人士驳斥了考斯比的攻击，并指责他"泄露了黑人社区的丑事"。

高成就的非裔美国人

1970年之后的几十年里，黑人在经济、公民和政治方面的进步得到了巩固，由专业人士和企业家组成的黑人中产阶级也在壮大。在某种程度上，黑人中产阶级的成功，在一些十分知名的非裔美国人身上得到了例证，如传媒大亨奥普拉·温弗瑞，比尔·克林顿的商务部长罗纳德·布朗，参谋长联席会议主席、后来的国务卿科林·鲍威尔，鲍威尔国务卿的继任者康多莉扎·赖斯，高尔夫球手泰格·伍兹和哈佛大学教授亨利·路易斯·盖茨。

与整个美国人口一样，黑人社区中的超级富豪仍然很少，但人数在增加。奥普拉·温弗瑞、比尔·考斯比、迈克尔·杰克逊以及迈克尔·乔丹，都作为艺人或运动员获得了巨大财富。其他少数幸运儿还包括黑人娱乐电视公司创始人罗伯特·约翰逊，他是第一个拥有职业篮球队的非裔美国人，拥有北卡罗来纳州的夏洛特黄蜂队；杂志出版商约翰·约翰逊；摩城唱片创始人贝瑞·戈迪，以及唱片和时尚企业家拉塞尔·西蒙斯。

迈克尔·杰克逊简介

迈克尔·杰克逊是20世纪最伟大的艺人之一。杰克逊比他那一代的任何人物都更加有力地助推了黑人流行音乐成为一种全球现象。1958年，杰克逊出生于印第安纳州的加里市，是约瑟夫·杰克逊和凯瑟琳·杰克逊夫妇九个孩子中的第五个。他的父亲是一名钢铁工人，他把儿子们培养成了一个名为"杰克逊五人组"的音乐团体。1968年，摩城唱片公司的贝瑞·戈迪与该组合签约，该组合录制了包括《ABC》《我要你回来》《我会在那里》在内的排行榜冠军单曲。迈克尔的声音、表演技巧、个人魅力和外表吸引力让他脱颖而出。杰克逊吸引了大批歌迷。当黑人家庭被诬蔑为"母系社会"和"支离破碎"的时候，杰克逊一家代表着健康，是父权制和才华的有力结合。迈克尔成为20世纪最受喜爱的黑人童星。

1976年，迈克尔离开摩城唱片公司，成为Epic唱片公司的独唱歌手。他解雇了专横的经理。第二年，迈克尔加入了由"至高无上"合唱团前主唱戴安娜·罗斯主演的全黑人演员阵容的《绿野仙踪》。正是在制作《绿野仙踪》时，这位才华横溢的年轻明星给传奇制作人兼作曲家昆西·琼斯留下了深刻印象。迈克尔·杰克逊与昆西·琼斯的合作创造了音乐史，也改变了美国流行文化。《颤栗》是第一个在MTV上播放的黑人视频，取得了非凡的成功，为非洲裔美国艺人的音乐更广泛的传播和赢得更广泛的欣赏打开了大门。

1983年，迈克尔在摩城唱片公司25周年纪念特别节目上表演，向数百万电视观众介绍了他的标志性舞蹈"太空步"。在这段舞蹈中，他似乎藐视地心引力，倒退着走，但脚趾着地。这种标志性的舞蹈和他的亮片手套巩固了他的全球知名度。年轻的迈克尔既是一个精明的商人，又是一位迷人的表演者。1984年，他以4750万美元的价格购买了ATV音乐发行目录，该目录包括251首披头士的歌曲，包括《昨天》和《顺其自然》。今天，该目录的价值是其成本的10倍。迈克尔给慈善机构捐了大量的钱，尤其是那些致力于改善儿童生活的机构。

20世纪90年代，迈克尔接受了一系列的手术，改变了他的容貌和肤色。媒体推测他是想成为普遍白人男性的象征，或是逃避自己的黑人身份。但在1993年接受奥普拉·温弗瑞的采访时，迈克尔说这两件事都不是真的，他患有一种皮肤疾病，破坏了他的色素沉着（一种被称为白癜风的疾病）。

他在全球的知名度也有不好的一面。他的行为越来越受到全世界媒体的审视和批评。猥亵未成年男孩的指控引起了人们的愤怒，2005年，在加利福尼亚轰动一时的审判中，迈克尔被判无罪。他离开了这个国家，几乎停止了表演。他的财务状况变得不稳定。2008年，迈克尔回到美国，计划在50个城市进行世界巡演，以恢复声誉和财富。但这并没有实现。迈克尔·杰克逊死于2009年6月25日，原因很明显，是他的私人医生用药过量。他的创作天赋的丧失令全世界为之惋惜。这位流行天王去世了，数十亿人哀悼他的离开。

首先是马丁·路德·金领导了结束种族隔离的斗争。后来是马尔科姆激发了一代人拥抱积极的、增强种族意识的思想。当马丁和马尔科姆都被暗杀后，迈克尔·杰克逊脱颖而出，打破了种族间的文化障碍。发生在20世纪后半叶的政治、社会和文化变革，受到了这些英雄般的非裔美国人的远见卓识和创造性工作的推动和启发。每个人都以自己的方式代表并强调了黑人的人性，这为2008年奥巴马当选美国总统做了准备。

检验理解

1. 比尔·考斯比坚持认为，中产阶级黑人应当做什么？
2. 根据作者的观点，迈克尔·杰克逊是一个什么榜样？
3. 当杰克逊家族走红时，他们形成了怎样鲜明的对比？
4. 迈克尔·杰克逊人生中的哪个转折点使他获得了巨大的成功和荣誉？
5. 迈克尔·杰克逊精明的商业头脑的一个例子是什么？
6. 什么原因导致迈克尔·杰克逊离开美国？
7. 作者认为奥巴马当选美国总统是由于什么人为之做了准备？

批判思考

1. 这篇阅读材料中使用了哪些思维模式？
2. 为什么作者要将迈克尔·杰克逊的简介包含在阅读材料之中？
3. 描述作者提供的证据，并评估其有效性。
4. 读了这篇阅读材料，对于社会对非裔美国人的看法的改变，你有何感想？
5. 作者使用了什么语气？
6. 这篇阅读精选文章中的照片，给文章增添了什么意义？

第 7 章
阅读和评估图表与在线资源

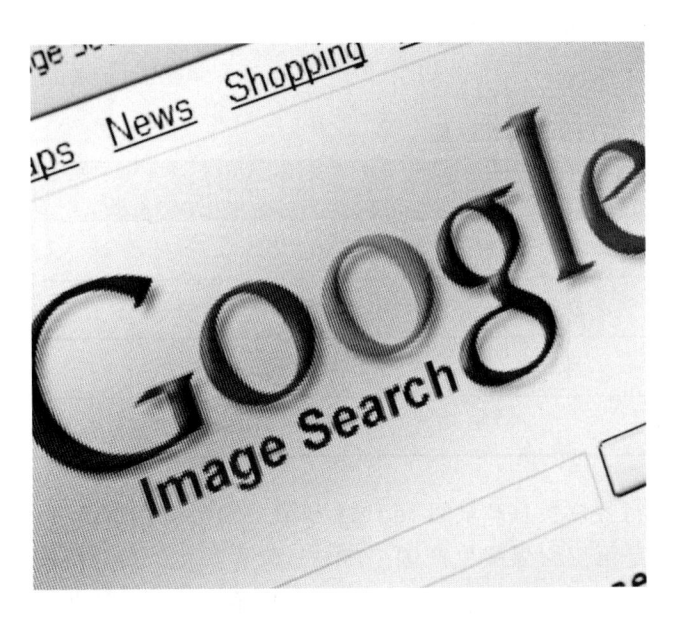

谷歌的图片搜索功能突出显示了图像在我们的日常生活以及学术研究和写作中的重要性。它也展示了图像在网络上的广泛应用。对于印刷物上的或网络上的图像,你有何疑问?你如何来评判网站上的图像是否可靠且值得信任?

所有学科的入门图书都充满了照片、图形和图表。作者利用这些工具来帮助视觉学习者理解和掌握材料。你也可以在杂志、报纸和广告牌上看到各种图表的大量应用，这是因为它们可以用一种在视觉上引人注目的方式来总结大量的信息。

如何阅读图表

许多图书包括表格、图形、示意图、地图、漫画和照片等图表和视觉化图表。一些读者觉得图表令人生畏，主要是因为他们还没有学会如何处理。所有的图表都有一个重要功能：它们总结和浓缩文字信息，使其更容易理解和记忆。图表实际上节省了你的时间，省去了冗长的书面解释。为了例证这一点，首先研究表7-1，然后阅读接下来对表格中的事实信息的描述段落。

表 7-1 煤炭生产与消费大国

生产（占世界总产量的百分比，%）	消费（占世界总消费量的百分比，%）
美国，16.1	美国，15.5
印度，7.8	印度，8.8
澳大利亚，6.0	德国，3.7
俄罗斯，4.9	俄罗斯，3.7

美国是世界第二大煤炭生产国（占世界煤炭总产量的16.1%）和第二大煤炭消费国（比其煤炭生产份额少，为15.5%）。印度是第三大煤炭生产国（7.8%）和第三大煤炭消费国（8.8%），但它的消费量大于生产量。澳大利亚是第四大煤炭生产国，但不在前五大消费国之列。德国的煤炭消费量占世界的3.7%，但并不在前五大生产国之列。俄罗斯生产全世界4.9%的煤，但仅消耗全世界煤产量的3.7%。

你更喜欢读哪个，表格还是段落？表格以更有趣的格式简洁地介绍了相同的信息。表格也使我们更容易理解信息之间的关系。看一下这张表，你会发现中国目前是最大的煤炭生产国和消费国，但实际上，中国的煤炭产量超过了它的消费量。（如果只是以段落形式呈现，查找这些信息就会难得多。）通过提供信息的视觉化图表，图形还使得关系、趋势和模式更容易把握。

你可以使用下列建议来阅读图表。

1. **读标题或说明文字** 标题会告诉你图表描述的是什么情况或关系。

2. 确定图表是如何组织的　如果你看到的是表格，注意每栏的标题。对于图形，注意横轴和纵轴上标注的文字。

3. 注意图表中使用的任何符号和缩写词

4. 确定测量的尺度或单位　注意变量是如何测量的。

5. 识别图表所要显示的趋势、模式或关系　下面几个小节将更详细地讨论这个步骤。

6. 阅读脚注　印在图表底部的脚注说明了数据是如何收集的，解释了某些数字或标题的意思，或者描述了使用的统计程序。

7. 核实来源　数据的来源通常引用在图表的底部。除非信息是由作者收集的，否则你可能发现，作者会列出一些研究期刊或出版物，而图表中的数字，正是摘自它们。识别来源有助于评估数据的可靠性。

图表的类型

所有的图表都描述某种类型的关系。

表格：信息的比较与分类

社会学家、心理学家、科学家、经济学家和商业分析师经常使用表格来组织和提供统计证据。表格是对事实信息（通常是数字或统计数据）的有组织的显示。它的目的是对信息进行分类，以便在数据之间进行比较。

现在，使用前文提到的建议阅读表 7-2。

表 7-2　1750—2050 年世界和主要地区的人口

主要地区	1750	1800	1850	1900	1950	2000	2050
人口规模／百万							
世界	791	978	1262	1650	2521	6086	9076
非洲	106	107	111	133	221	812	1937
亚洲	502	635	809	947	1402	3676	5217
欧洲	163	203	276	408	547	728	653
拉丁美洲和加勒比地区	16	24	38	74	167	523	783
北美洲	2	7	26	82	172	315	438
大洋洲	2	2	2	6	13	31	48

(续)

主要地区	1750	1800	1850	1900	1950	2000	2050
比例分布 /%							
世界	100	100	100	100	100	100	100
非洲	13.4	10.9	8.8	8.1	8.8	13.3	21.3
亚洲	63.5	64.9	64.1	57.4	55.6	60.4	57.5
欧洲	20.6	20.8	21.9	24.7	21.7	12.0	7.2
拉丁美洲和加勒比地区	2.0	2.5	3.0	4.5	6.6	8.6	8.6
北美洲	0.3	0.7	2.1	5.0	6.8	5.2	4.8
大洋洲	0.3	0.2	0.2	0.4	0.5	0.5	0.0

接下来，使用以下步骤分析表格。

1. 确定数据如何分类或划分 这个表格按时间对世界人口进行分类。请注意，它是按主要地区以及人口规模和百分比的分布来划分的。

2. 进行对比并寻找趋势 这个步骤包括检查表格的行与列，注意每个条目与其他条目的比较情况。一定要比较行和列，注意相似之处和不同之处，关注趋势。在表 7-2 中，你可以比较两个地区的人口随时间变化的情况。

3. 得出结论 弄清楚数据显示了什么。从表 7-2 可以得出结论，尽管亚洲人口在继续增长，但预计未来亚洲人口在世界人口中所占的比例将会更小。通常你会在与表格对应的段落中找到线索，有时是直接陈述。文章中提到表格的那部分内容往往概括说明表格要强调的内容。

一旦你得出了结论，就停下来思考，然后做出反应。例如，在表 7-2 中，你可以考虑为什么预计非洲人口的增长幅度最大，什么因素可能促成这种增长。

研究表 7-2，回答以下问题。
1. 2050 年哪个主要地区人口最少？
2. 从 1750 年到 2050 年，哪个主要地区的人口流失比例最大？
3. 1900 年哪个主要地区的人口最多？
4. 在 2000 年到 2050 年间，预计哪个主要地区的人口减少比例最大？

图形：变量之间的关系

图形描述了两个或更多变量之间的关系，如价格、需求或支出随时间的变化。简单地说，它们是展示两组或多组信息之间关系的图。当你在阅读不同领域的图书时，会遇到一些基本类型的许多变体。

线形图

在线形图中，信息沿着纵轴和横轴绘制，每个轴上都有一个或多个变量。由此画出的图很容易看出变量之间的关系。线形图的示例如图 7-1 所示。该图比较了美国四个种族的人口统计数据和变化情况。除了比较之外，该图还可以让你看到这些年来每个种族人口的变化情况。该图使你能够确定变量之间的总体趋势或模式。例如，该图显示了白人和非西班牙裔美国人人口比例的稳步下降。

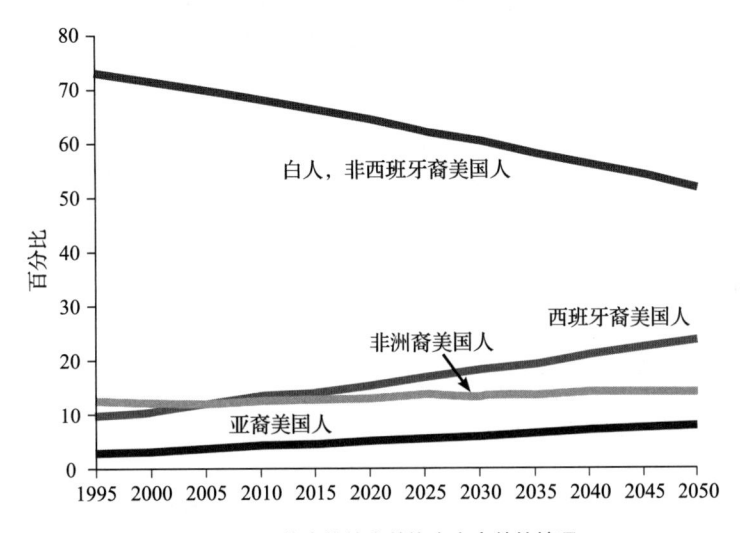

图 7-1 即将来临的少数族裔占多数的情况

注：美国人口普查局估计，根据目前的出生率和移民率，美国的人口结构将发生如此图所示的变化。到 2050 年之后不久，少数族裔很快就会占全美人口的多数。当然，如果出生率和移民率发生变化，这些估计的趋势也会随之改变。但目前已经有 65 个少数族裔占多数的国会选区，其中约 85% 的众议员是非洲裔美国人、西班牙裔美国人或亚裔美国人。

研究图 7-1 所示的线形图，回答以下问题。

1. 图中描述的四个种族/民族是什么？
2. 哪两个族裔的人口在过去几年里呈现稳定增长？
3. 在哪个十年里，非洲裔美国人和西班牙裔美国人的人口几乎相同？
4. 这张图揭示了什么总体趋势？

圆形图

圆形图也叫饼形图，用来展示部分与整体的关系，或者显示某个单位的特定部分是如何被划分或分类的。图 7-2 是一个示例的圆形图，显示了普通人的碳足迹的细分。（这张图的原文解释说，碳足迹是指人类活动对环境产生的温室气体的百分比。）在这张图中，列出了 12 种人类活动。

图 7-2 一个普通人的碳足迹分布

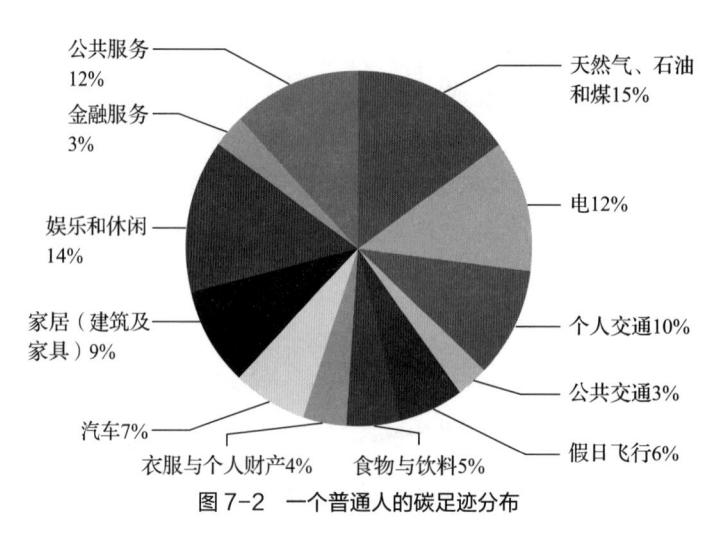

研究图 7-2 中所示的圆形图，回答以下问题。

1. 普通人的碳足迹中有多少是由娱乐和休闲活动造成的？
2. 有多少的份额是由建筑和家具造成的？
3. 哪一类人类活动的影响更大？公共交通还是私人交通？是多少？
4. 哪四个类别产生了最大的影响？哪四个类别的影响最小？

条形图

条形图通常用来比较数量或数额之间的差异。横坐标常表示时间，纵坐标常表示数量。示例的条形图如图 7-3 所示，它描绘了自 1600 年以来已知灭绝物种的数量。

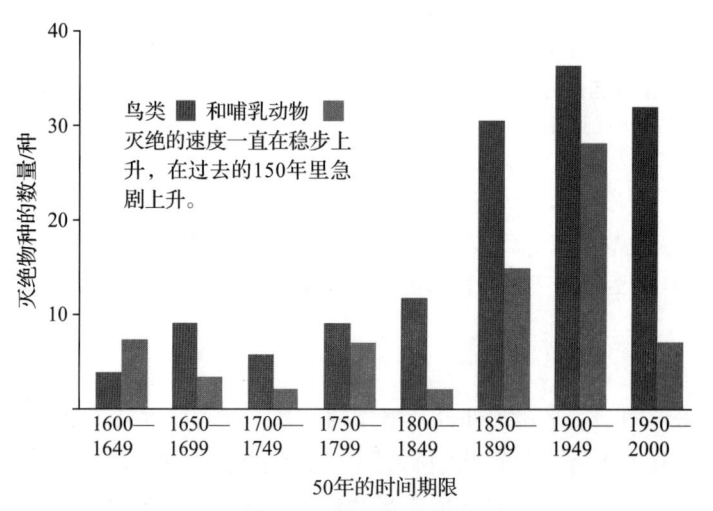

图 7-3 示例的条形图

注：这张图显示了自 1600 年以来已经灭绝的哺乳动物和鸟类物种的数量。

研究图 7-3 中所示的条形图，回答以下问题。
1. 这张图显示了哪两组信息？
2. 在哪个 50 年的时间里，超过 30 个鸟类物种灭绝了？
3. 在哪个 50 年的时间里，哺乳动物灭绝最多？
4. 在哪个 50 年的时间里，鸟类物种灭绝的比例减小了？
5. 这张图显示了什么主要趋势？

示意图：对过程的解释

示意图通常包含在技术和科学以及商业和经济学的图书中，用来解释过程。图的目的是帮助你查看各部分之间的关系和理解序列。图 7-4 摘自一本环境图书，显示了海水在海岸附近的循环情况。它展示了海水是怎样被吹离海岸以及冷水是如何取代它的。

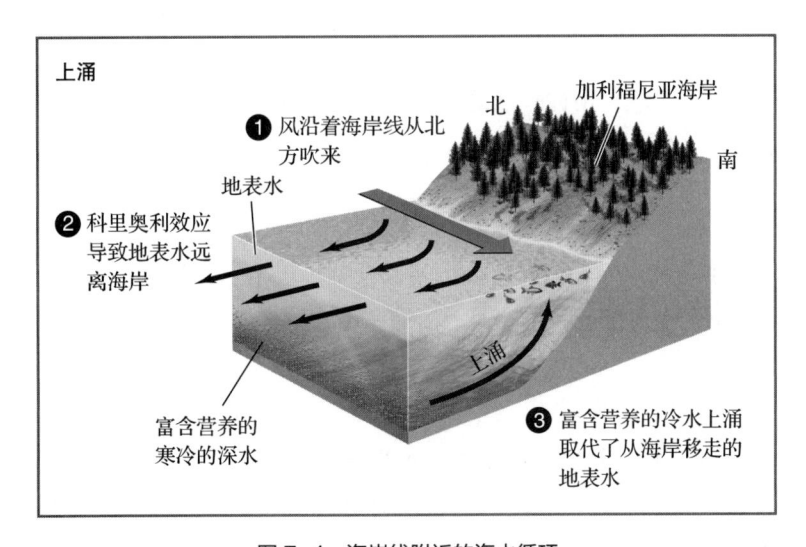

图 7-4　海岸线附近的海水循环

示意图有着不同的阅读方式，因为示意图通常对应相当大的文本片段。这意味着你必须频繁地在文本和示意图之间来回切换，以确定每个段落讨论的是过程的哪一部分。

研究示意图的最佳方法之一是在不参考原图的情况下重新绘制它，并且在绘制时尽可能多地包含细节。重新绘制是对你是否理解绘制的过程的真正测试。或者，你也可以用自己的话，一步步地用文字来解释，以测试你对示意图中所示过程的理解和回忆。

研究图 7-4 所示的示意图，回答以下问题。
1. 盖住示意图，尝试根据记忆重新绘制它。你画完图，把它与原图比较一下，然后将可能漏掉的细节补上。
2. 用你自己的语言来描述每一步，解释图中所示的流程。

地图：实际关系

地图描述了各种关系，并提供了位置和方向的信息。它们经常出现在地理和历史的课文中，也出现在生态学、生物学和人类学的课文中。我们大多数人认为地图是用来描述距离和位置的，但它也用来描述地理和生态特征的位置，比如污染区域、人口密度区域或政治数据（投票区）。

在阅读地图时，遵循下列步骤：
1. 阅读说明文字。它标识了地图的主题。
2. 使用图例来识别地图中使用的符号或代码。
3. 注意距离标尺。
4. 研究地图，寻找趋势或关键点。通常，地图附带的文字说明了地图阐明的要点。
5. 试着将地图视觉化，或者在脑海中创造出一幅图画。
6. 作为学习的辅助手段，用你自己的话，写出地图显示的内容。

理解漫画与照片

许多图书里有大量的漫画和照片，它们总在某种程度上与章节内容有关。一定要仔细研究漫画和照片，以确定作者将它们包含在书中的原因。

漫画

漫画是图书中包含的一种视觉化工具，可以快速地阐明观点，或者，只是通过给主题增添一点幽默来使读者感到轻松。漫画通常没有标题或图例，而且文中往往没有对漫画的参考。

漫画可以使抽象的思想和概念具体而真实。密切关注漫画，特别是，如果你是一个以视觉为导向的学习者的话。它们可以作为回忆线索，触发你对相关材料的记忆，帮助你轻松地回忆线索。图 7-5 中的漫画出现在一本社会学图书中，它幽默地说明了从众与异常的概念。

图 7-5 漫画示例

照片：一种视觉印象

人们通常认为照片是一种艺术形式，但它们与其他图形一样，都有一些相同的用途：用来在书中代替口头描述来呈现信息。作者也可以用照片激发读者的兴趣，通常是为了引出情绪反应或印象。研究图 7-6 所示的照片。这张照片强调了时尚模特中存在的一种趋势——她们都太瘦了，以至于显得瘦弱而不健康。

直到最近，T 台模特的"时髦"形象还是需要极度消瘦，这通常是通过刻意节食与滥用药物来实现的。

图 7-6　照片示例

你可以采用以下步骤来理解照片：

1. 阅读说明文字，找出照片的主题和背景。

2. 如果文章中提到了照片，那么，在研究照片之前先阅读文章　它强调了哪些细节？得出了什么结论？

3. 研究照片　你的第一印象如何？你首先注意到的细节是什么？回答这些问题，将有助于你发现照片的目的。

研究图 7-6 中的照片，然后回答下面的问题。

1. 这张照片引起了什么情绪反应？

2. 你在照片中注意到哪些细节是单独用文字表达效果会较差的？

评估互联网资源

虽然互联网包含了大量有价值的信息和资源，但同样也包含了谣言、八卦和错误信息。换句话讲，并非所有的互联网资源都值得信赖。你必须先评估它，才能接受它。这里是一些评估互联网资源时要遵循的指导原则。

探索网站的目的

如今，互联网上的网站有成千上万个，其目的千差万别。下面的表7-3总结了五种主要类型的网站。

表7-3 网站的类型

类型	目的和描述	域名
信息	提供事实、信息和研究数据。可能包含报告、统计数据、研究结果和参考资料。	.edu 或 .gov
新闻	提供本地、国内及国际的最新资讯。通常补充印刷报纸、期刊和电视新闻节目。	.com 或 .org
宣传	宣传某一特定的事业或观点。可能与一个有争议的问题有关；通常由非营利组织赞助。	.com 或 .org
个人	提供个人信息以及他的兴趣和成就。可以列出出版物或包括个人的简历。	各不相同。可能包含 .com、.org、.biz、.edu、.info。可能包含波浪符号（~）
商业	促销商品或服务。可能提供与公司产品有关的新闻和信息。	.com、.biz 或 .info

评估网站的内容

评估网站内容，以确定它是否符合你的预期目的，总是十分重要的。你可以使用下列策略来评估内容。

1. **评估网站的适当性**　网站应包含你需要的信息，这才是值得引用的网站。它应当回答你的一个或多个搜索问题。如果网站只包含了你的问题的答案，但没有详细说明，那就查看网站上的链接，看一看它们是否会导向更详细的信息。如果没有，就去寻找更有用的网站。

2. **评估来源**　评估网站的另一个重要步骤是确定其来源。问你自己："赞助商是什么人？""为什么要把这个网站放到网上？"网站的赞助商是为网站的创建和发布而付费的个人或组织。看其赞助商是谁，通常可以知晓网站的目的。例如，由运动品牌赞助的网站是为了宣传推广其产品而设计的，而由大学图书馆赞助的网站则是为了帮助学生学习更有效地使用资源而设计的。

3. **评估细节的技术性**　网站应当包含与你的目的相符的细节。有些网站提供的信息也许对你的搜索目的来说过于粗略；另一些网站则假定拥有你恰好缺乏的背景知识或技术水平。例如，如果你正在写一篇关于全球变暖的简短的入门级评论性短文，那么，关于新罕布什尔大学 NASA 地球观测系统网站的信息也许技术性太强了，包含的信息比你需要的更多。除非你之前在这一领域拥有一些知识，否则，你也许需要搜索另一个不同的网站。

4. 评估信息的表述 网站上的信息应当清晰地呈现出来，而且应当写得很好。如果你发现某个网站表述不清晰，写得也不好，就应当对其表示怀疑。如果作者没有花时间来表述清晰和正确的想法，那就意味着他可能没有花时间去收集准确的信息。

5. 评估完整性 确定网站是否提供其主题的完整信息。它是否涵盖了你认为它应当涵盖的所有方面？例如，如果你看到了某个关于 20 世纪美国重要诗人的网站，但网站没有提到罗伯特·弗罗斯特，那么这个网站就是不完整的。如果你发现某个网站不完整，就得搜索那些提供更完整信息的网站。

6. 评估链接 许多信誉良好的网站会提供其他相关网站的链接。确保链接是管用的，并且是当前可点击的。还要检查你登录的网站是否拥有可靠的信息来源。如果链接不管用，或者信息来源看起来不可靠，你应当质疑网站本身的可靠性。此外，还要确定所提供的链接究竟是全面的，还是仅仅是一个有代表性的样本。两者都可接受，但网站应当明确它提供的链接的性质。

评估网站的准确性与及时性

在使用网站上的信息来撰写文章时，重要的是找到准确的信息。确定网站准确性的一种方法是将其与同一主题的印刷品（期刊和书籍）进行比较。如果你发现网站和印刷品之间差异很大，就不要相信网站。另一种评估网站准确性的方法是，将该网站与其他涉及相同主题的网站进行比较。如果存在差异，就必须开展进一步的研究，以确定哪个网站更准确。

网站本身也将提供一些关于其信息准确性的线索。评估网站时，你可以问自己下面这些问题。

1. 是否提供了作者姓名和相关的资质证明？ 一位具备一定资历的知名作家，很可能提供可靠的、准确的信息。如果没有提供作者的姓名，你应当质疑信息是否准确。

2. 作者的联系信息包括在网站上吗？ 网站通常提供电子邮件地址，以便网友与作者联系。

3. 信息是完整的，还是摘要形式的？ 如果是摘要，使用网站找到原始的来源。原始信息包含错误的可能性较小，通常是学术论文的首选。

4. 如果提供了意见，它们是否以意见的形式清晰地呈现出来？ 如果作者将自己的观点伪装成事实，那么，这样的作者是不可信的。

5. 网站是否提供了引用的作品名单？ 与任何形式的研究一样，必须将网站上的信息来源记录下来。如果来源不可信，你应当质疑网站的准确性。

确定信息是否以纸质版提供也许是有帮助的。如果有帮助，请尝试获取打印好的纸质版本。当文章或短文被放到网上时，可能出现错误。网站也许移动、更改和删除信息，因此，文章的读者可能很难找到你在撰写论文时使用的网站。此外，在纸质资料中引用页码比在电子资料中引用页码更容易。

虽然网站以提供最新信息而闻名，但并不是所有的都是最新的。通过检查以下方面来评估网站的及时性：

- 信息公布的日期（在网上）。
- 你打算使用的文档的创建日期。
- 网站最近一次修订的日期。
- 链接最后一次登录的日期。

这些信息通常在网站主页的结尾或者你正在使用的文档的结尾处提供。

生物学阅读材料

生物多样性丧失和物种灭绝

斯科特·布伦南（Scott Brennan）和杰伊·威兹戈特（Jay Withgott）

引导问题

1. 什么是生物多样性？
2. 哪些物种被认为是濒危的或者已灭绝的？

生物多样性丧失和物种灭绝

所有层面上的生物多样性正因人类的影响而丧失，最无法挽回的是物种的灭绝。一旦消失，物种就再也回不来了。当一个物种的最后一个成员死亡，该物种不复存在时，物种**灭绝**就发生了，就像蒙特弗德的金蟾蜍一样。某一特定区域内某一特定种群的消失，而不是全球范围内整个物种的消失，被称为**根除**。老虎在其历史活动范围的大部分地区已经根除，但尚未灭绝。根除是一种侵蚀过程，随着时间的推移，可能导致灭绝。

灭绝自然地发生

人类的影响造成了今天大多数的根除和灭绝，但根除和灭绝的过程也自然地发生，不过速度要慢得多。如果生物没有自然地灭绝，我们将在恐龙、三叶虫、菊石和其他数百万在人类出现之前的漫长时间里从地球上消失的生物身上找到我们的耳朵。古生物学家估计，大约99%曾经存在过的物种现在都灭绝了，剩下的1%是今天地球上的物种财富。

在人类出现之前，大多数物种的灭绝都是一个接一个地发生的，原因各不相同，古生物学家称之为**背景灭绝率**。通过研究化石记录中保存的这些生物的痕迹，科学家推断，对于哺乳动物和海洋动物来说，平均每年在每 100 万至 1000 万个物种之中，就有 1 个物种灭绝。

地球已经经历了五次大灭绝事件

在地球历史上的几个时期，物种灭绝率远高于这个背景率，那时发生了**大规模物种灭绝**。在过去的 4.4 亿年里，我们的星球经历了 5 次大灭绝事件。每次事件都导致超过 1/5 的科和至少一半的物种灭绝（表 7-4）。最严重的一次事件发生在 2.48 亿年前的二叠纪末期，当时，接近 90% 的物种灭绝了。最著名的事件发生在 6500 万年前的白垩纪末期，一颗明显的小行星撞击地球，终结了恐龙和许多其他物种的存在。有证据表明，早在 5 亿多年前的寒武纪期间和之前就发生过大规模灭绝。

表 7-4　大灭绝

事件	年代（百万年前）	原因	受影响最大的生命类型	灭绝的生命的百分比
奥陶纪	440	未知	海洋生物；陆地记录未知	超过 20% 的科
泥盆纪	370	未知	海洋生物；陆地记录未知	超过 20% 的科
二叠至三叠纪	250	可能是火山活动	海洋生物；陆地记录不太为人所知	80%～95% 的物种，超过 50% 的科
三叠纪的终结	202	未知	海洋生物；陆地记录不太为人所知	20% 的科，50% 的属
白垩纪第三纪	65	小行星撞击	海洋生物；陆地生命，包括恐龙	5% 的科，超过 50% 的物种
当前	始于 1 万年前	人类影响	大型动物，特殊生物，岛屿生物，人类收获的生物	正在进行之中

如果目前的趋势持续下去，在现代，即所谓的第四纪，可能会有超过一半的物种灭绝。尽管这次物种大灭绝在规模上与之前的大灭绝相似，但主要有两个方面不同：第一，它是我们造成的；第二，我们将因此遭受损失。

人类正在发动第六次大规模灭绝事件

在过去几个世纪里，我们已经记录了数以百计的由人类造成的物种灭绝。例如，水手们记录了 17 世纪印度洋岛国毛里求斯渡渡鸟的灭绝，而今天，这种独特鸟类的身体只有少数部分保存在博物馆里。仅在过去两个世纪的北美鸟类中，我们就使得卡罗来纳长尾小鹦鹉和大海雀灭绝了。拉布拉多鸭、候鸽，可能还有巴克曼莺和爱斯基摩鸻。其他一些物种，包括美洲鹤、柯尔特兰林莺和加州秃鹰，也濒临灭绝。最近，在阿肯色州、佛罗里达州和路易斯安那州的沼泽林地中可能发现了象牙嘴啄木鸟（图 7-7），这给人们提供了一些希望，认为这个富有魅力的物种可能仍然存在。

象牙嘴啄木鸟是北美最雄伟的鸟类之一，生活在美国东南部的整片原始森林中。滥伐森林和砍伐木材使它们失去了作为食物、住所和筑巢所需的成熟树木；这种南方的象征似乎要灭绝了。近年来，在阿肯色州、路易斯安那州和佛罗里达州进行的短暂而有争议的观察让人们燃起了希望，认为这个物种会继续存活下去，但证据一直难以找到。

图 7-7　象牙嘴啄木鸟

然而，人类造成的物种灭绝先于有文字记载的历史。事实上，人类可能在数千年的时间里一直在猎杀各种物种，直到它们灭绝。考古证据表明，一波又一波的物种灭绝紧随人类到达岛屿和大陆之后。波利尼西亚人到达夏威夷后，岛上一半的鸟类灭绝了。鸟类、哺乳动物和爬行动物在人类到达许多其他海洋岛屿后消失了，包括新西兰和马达加斯加等大型岛屿。这种模式似乎至少在两个大陆也存在。大约 5 万年前，人类抵达澳大利亚后，数十种大型脊椎动物相继消失。1 万多年前，人类抵达北美后，33 种大型哺乳动物相继灭绝。

目前的物种灭绝率远高于正常水平

如今，随着人口增长和资源消耗给栖息地和野生动物带来越来越大的压力，物种正在加速灭绝。2005 年，千禧生态系统评估的科学家计算出，目前全球物种灭绝的速度比背景灭绝速度高出 100～1000 倍。他们预测，在未来几十年，这个速度将增加 10 倍甚至更快。

为了了解濒危物种的现状，国际自然保护联盟制定了《濒危物种红色名录》，这是一份最新的濒危物种名单。2010 年的《红色名录》报告称，21% 的哺乳动物（1143 种）、12% 的鸟类（1223 种）和 30% 的两栖动物（1895 种）面临灭绝的威胁。在其他主要物种中（对这些物种的评估尚未完全完成），17%～74% 的物种被判定为濒临灭绝的高风险物种。仅在美国，过去 500 年里，就有 237 种动物和 30 种植物被证实已经灭绝。对于所有这些数字，物种的实际数量无疑要比已知的数量大。

在可能濒临灭绝的1143种哺乳动物中，老虎是其中之一。尽管——或许是因为——它巨大的体型和凶猛的捕食者的名声，老虎仍然是地球上最濒危的大型动物之一。1950年，老虎有8个亚种。如今，其中3个已经灭绝。巴厘岛虎在20世纪40年代灭绝，里海虎20世纪70年代灭绝，还有爪哇虎在20世纪80年代灭绝（见图7-8）。

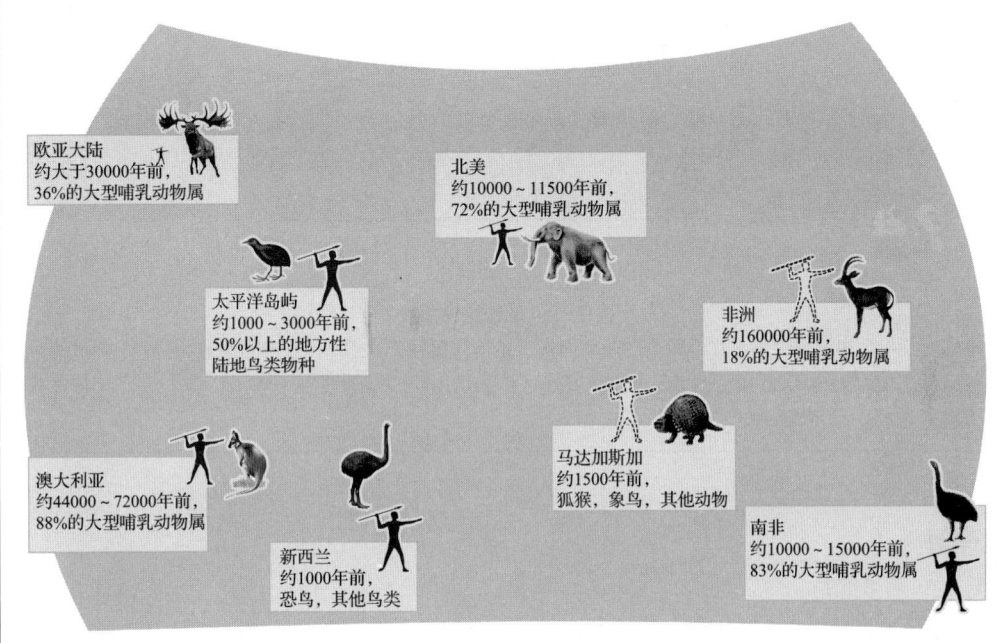

欧亚大陆
约大于30000年前，
36%的大型哺乳动物属

北美
约10000~11500年前，
72%的大型哺乳动物属

太平洋岛屿
约1000~3000年前，
50%以上的地方性
陆地鸟类物种

非洲
约160000年前，
18%的大型哺乳动物属

澳大利亚
约44000~72000年前，
88%的大型哺乳动物属

马达加斯加
约1500年前，
狐猴，象鸟，其他动物

新西兰
约1000年前，
恐鸟，其他鸟类

南非
约10000~15000年前，
83%的大型哺乳动物属

图7-8 人类抵达 VS. 物种灭绝

本图概略地显示了每个地区人类到达的时间和最近灭绝浪潮的范围。图示为各地区代表性的已灭绝的巨型动物。人类猎人图标的大小取决于人类狩猎导致物种灭绝的证据的程度，更大的图标表明人类（而不是气候变化或其他因素）是罪魁祸首的可能性更大。关于南美洲和非洲的数据太少，无法得出结论，而未来的考古学和古生物学研究很可能会改变这些解释。

生物多样性的丧失不仅仅是灭绝

灭绝只是生物多样性丧失的一部分。更主要的原因是许多生物的种群数量在减少。当一个物种的数量减少时，其地理分布范围通常会缩小，因为它会在分布范围的各个部分被消灭。因此，今天许多物种的数量和所占的面积都比以前少了。在19世纪，全球老虎的数量超过10万只，但今天只有3400~5100只。这种减少意味着遗传多样性、生态系统多样性以及物种多样性正在消失。

为了测量和量化这种退化，世界野生动物基金会和联合国环境规划署的科学家开发了一种称为"地球生命指数"的度量标准。该指数总结了887种陆生物种、458种淡水物种和

341 种海洋物种的种群趋势，这些物种得到了充分监测，能够提供可靠的数据。1970 年至 2005 年间，地球生物指数下降了约 28%（图 7-9），主要原因是热带地区生物多样性的丧失。

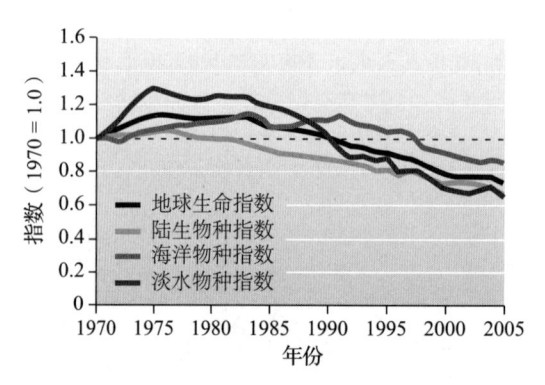

图 7-9　地球生命指数

地球生命指数是全球生物多样性状况的一项指标。该指标概括了 1686 种脊椎动物的 4642 个种群的趋势。从 1970 年到 2005 年，地球生命指数下降了约 28%。陆生物种指数下降了 33%，淡水物种指数下降了 35%，海洋物种指数下降了 14%。

检验理解

1. 什么是根除？
2. 解释"背景灭绝率"的意思。
3. 为什么今天的大灭绝与以前的大灭绝有所不同？请给出两个原因。
4. 什么是《濒危物种红色名录》？

批判思考

1. 使用表 7-7，列出过去 5 亿年间发生的 5 次大灭绝事件，并注明每次事件中大约有多少个科灭绝了。
2. 根据图 7-8，全球生物多样性的总体趋势是什么？
3. 关于一些假定的物种灭绝，图 7-7 可能提供了什么积极的消息？
4. 你会用什么图形来描述第 9 段和第 10 段中有关濒危物种的信息？为什么？
5. 没有人类影响的物种灭绝是如何维持地球的自然平衡的？你还能想到其他类似的自然过程吗？它们可能对特定动物造成毁灭性的破坏，但对整个地球却是有益的。
6. 解释第 9 段的"对于所有这些数字，物种的实际数量无疑要比已知的数量大"这句话。
7. 这篇阅读选材料中的表和图有什么作用？

第8章
利用写作来学习

在照片中，一位读者正在积极地边写边画来学习。这样的学习方式十分常见，因为写作有助于更好地学习。无论是在笔记本上记笔记，写日记，画图，还是解方程，许多读者都有一种直觉，那就是把笔（或粉笔）拿在手里，是学习新材料的最好方式。

研究表明，如果你详述信息，学习起来会更容易。详述是一个拓展思维的过程。详述使得信息变得有意义，因此更容易回忆。写作是帮助你详细阐述、建立联系和记忆的一种方式。本章讨论如何利用写作来帮助加强你的理解，提高批判性思维能力。

企业主和经理们一致认为，员工最受重视的技能之一是写作能力。我们生活在一个以我们的写作能力来评判我们（能力高低）的社会，优秀的写作技巧也是事业成功的关键。

用写作来评估和增强理解

写作是一种很好的学习工具，它可以用来：

- **测试你是否理解了阅读的内容** 试着写一份总结、列一份提纲或者制作主要观点的列表。如果你做不到这些，那说明你还没有理解材料。
- **提高你对困难或复杂材料的理解能力** 写作能帮你集中注意力，理清思路。
- **理解观点之间的关系** 当你列提纲或写总结时，自然而然就能理解观点是怎样相互联系的。
- **制作宝贵的学习辅助工具** 总结、提纲、列表以及词汇表都是重要的学习辅助工具。

写作不仅是一种测试你是否理解阅读内容的好方法，还能提高你对困难或复杂材料的理解能力。当你阅读逻辑图书的复杂论证时，可以通过列出论证的主要观点来增强理解。写下每个观点，会迫使你去思考它们，这样一来，观点之间的联系和关系就会变得更明显。写作也会迫使你花足够的时间来充分理解材料。

做标记和做注释

做标记和做注释是提高你的理解和回忆所读内容的好方法。做标记迫使你决定什么是重要的，并且从不那么重要的材料中整理出关键信息。用这种方式对观点进行分类，可以提高理解能力和记忆力。为了决定标记哪些内容，你必须考虑并评估每个观点的相对重要性。做标记有以下额外的好处：

- 可以让你在阅读时保持身体活跃，从而令你集中注意力，提高专注力。
- 有助于让你发现观点是怎样联系的。
- 可以很好地测试你是否理解了阅读的内容。如果你很难决定要着重理解什么内容，那就表明你没有理解材料。

为了最有效地标记重点内容，请使用以下指南：

1. **分析阅读任务** 确定阅读任务，将帮助你确定你需要关注的信息的数量和类型。

2. **评估你对这个主题的熟悉程度** 根据你的背景知识，你可能需要标记某一点，也可能需要标记很多点。不要浪费时间标记你已经知道的东西。

3. **先读，然后做标记** 在做标记之前，先读完某个段落或独立的小节。在阅读时，寻找学术思维模式的信号。每个观点在你第一次接触时可能看起来很重要，但在你判断它的相对重要性之前，必须先看看它与其他观点的契合情况。

4. **关注标题** 标题是表明一个章节的总体主题的标签。这些标题可以作为重要的标记内容的指示。例如，在"经济增长的目标"这一标题下，你应当明确地标记每一个目标。

5. **标记主要观点** 并且只标记主要的支持细节。试着记住学术的思维模式。

6. **避免标记完整的句子** 只在足够的地方做标记，这样，当你再次阅读的时候，你可以突出重点。

7. **在做标记时快速浏览文档** 如果你已经理解了某个段落或小节，那么，你应当快速而高效地做标记。

8. **运用系统方法来做标记** 例如，确定你怎样标记主要观点，怎样区分主要观点和细节，以及怎样标记新的术语。有的读者使用符号系统，包括括号、星号和圆圈来区分各种类型的信息；另一些读者使用不同颜色的高亮笔进行区分。试验和测试不同的系统，一旦你发现这种系统方法有效，就经常使用它。

9. **使用 15%～25% 的经验法则** 虽然你要标记的内容会因阅读对象的不同而各异，但尽量在任何特定页面上对 15%～25% 的内容做标记。如果超过了这个数字，往往意味着你没有尽可能有效地整理观点。

下面的节选文章显示了有效的标记。注意，标记的是关键词，而不是整个句子。还要注意，只有关键信息才做标记。假如你只读做标记的词汇，你能理解每个段落的主要观点吗？

地球的形成

大约 <u>45 亿年前</u>，<u>地球刚形成的时候</u>，非常<u>热</u>。大量的<u>陨石撞击</u>正在形成的行星，这些外星岩石的动能在<u>撞击时转化为热量</u>。还有更多的热量是由<u>放射性原子的衰变释放</u>出来的。构成地球的岩石融化了，铁和镍等较重的元素沉到了地球的中心，直到今天它们仍然是熔融的。地球一定花了<u>上亿年</u>的时间才冷却到足以让<u>水以液体形式存在</u>。尽管如此，只要有了<u>液态水</u>，<u>生命</u>似乎在相当短的时间内就出现了。

迄今为止发现的最古老的<u>生物化石</u>是在大约 <u>35 亿年</u>的岩石中。古老岩石中的化学痕迹让一些古生物学家相信生命更古老，<u>可能有 39 亿年之久</u>。

第 8 章 利用写作来学习

> 生命开始的时期被称为前寒武纪。这段时间是由地质学家和古生物学家指定的,他们设计了一个纪元、时期和时代的分级命名系统来描绘地质时间的巨大跨度。

评估你的标记

在做标记的时候,你可能会犯两个常见的错误:

- **标记的词句太多**　如果你秉持这一陈旧的"宁可稳妥也不要遗憾"的规则,可能会标记页面上几乎所有的内容。标记所有的内容,与不标记任何内容是一样的效果,因为你没有进行排序,未能区分重要观点和其他不那么重要的观点。标记太多会导致逃避或推迟真正的问题——决定学什么。
- **标记的词句太少**　如果你发现每一页标记的内容少于10%,通常表明你在理解材料上存在困难。如果你无法用自己的话来解释某个小节的内容,那你就是没有理解它。

你可以采用以下方法评估标记的效果。**选择一个示例页面做标记,然后只重读标记的内容**。接着问自己这些问题:"我标记的部分是否传达了这篇文章的主要观点?""仅仅通过阅读我标记的重点内容,我能跟上作者的思路吗?"

页边注释

在许多情况下,你仅仅做标记,没有把主要观点与例子分开,没有将每个例子和新的术语分开,也没有任何机会去评论或回应阅读的材料。因此,你经常需要在页边空白处做注释,同时做标记。

做注释是一个主动的阅读过程。它迫使你监测自己的理解能力,并对观点做出反应。下面举出了做注释的多种方法。

- 将生词圈起来。
- 将定义标记出来。
- 将例子标记出来。
- 将观点、原因、理由或事件等用序数词标出来。
- 在重要段落旁边加星号。
- 在容易混淆的段落旁边写上问号。
- 为自己做笔记。
- 画箭头表示关系。
- 写评论,注意不同点和相似点。
- 标记总结性的陈述。

做笔记来组织观点

做笔记是一种写作策略，它可以帮助你组织信息，将观点整合起来。这也是一种从两个或两个以上的来源收集信息的有效方法。最后，做笔记是一种评估你的理解力和加强记忆力的方法。

笔记可以遵循类似这样的格式：

Ⅰ．主题

1. 主要观点

A. 支持细节

a. 事实

b. 事实

B. 支持细节

2. 主要观点

A. 支持细节

B. 支持细节

a. 事实

b. 事实

Ⅱ．主题

你可以使用下面的提示来做好笔记：

1. 阅读完整的小节，然后再做笔记　第一次阅读时，不要试着做笔记。

2. 阅读时，留意其思维模式　这些模式将帮助你组织你的笔记。

3. 以可能的最简洁形式记录下所有的最重要观点

4. 把笔记看作一个主要观点和支持细节的列表　组织它们，以显示观点是如何相联系的或者反映材料的组织。

5. 使用单词和短语总结观点，不要写完整的句子

6. 用自己的话写，不要从选读材料中复制句子或句子的组成部分

7. 高度有选择地做笔记　除非你确定某个事实或观点很重要，否则，不要把它记进去。

8. 使用缩进的提纲系统来区分主要观点和细节　一般来说，观点越重要，就越靠左。不太重要的内容则缩进，看起来更靠近页面中心。

画图来显示关系

画图是一种显示主题及其相关的观点怎样相互联系的方式。它组织和整合信息，通常强调某种特定的思维模式。画图是一种通过写作来学习的视觉化方法。

概念图

概念图是一种以空间形式而非列表形式呈现观点的大纲形式。这是一幅关于观点怎样相互关联的"图片"。

图 8-1 显示了本书第 1 章的图。在研究这张图之前，先花点时间回顾第 1 章的内容。

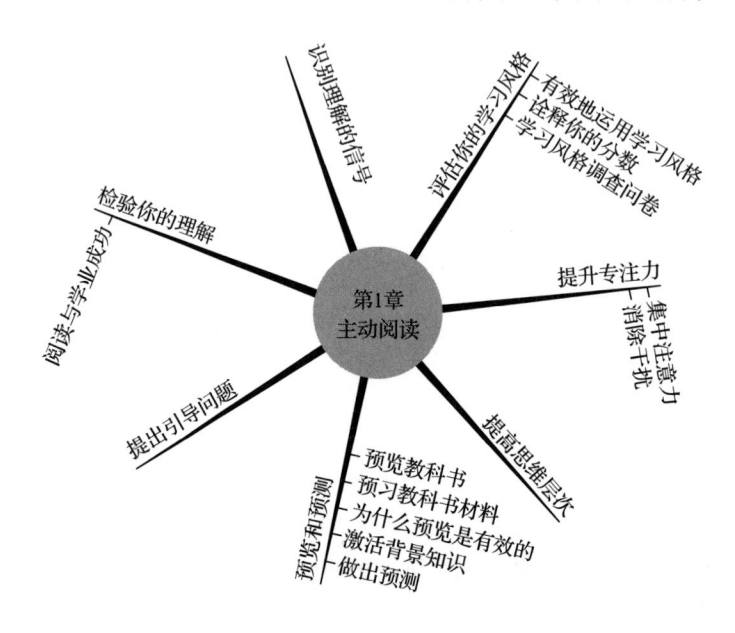

图 8-1 第 1 章的概念图

你可以使用下列步骤来画概念图：

1. **辨别主题并将其写在页面的中心**

2. **确定与主题相关的观点、方面、组成部分以及定义**　从主题出发，在一条辐射状直线上画出每一个节点。

3. **当你发现可以进一步解释已经用图画出来的细节时，从它所解释的观点中画一条新的分支线**

流程图

在技术和自然科学以及许多其他图书中，流程是内容的重要组成部分。直观地描述流程的步骤、变量或组成部分的图表，将大大简化学习。例如，使用在线资源进行搜索的流程如图 8-2 所示。

使用电子资源的搜索流程

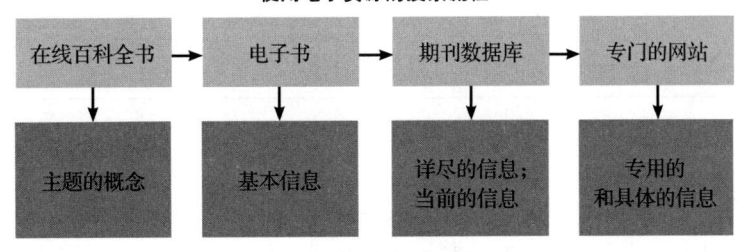

在线百科全书 → 电子书 → 期刊数据库 → 专门的网站

主题的概念 / 基本信息 / 详尽的信息；当前的信息 / 专用的和具体的信息

图 8-2　流程图示例

下面的段落描述了血液在心脏内流动的过程。阅读这段文字，然后画一个流程图来描述这个过程。

心脏的功能

心脏活动取决于生化、物理和神经信号的复杂相互作用。缺氧血在全身循环后进入右心房。血液从右心房进入右心室，然后通过肺动脉泵入肺部，在那里接受氧气。含氧的血液从肺部返回到左心房。血液从左心房进入左心室。左心室将血液通过主动脉输送到全身各个部位。

组成部分与功能图：分类

在处理实际物体的使用、描述或分类的课程中，标记的示意图是一个重要的学习工具。例如，在阅读人体解剖学和生理学图书时，了解大脑的各组成部分与功能的最简单方法就是将它们画出来。为了学习，先画出大脑的草图，然后测试你对每个组成部分及其功能的记忆。

下面这个段落描述了地球的外层。阅读这个段落，然后画一张示意图，这将帮助你形象化地理解地球是如何构成的。

地球的外层

地壳和地幔的最上层被称为岩石圈。这是一个相当坚硬的地带，延伸到地表以下约 100 千米处。地壳在大陆之下延伸约 60 千米，但在海底之下仅 10 千米左右。大陆地壳的密度比海洋地壳的密度低，它主要是一种轻花岗岩，富含铝、铁和镁的硅酸盐。从一个简单的角度来看，大陆地壳可以被看作是分层的：在一层岩浆岩（熔化后变硬的岩石，如花岗岩）之上，是一层薄薄的沉积岩（由水沉积的沉积物和碎片形成的岩石，如石灰石和砂岩）；在一些最近没有火山活动或造山活动的大陆上，也有一层在过去年代沉积下来的土壤。

> 夹在岩石圈和下地幔之间的是被称为软流圈的部分熔融物质，大约 150 千米厚。它主要由在压力下容易变形和流动的铁和镁硅酸盐组成。

时间线

当你在学习一个以事件的顺序为中心的主题时，时间线是组织信息的一种有益方式。时间线在阅读历史图书时特别有用。要绘制一系列事件，画一条线，以年为间隔把它标记出来，然后把每个事件写在相应的年份旁边。例如，图 8-3 中的时间线显示了富兰克林·罗斯福总统任期内的重大事件。时间线显示了事件的顺序，帮助你看得更清楚。

富兰克林·罗斯福的总统任期

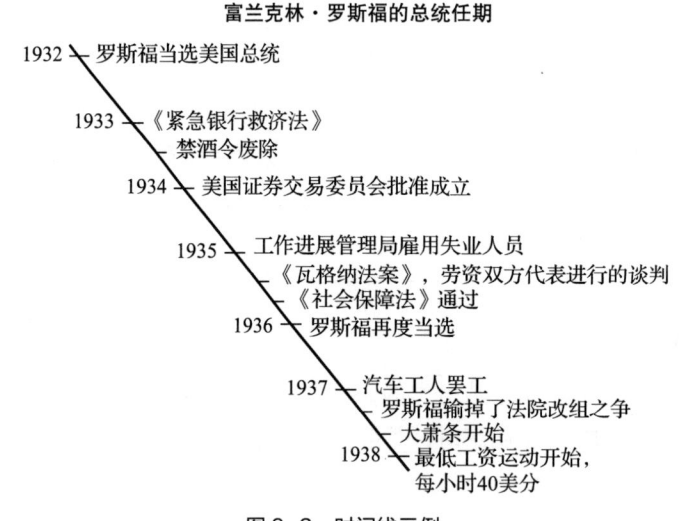

- 1932 — 罗斯福当选美国总统
- 1933 — 《紧急银行救济法》
  — 禁酒令废除
- 1934 — 美国证券交易委员会批准成立
- 1935 — 工作进展管理局雇用失业人员
  — 《瓦格纳法案》，劳资双方代表进行的谈判
  — 《社会保障法》通过
- 1936 — 罗斯福再度当选
- 1937 — 汽车工人罢工
  — 罗斯福输掉了法院改组之争
  — 大萧条开始
- 1938 — 最低工资运动开始，每小时40美分

图 8-3　时间线示例

以下这篇短文回顾了美国公立学校废除种族隔离的历史。阅读这篇短文，然后画一条时间线，帮助你将这些历史事件形象化。

学校废除种族隔离

美国的学校很快成为民权倡导者的主要目标。全国有色人种协进会首先把注意力集中在大学上，成功地发动了一场激烈的法律战，争取让合格的黑人进入研究生和职业学校。在瑟古德·马歇尔的领导下，全国有色人种协进会的律师们开始关注美国公立学校的种族隔离问题。马歇尔对 1896 年最高法院的裁决（普莱西诉弗格森案）提出质疑，该裁决支持隔离但宣称平等的公共设施的合宪性，他认为，即使本质上平等但隔离的学校，也会对黑人儿童造成严重的心理伤害，因此违反了宪法第十四条修正案。

1954年，最高法院一致同意布朗诉托皮卡教育委员会一案的判决。艾森豪威尔总统最近任命的首席大法官厄尔·沃伦撰写了这份具有里程碑意义的意见书，直截了当地宣称"隔离的教育设施本质上是不平等的"。沃伦认为，"仅仅因为种族就隔离小学生，会产生一种因他们在社区中的地位而自卑的感觉，这可能影响他们的心灵和思想，而且永远无法消除"。沃伦还是意识到，要迅速改变种族隔离的历史模式是困难的。因此，1955年最高法院裁定，执行工作应"以极度审慎的速度"进行，并将细节问题留给下级联邦法院处理。

事实证明，取消学校种族隔离的过程极其缓慢。边境各州的官员很快遵从了法院裁决，但南部各州却采取了大规模抵制的政策。当地白人公民委员会组织起来为保留种族隔离而斗争；1956年，101名国会议员和参议员签署了一份南方宣言，谴责布朗案的判决是"明显滥用司法权"。学校董事会在这种蔑视行为的鼓舞下，找到了各种方法来逃避法院的裁决。其中最成功的是通过了学生安置法……

南方领导人误以为艾森豪威尔总统的沉默是对种族隔离的默许。1957年，阿肯色州州长奥维尔·福伯斯以威胁公共秩序为由，召集国民警卫队阻止小石城中心高中的合并……

尽管在废除学校种族隔离方面进展缓慢，布朗案的裁决还是带来了其他进展。1957年，艾森豪威尔政府提出了自重建以来的第一个一般民权法案。南方的强烈抵抗以及政府和参议院民主党领袖林登·约翰逊的妥协极大地削弱了该法案效力。然而，根据该法案确实设立了一个永久的民权委员会，这也是杜鲁门最初的目标之一。它还规定了联邦政府旨在"确保和保护投票权"的努力。1960年的第二项民权法案稍稍强调了投票权这一条款。

用总结来浓缩观点

和做笔记一样，写总结也是从阅读中学习和提高记忆的好方法。总结是一种简短的陈述，回顾你读过的重点。它将作者的观点或论点浓缩并组织成用你自己的话写成的句子。总结只包含文章要点，附带有限的解释、背景信息或支持细节。在以下情况下，当需要对阅读材料进行概述时，写总结是一种有用的策略：

- 回答短文的问题。
- 评论电影或录像带。
- 记录实验室实验或演示的结果。

- 总结短篇小说的情节。
- 快速浏览大量信息。

在写总结之前，确保你理解了材料，并且确定了作者的主要观点。你可以使用下列建议来有效地写总结：

1. 第一步是标记材料或者做简要的笔记
2. 用一句话来陈述作者的总体关切或者最重要的观点　要做到这一点，问一问自己这个材料是关于什么主题的，然后问作者想就这个主题阐述什么观点。这句话将成为你总结的主题句。
3. 一定要改写，也就是用自己的话而不是作者的话
4. 接下来，回顾作者为解释主要观点所提供的主要支持信息
5. 如果你包含了细节的话，那么，其数量取决于你写总结的目的
6. 通常情况下，在总结中呈现观点的顺序与它们在原始材料中出现的顺序相同
7. 如果作者对主题提出了明确的观点或表达了一种态度，就将其包含在你的总结中
8. 如果总结仅供你自己使用，不必担心句子结构　有些读者喜欢用词汇和短语而不是完整的句子来写总结。

下文是本章早前介绍的关于地球形成的短文的总结。

> 地球是在45亿年前形成的，是一系列复杂的化学事件的结果。地球上的生命似乎在大约39亿年前液态水出现后不久就开始了。生命开始的时期被称为前寒武纪。

刑事司法学阅读材料

执行正义与惩罚的新方法

弗兰克·史梅莱格（Frank Schmalleger）

引导问题

1. 你对科技在对付罪犯方面的应用了解多少？
2. 你认为我们的刑事司法系统需要怎样改变？

> **执行审判和惩罚的新方法**
>
> 科技的进步，加上认识到几乎所有在狱服刑的罪犯刑满释放后都会重返社会，促使当局制定新的策略来对付罪犯。在美国，罪犯服刑的平均刑期约为5年，大多数入狱的

罪犯是因毒品犯罪、抢劫、入室盗窃和其他不予以释放的罪行而被判刑的。监狱能做更多的工作来为这些罪犯在释放后的非犯罪生活做准备吗？对于非暴力罪犯，有没有比监狱更有效、成本更低的选择？

技术矫正

技术矫正是利用技术来监控罪犯，防止未来的犯罪。这种技术最流行的形式是把电子"脚环"戴在缓刑犯的脚踝上，以监测其行踪。这种技术的一种更先进的形式是"缓刑亭"，它已经在纽约市使用。这些亭子类似于自动柜员机，分散在城市的各个角落。它们通过在设备上扫描手的几何形状来识别缓刑犯，允许缓刑犯回答问题并安排与缓刑官会面。设计这些亭子的初衷是监测低风险的、非暴力的罪犯，从而允许缓刑官对高风险罪犯进行更为密切的监督。

纽约市的一个缓刑亭，自动监控在社区服缓刑的罪犯。为什么这样的自动化设备会变得流行？你认为它们在监控罪犯方面有效吗？

技术的小型化将允许在罪犯的家中或高危场所（如已知的毒品区或者受虐待配偶的住所）放置微型摄像机进行类似的实验。其他一些技术正在研发中，这些技术将使犯罪分子更难将其禁用，并且使得犯罪分子的某些行为或动作触发警报。

风险评估

风险评估涉及根据罪犯的特征、罪行和背景对其进行分类与评估，以确定其再次犯罪的可能性。在过去20年里，对罪犯进行分类与评估已变得更复杂、更准确。研究至少有三项重大发现，包括差异、可靠性和统计数据。第一，罪犯之间存在巨大差异，在试图区分罪犯的特征时，没有"一刀切"的方法。精神健康和毒品等罪犯的特征是重要的考虑因素，触发罪犯倾向的情境特征也不例外。第二，违规者会随着时间的推移而改变，因此有必要定期重新评估，使得风险评估可靠。第三，对犯罪倾向的"直觉"已经让位于统计数据评估，统计数据评估将过去的犯罪群体行为与当前评估下的类似犯罪群体的行为进行比较。实践证明，这种形式的统计数据评估或统计数据分析优于心理学家的临床评估。

将来，风险评估会变得更加重要，因为现在的暴力门槛可能比过去低。在另一起"路怒案"中，明尼苏达州的一名中年男子注意到他前面的一辆汽车行驶不稳。当他超过那辆车时，司机突然转向撞击他，并做了一个下流的手势。他也做了同样的手势。后来，他到家后，有人敲门。他打开门，刚刚和他发生冲突的那名司机向他泼了电池酸，导致他的脸烧伤。虽然这些奇怪的事件似乎属于特殊情况，但它们如今正以越来越频繁的频率发生，允许建立统计资料后，这些资料将来可以用于审判和为那些因愤怒而导致犯罪暴力的罪犯提供治疗。

你认为什么因素会导致"路怒"？统计分析和风险评估如何帮助预防诸如"路怒症"袭击和杀人等犯罪？

早期干预

一名15岁男孩因参与轮奸一名14岁女孩被判处20年监禁。这是他的初犯。为什么有人会选择这么严重的罪行作为初犯呢？在大多数情况下，犯罪行为有一个发展过程，往往从不严重犯罪发展到严重犯罪。很可能这个案件中的罪犯有前科，只是其前科的罪行较轻，没有被抓获。认识到这种从不严重到严重犯罪的发展过程，是对儿童进行早期干预，以预防青少年犯罪的基础。

早期干预很重要，因为研究已经确定了儿童后期犯罪的风险因素。这些问题包括语言能力差，与父母和照顾者的亲密关系差，养育能力差，以及对家庭的多重压力。种种的危险因素导致学业失败，而学业失败又与犯罪行为显著相关。产前和儿童早期护士家访计划是一个旨在减少这些确定的导致犯罪的风险因素的计划。该计划在养育孩子的过程中培养父母的技能，促进家庭团结。美国男孩和女孩俱乐部是一个全国性网络，超过2500个俱乐部加盟，该网络将300多万名学龄男孩与女孩纳入建设性的青年发展活动之中，并提供教育支持和成年人监管。由美国青少年司法和犯罪预防办公室召集的一组研究人员一致认为，"实施家庭、学校和社区干预是防止儿童发展成严重暴力青少年罪犯的最好方法"。虽然本小节所描述的方案中没有一个主要是预防犯罪的方案，但它们都对犯罪的预防和未来刑事司法系统的参与有着直接的含义。

> **虚拟监狱**
>
> 尽管在预防犯罪方面做了最大的努力，但总有一些罪犯必须严加监管。那些没有危险的人可能无须监禁，但也许需要比缓刑监督或电子手镯更多的监管。一个潜在的中间地带是"虚拟监狱"。一家私营公司推出了卫星监测和远程跟踪系统，有人称该系统为"一个好比时刻都有监狱长在线的虚拟监狱"。罪犯戴着脚链和无线追踪装置，该装置由全球定位卫星和手机网络监控。通过这种方式，犯罪者受到了持续监控。当罪犯进入禁区时，警方还可以立即收到信号，这些禁区有可能是配偶的邻居、学校或者贩毒区。有几个州正在评估该系统作为监狱替代方案的成本效益。
>
> 有人已提议将注射或外科植入物作为电子手镯的替代品，因为罪犯无法有效地篡改或使之失效。这些植入物还可以通过全球定位卫星监控。人们对滥用这种技术的可能性提出了质疑，但罪犯不太可能反对一种比监狱更自由的技术。

检验理解

1. 定义"技术矫正"这个术语。
2. 什么是"缓刑亭"？它们是怎么用的？
3. 列出三个重要的发现，包括差异、可靠性和统计数据。
4. 找出导致青少年犯罪的四种儿童风险因素。
5. 根据阅读材料，哪两个项目可以减少儿童风险因素？
6. 描述卫星监测和远程跟踪系统。

批判思考

1. 这篇阅读精选材料的目的是什么？
2. 你怎么描述作者的语气？
3. 作者提供了哪些证据？描述其有效性。
4. 研究缓刑亭的照片，回答该照片的说明文字中提出的两个问题。

第四部分 特定学科阅读策略

第9章
社会科学阅读

▶ 人类学不仅研究人类及其身体特征，还研究人类所处的环境、文化和社会关系。

◀ 现代心理学研究不仅关注行为，也关注大脑的进化研究。

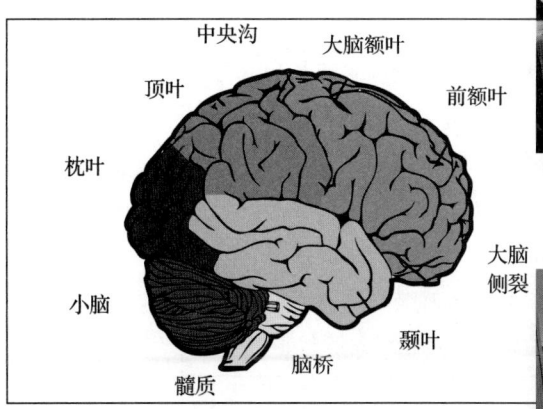

▶ 刑事司法不仅研究对罪犯的起诉，而且研究如何改造他们，给他们第二次机会。

什么是社会科学

社会科学涉及对人类互动的社会、文化和行为等方面的研究。由于这种对人的着重关注，读者发现，他们可以很好地了解自己和周围的人。他们也了解到许多他们一直想知道的问题的答案：为什么有些人会从事暴力犯罪？人们为什么会坠入爱河，又是如何爱上别人的？是什么因素决定了一个城市有多少工作机会？

以下所有学科都是社会科学：

- **人类学**——研究人性。
- **刑事司法**——研究犯罪、罪犯和司法体系。
- **地理学**——研究地球表面。
- **政治科学**——研究政治和政治行为。
- **心理学**——研究心理。
- **社会学**——研究社会。

大多数介绍性的社会科学图书都是从该领域的概述开始，目的是让读者对学科的主要途径和方法有一个认识。例如，以下是一本心理学入门图书的开篇语。

为什么学习心理学

心理学不仅帮助你理解为什么人（和动物）会做他们所做的事情，还有助于你更好地理解你自己和你对他人的反应。心理学可以帮你了解你的大脑和身体是如何连接的，怎样提高学习能力和记忆，以及如何应对生活中的压力，无论是普通的还是不寻常的。在心理学研究中，了解心理学家使用的方法至关重要，因为研究可能有些缺陷，而知道应当怎样进行研究，能够让这些缺陷暴露出来。最后，心理学及其研究方法促进批判性思维，这不仅可以用来评估研究成果，也可以用来评估各种各样的主张，包括广告商和政客的主张。

（左侧批注）作者以一个标题开头，要求读者思考他们为什么要学心理学。

（左侧批注）作者通过列举心理学可以使读者受益的几个方面，试图激励读者学习心理学。

（左侧批注）作者指出了心理学在帮助读者培养批判性思维能力方面的作用。

（右侧批注）作者阐述了一个令人惊讶的事实：心理学不仅研究人类，也研究动物。

（右侧批注）作者明确指出，心理学的学习需要理解研究方法。

请阅读下面这段社会学图书的摘录，并回答下面的问题。

什么是社会学

社会学是对人类行为、社会群体和社会的系统和科学研究。社会学家研究结构和制度的力量（这些力量塑造了我们的日常生活、行为和社会价值观），并研究我们

> 如何帮助创建这些社会结构和制度。社会学是一门学术学科，但这并不意味着它只是"一种需要研究的东西……首先，社会学是活的"（Lemert，2008：xv）。也许社会学家彼德·伯格尔（Berger，1963：4）在他的"社会学不是一种实践，而是一种理解的尝试"这句话中说得最好。这就要求社会学家看待日常事件的方式与大多数人稍有不同。我们这本书的目的是通过帮助你培养你的社会学想象力并学会社会学思考，推动你更好地理解你所生活的世界和你在其中的位置。

1. 这个段落的目的是什么？
2. 这个段落中定义了哪个关键术语？哪种印刷辅助方法能引起对这一术语的注意？
3. 你认为作者将会在这一章的后续内容中定义和讨论哪两个术语？
4. "（Lemert，2008：xv）"和"（Berger，1963：4）"指的是什么？为什么它们包含在文中？
5. 标记你不熟悉的、作者没有定义的术语。

社会科学图书的特点

社会科学图书往往具有一些相似的特点：

- **着重强调事实**　特别是在介绍性图书中，其首要任务是让你熟悉你可以用来解决新问题和新情况的已知的原则、规则和事实。因此，你必须理解并记住大量的事实性信息。
- **介绍许多术语**　每一门社会科学都发展了一套广泛的术语，使其广泛的主题尽可能客观和量化。为了理解这门学科，你必须理解这些术语。
- **图表很重要**　社会科学的图书以照片、图表和其他图形的形式包含大量信息。一定要"阅读"这些图表，了解它们传达的主题。
- **强调研究参考文献**　许多图书将研究作为支持证据。在浅层次阅读时，研究成果和它所证明或建议的通常最为重要。当你进行深入阅读时，更重要的是了解研究人员及其工作和方法。

专门的阅读技巧

特别是在最初接触社会科学时，你需要学习大量信息。使用以下建议来阅读社会科学材料，并且尽可能多地记住信息。

辨别关键术语

精通任何一门学科的关键是学习它的语言，即该学科特有的专业术语和技术术语。社会科学使用精确的术语来描述观察结果和过程。社会科学中的术语包括那些具有专门含义的日常词汇，以及其他地方没有使用的新词汇。

在社会科学课程中，尤其重要的是学习：

- **描述一般行为和组织模式的术语**　例如，否认、权力、侵略、主要/次要群体、自由贸易等。
- **阶段和流程的名称**　例如，皮亚杰的认知发展阶段、马斯洛的需求层次理论。
- **定律、原理、理论和模型**　例如，数字基础原理、收入/支出模型、注意力模型、凯恩斯理论。
- **重要研究人员和理论家的姓名**　例如，马科斯、弗洛伊德、斯金纳、迪尔凯姆、米德。

理解理论

大多数社会科学门类的一个重要部分是理论研究。理论是解释某种现象或事件的一组命题。例如，你可能提出一个理论来解释为什么你不听音乐就无法入睡，或者一个历史教授为什么总在每堂课的开头说些同样的话。理论是对可观察到的现象的理性解释。理论常常用科学的方法来检验。在社会学中，你也许学习交换理论，它将社会行为解释为一系列的交换或取舍，包括回报（利益）和成本。在经济学中，你可能研究自然比率假说，该假说认为工人对工资的变化不会立即做出反应。

在研究理论时，阅读并找出以下信息：

- 这个理论是什么？它的名字是什么？
- 谁提出的这个理论？
- 什么时候提出的？（是现代的还是历史上的？）
- 它解释什么行为或事件？
- 它提供了什么证据或推理来证明自己是正确的？
- 这个理论有什么用处或应用？

阅读下面这段来自社会学图书中的节选文章。注意怎样标记这篇文章，以回答前面列出的每个问题。

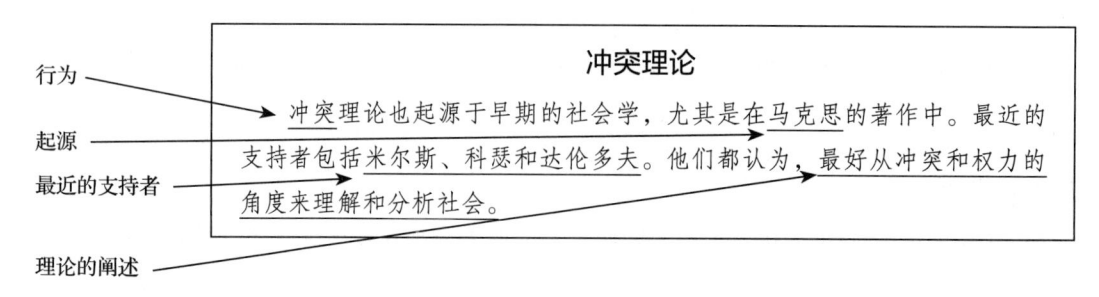

冲突理论

冲突理论也起源于早期的社会学，尤其是在马克思的著作中。最近的支持者包括米尔斯、科瑟和达伦多夫。他们都认为，最好从冲突和权力的角度来理解和分析社会。

行为 —
起源 —
最近的支持者 —
理论的阐述 —

推理 → 卡尔·马克思从一个非常简单的假设开始：社会结构是由经济组织决定的，特别是财产的所有权。宗教信条、文化价值观、个人信仰、制度安排、阶级结构——所有这些基本上都是一个社会经济组织的反映。马克思认为，在任何支持不平等的经济体系中，都存在着产生革命性阶级冲突的力量。被剥削阶级最终承认了自己的卑贱地位，开始反抗占统治地位的业主和雇主。因此，历史的故事就是所有者与工人、统治者与被统治者、有权有势者与无权无势者之间的阶级斗争。

应用 → 当代冲突理论家认为，冲突是社会生活的一个永久特征，因此社会处于不断变化的状态。然而，与马克思不同的是，这些理论家很少假设冲突总是基于阶级的，或者说，冲突总是反映经济组织和所有权。他们认为，冲突涉及广泛的群体或利益：年轻人与老年人的冲突，男性与女性的冲突，一个种族与另一个种族的冲突，以及工人与雇主的冲突。这些冲突产生的原因是，权力、财富和威望等东西不是每个人都能得到的——它们是有限的商品，供不应求。冲突理论还假设，那些拥有或控制理想的商品和服务的人会牺牲他人的利益来捍卫和保护自己的利益。

在某些文章中，你可能发现作者用几个理论来解释一个现象。通常，这些理论是不兼容的，甚至可能是矛盾的。在这种情况下，你首先要确定自己理解了每一个理论，然后检查它们之间的区别，并且考虑支持它们的证据。

请阅读这篇节选自心理学图书的文章，并回答下面的问题。

语言会塑造思想吗

尽管思想并不仅仅是自言自语，但许多人痴迷地认为，我们的感知和思想，可能是由我们所说的特定语言塑造的。语言塑造我们的感知和思维，因此，说不同语言的人，思维方式也各不相同，这种观点被称为**语言的相对性假说**，是本杰明·李·沃尔夫提出的。例如，一些人认为，由于加拿大北部的因纽特人有许多词来表示他们能够识别的不同类型的雪，所以他们比说英语的人能够更好地看到和思考雪的细微差别，因为英语中只有一个词来表示这种白色物质。

埃莉诺·罗斯奇通过研究居住在巴布亚新几内亚的一个名叫达尼的偏远部落来验证语言相对论假说。她推断，如果语言相对性假说是正确的，那么，说有很多颜色词的语言的人，应该比说有很少颜色词的语言的人能够感知更多的颜色差别。碰巧的是，达尼人只用两个词来形容颜色，分别对应着亮和暗。然而，罗斯奇发现——与语言相对论假说相矛盾——达尼人能够感知颜色的变化，并且能够像那些说有很多颜色词的语言的人一样，轻松地学习颜色的细微差别。

显然，语言并不完全塑造我们的感知和思想。不过，我们可以用词汇作为辅助来帮助我们思考，特别是涉及工作记忆的时候。在这种情况下，我们通常会进行相对缓慢的、一步一步的推理。例如，记住一系列的方向，然后一次回忆一个方向，把它们保存在工作记忆中足够长时间，以便转到正确的方向，并继续到下一个界标。

此外，语言可以增强记忆。例如，如果你对每一朵云都有一个独特的描述（如"一只兔子从管子里伸出来"或"一张没有下巴的脸"），就能更好地记住云的形状，而不是对所有的云都用一个单一的标签（如简单的"云"）。

研究人员通过对罗斯奇研究的一个变体进行研究，为语言在记忆中的作用提供了额外的证据。这些研究人员不是研究感知和学习，而是研究说非洲辛巴语的人们的记忆。这种语言对颜色的区分比英语少，例如，红色、橙色和粉色都用同一个词命名。当研究人员要求说辛巴语的人回忆用辛巴语中的同一个词命名的不同颜色时，他们就犯了记忆错误；相比之下，说英语的人在记住这些颜色方面表现得更好，因为他们的语言帮助他们做出了必要的区分。

简单地讲，语言不会决定我们思想的本质，但它确实有助于思想本质的形成。

1. 谁提出了语言相对性假说？
2. 这个理论阐述了什么？
3. 关于这个理论，罗斯奇的研究表明了什么？为什么？
4. 关于这个理论，进一步的研究表明了什么？
5. 理解这个理论对你的学习有什么帮助？
6. 中国的时间观念会怎样改变你对生活的看法？
7. 在文章中要学习的重要术语下画线。

阅读研究报告

由于社会科学在很大程度上依赖于以科学方法为基础的观察、研究和实验，因此该类图书经常包含对研究性研究的简要描述或参考。社会科学的作者往往给出线索，而不是直接陈述他们即将总结的研究。作者会用以下两种方式告诉你如何总结研究：
- 使用研究者的名字。

  玛格丽特·米德（1935）对性和气质的经典研究……

  根据特纳（2011），青少年帮派……
- 使用括号，将作者的姓名和研究日期标出来。

  在家里听人朗读的孩子在学校的阅读问题更少（汤普森，2012）。

当阅读关于研究成果的报告时，请记住这些指南：
- 确定什么人开展了这项研究。
- 辨别研究的目的。
- 阅读你学习的领域中当前研究成果的评论。
- 探索研究是怎样完成的。
- 理解研究的结果。
- 找出研究的结果支持的理论或得出的结论。
- 发现研究的意义和应用。问一问自己"这件事为什么重要"。

下面这篇节选文章摘自一本社会学图书，描述了关于人到中年的变化的研究。观察这篇文章如何进行标记，以体现上面介绍的指南。

莱文森成年人社会化的发展方法

丹尼尔·莱文森（1978）和他的研究伙伴还将发展的方法应用于成年人研究，确定了成年人生命周期中的三个不同阶段：成年早期，大约在17岁至45岁；中年，45岁至65岁；成年晚期，从65岁开始。他们的兴趣主要集中在35岁至45岁的男性身上——称为"中年十年"——莱文森认为，这段时期标志着成年人发展最关键的阶段之一。在这一时期，人们的生理和心理机能以及社会地位都发生了重要变化。它标志着一个重要的转折点，个人重新评估他们的生活目标，评估他们的成就或失败，考虑一个更好或更坏的未来的可能性。莱文森总结道，一个人要经历中年的变化却又不会经历至少是适度的危机，几乎是不可能的。

（目的 → 应用于成年人研究）
（结果 → 兴趣主要集中在35岁至45岁的男性身上）
（结论 → 一个人要经历中年的变化化却又不会经历至少是适度的危机，几乎是不可能的。）

并非所有的社会科学研究都涉及数值的实验结果。一些学科运用更多的主观研究。这些结果可以以叙述（故事）的形式报告，如案例研究、民族志（对种族群体的描述）、回忆录和实地研究或报告。在阅读这些材料时，一定要关注这些发现及其对你正在研究的主题的意义和应用。

请阅读这篇摘自一本心理学图书的节选文章，并回答后面的问题。

> 研究人员研究了青少年吸毒和心理健康之间的关系（Shedler & Block，1990）。这项调查的参与者是 18 岁的孩子，他们从 3 岁起就开始接受研究。根据其药物使用水平，他们被分为三组：（1）从未尝试过任何毒品的禁毒者（$N = 29$）；（2）实验人员（$N = 36$），他们曾经吸过"一两次或几次"大麻，并且只尝试过一种其他毒品；（3）经常吸食大麻的人（$N = 20$），他们经常吸食大麻并且至少尝试过一种其他毒品。这些群体之间不存在社会经济或智商差异。
>
> 研究人员发现，经常吸食毒品的人通常有失调、疏离、冲动控制不足等症状，而且"明显"感到痛苦。而（从未尝试过任何毒品的）禁毒者会过度焦虑，"情绪压抑"，缺乏社交技能。同样的结果在研究人员检查同样的研究对象 7 岁和 11 岁时的记录时也很明显。总的来讲，研究对象比其他两组人更能适应环境，心理上也更"健康"。这项研究的作者担心他们的数据可能被曲解——其数据可能被用来表明"吸毒能以某种方式改善青少年的心理健康"。显然，这种解释是错误的。你认为这些数据是相关的，但从这些数据中无法得出因果关系的结论。

1. 谁开展了这项研究？
2. 研究的目的是什么？
3. 研究使用了什么方法？
4. 结果是什么？
5. 结果证明了什么？
6. 研究的实际价值是什么？
7. 为什么作者感到必须警示大家不要错误解读研究结果？

阅读，以进行对比和联系

在社会科学中，理解不同观点与概念之间关系的能力是一项必备技能。假设你正在阅读三种形式的不完全经济竞争：垄断、寡头垄断和垄断竞争。首先，你当然应该理解每一种形式。除此之外，你还必须知道它们有什么相似之处、不同之处，以及它们在什么经济状况下出现。

在进行比较时，请记住以下问题："我正在阅读的内容与本章的其他主题有什么关系？"然后花几分钟想一想这一章的主题和观点怎样相互联系。首先，预览这一章。然后，研究文章的详细目录，复习与这一章相对应的笔记。例如，一名读者将不完全竞争的形式与她在经济学中学到的其他市场变量联系起来：卖方数量、进入的容易程度、产品类型、价格影响和价格水平。接下来她画出了如表9-1所示的表格，根据她发现的市场变量来比较这三种形式的不完全经济竞争。除了表格，你还可以通过制作大纲或列表，或者通过绘制总结相似点和不同点的图来进行比较。

表9-1 比较表格示例

	不完全竞争的形式		
	垄断	寡头垄断	垄断竞争
卖家的数量	1家	几家	许多家
进入市场	难	不太难	容易
产品	独特的	均匀的或分化的	分化的
价格的影响	价格制定者	价格制定者	有限的价格制定者
价格水平	比竞争对手价格高，数量少	比竞争对手价格一定程度地高，数量一定程度地少	价格略高于竞争对手，而且生产成本往往较高

阅读以下这篇摘自一本婚姻与家庭研究的图书中题为"友谊、情感、爱情和亲密关系"的节选文章，通过列表、图表或绘图来比较功能主义、冲突理论和象征互动论。

家庭中的爱的理论

功能主义

人们认为，被人拒绝、分手，甚至离婚都是痛苦而艰难的经历。离开亲人的时候，人们在努力重建新的生活时，可能都会问："我们到底为什么需要爱呢？"根据功能理论，人类行为的所有模式都有一个特定的功能，其目的是维护社会秩序。从功能主义的观点来看，由父母及其子女组成的核心家庭的主要功能是通过将准则和价值观传给后代来维护社会稳定。**规范**和**价值观**是功能理论的基本概念。我们社会的一种规范是一个人在同一时间不能和几个人结婚。从功能主义的观点来看，一夫一妻制通过提供稳定的家庭来促进社会秩序，在这样的家庭中，父母会关注孩子的经济和情感健康。一夫一妻制也已成为大多数关系的一种价值观，人们几乎普遍认为，婚外情是造成痛苦的原因和争取合法分居的正当理由。

随着时间的推移，社会的规范和价值观会发生变化。对夫妻双方来说，婚姻应当是一种令人满意的经历，但这种想法是最近才有的。塔夫茨大学的安娜·卡罗来纳·福勒解释说，在20世纪上半叶，婚姻的主要功能是为女性提供稳定经济，为男性提供照顾家庭和孩子的伴侣。如今，性别角色发生了重大变化，影响婚姻的规范和价值观也显著改变了。例如，今天的配偶通常平等地分担经济责任和家务。妇女承担养家糊口的角色不再是不同寻常的事。此外，更多的伴侣即使不想要孩子，反对婚姻的主要功能是生育的传统观点，也还是结婚了。

今天的婚姻更多的是一种个人成就，而不是维护社会秩序。随着情感满足和个人发展成为我们社会的价值观，关于婚姻的规范也需相应改变。关于同性婚姻的辩论，就是改变规范和价值观的一个很好例子。

冲突理论

冲突理论是基于这样一种假设：变化总在发生，而且，变化基于不同的、相互竞争的利益之间的斗争或冲突。冲突理论起源于19世纪初，是用来解释阶级之间斗争的一种手段，但是后来人们用它来解释家庭内部权力失衡的模式。

冲突理论认为，夫妻之间或家庭内部的爱受到一个或一群比其他人拥有更大权力的个人或群体的影响。父母和他们十几岁的孩子之间经常发生冲突。社会允许父母拥有更多的权力和资源（如金钱、自由、体力），但这在青少年渴望更多独立权时受到了挑战。有时，当人们以为爱是一种有限的资源时，就产生了冲突。丈夫也许抱怨妻子工作太忙，从不花时间陪他，最后指责妻子爱工作胜过爱他。这是婚姻冲突的一个经典例子，研究表明，在一段关系中个人投入较少的人往往更有权力。

婚姻和家庭中的冲突不一定是消极的。当人们有倾听和协商的意愿时，冲突可以帮助一段关系的发展和加深个人对彼此的爱。

象征互动论

"你想看看那块石头吗？"一位年轻女士问她的同事。她的男友在前一天晚上向她求婚，送给她一枚订婚戒指。这对情侣谈论结婚已经很久了，这枚钻戒似乎让它成了现实。一块冰冷的小石头，怎么可能承载这么多的意义呢？

象征互动论的基本假设是人们给环境中的元素赋予意义。对象征物品的解读大多通过家庭和社会代代相传。但总的来讲，每次人们接触到不同的事物和经历时，都会赋予这些物品以象征意义。反过来，人们对象征物品的解释又会影响他们的思想、行为和期望。

在讨论爱情时，这与夫妻和家庭又有什么关系呢？夫妻和家人用象征物品来代表他们对爱情的看法。订婚戒指在社会上是承诺爱情的普遍象征。不过，对于男士来说，送给未婚妻一枚属于自己家族的订婚戒指，还有另外的意义。父母通过与孩子谈论爱，通过给予他们身体和语言上的爱，向他们传达他们对爱的理解。

> 爱也通过仪式来教导，这对于象征互动者来说是非常重要的研究对象。考虑一个小男孩的传统生日聚会，父母可能需要准备蛋糕、礼物和卡片，也许还得组织一个生日派对。如果缺少其中一个元素，孩子可能感到很受伤，认为他的父母不关心他。

阅读，以便实际运用

对于许多社会科学主题来说，读者都可以将所学知识应用到日常实践中。要做到这一点，你不能局限于图书中阐述的内容，还要考虑如何运用这些信息。试着将每个观点与现实生活联系起来，如果可能的话，把材料和你自己的经历联系起来。

聚焦于主要观点

因为许多社会科学图书提供了大量的事实信息，因此很容易让人相信这些事实就是你需要学习的全部。事实上，事实性的信息只是一个起点，是接近一门学科真实内容的基础。读者应该超越事实去分析，也就是说，去考虑事实和细节的意义。阅读时一定要提出下面这些问题：

- 我为什么需要知道这一点？
- 这为什么重要？
- 这例证了什么原则或趋势？
- 它的意义是什么？

表9-2举出了来自一篇美国历史图书的细节的例子，以及这些细节代表的更重要的趋势、概念或原则。

表9-2 识别重要概念

主题	事实	为什么重要
奴隶制的争议	1856年5月22日，来自南卡罗来纳州的众议员布鲁克斯在参议院找到马萨诸塞州的参议员萨姆纳（萨姆纳最近发表了一篇谴责南方试图扩大奴隶制的演讲），用手杖殴打他，直到他濒临死亡	到1856年，北方和南方之间的对立已经变得尖锐和激烈
吞并美国领土	得克萨斯于1845年被兼并。在1845年和1846年，一场关于俄勒冈领土的巨大争论发生了。民主党人想把俄勒冈州的全部领土（向北延伸，越过今天的边界进入不列颠哥伦比亚省）变成美国的一部分。英国人也声称对这片土地拥有主权。一场关于该领土的战争几乎不可避免	在19世纪40年代晚期，一种被称为"天定命运"的信仰广为流传。人们认为美国的命运是从大西洋扩张到太平洋，并最终接管整个大陆
工业	1914年，亨利·福特完善了用于生产的T型车，到1924年，第一个大规模生产的装配线工厂有4万多名工人在工作	这开启了大规模生产的趋势，并导致了第二次工业革命

为了让你的注意力集中在主要观点上，可以遵循以下步骤：

1. **预览一个章节之后**，列出你希望阅读的重要主题与概念的列表
2. **阅读每个重要主要和概念之后**，在列表上划掉它们
3. **在继续开始之前**，复习你已经学过的知识
4. **完成一项测试后**，再次回到你的列表中，重新确定哪些是重要的，并且再次检验你的记忆　用自己的话重申每一个观点；如果你能这样做，就可以确信你理解了作者的想法，而不是仅仅回忆作者的话。

社会科学中的思维模式

在社会科学中占主导地位的四种思维模式是比较和对比、原因和结果、列举、定义。表 9-3 描述了每种模式的用法，并且包含了来自特定学科的几个示例。

表 9-3　社会科学中的思维模式

模式	用法	典型示例
比较和对比	评估问题的两面；比较和对比理论、群体、行为、事件	**人类学** 边缘和非边缘的沟通 侵略的理论 解剖学上的比较：古代和现代 相对年代测定法与计时年代测定法
原因和结果	研究行为和动机；检查事件、动作、行为之间的联系	**经济学** 价格确定 影响个人需求曲线的因素 税收的总效应 影响消费和储蓄的因素
列举	举出事实、例证或例子；列出研究结果	**社会学** 孩子学习的方法 社会学的三种研究方法 关于老年的误区 机构的社会化
定义	给行为、社会制度、规律、圈子等贴上标签并加以描述	**政治科学** 强制力 功利主义的力量 资本主义 保守主义

图 9-1 是一本社会学图书的一章的大纲。阅读标题和副标题，找出每个阴影部分的思维模式。对于某些标题，可以辨别出不止一种模式。

```
                    第5章：社会化

先天与后天：成为人类              宗教
   社会孤立的结果                同伴
   个人发展：一种心理学的观点      职场
   形成自我的概念：一种社会学的方法  大众媒体

社会化和生命历程                社会化：未来的指导
   儿童时代的社会化             文字框4.1  社会焦点
   成年人的社会化                  先天与后天
   重新社会化                      小威利·博斯基特的案例
                              文字框4.1  应用的社会学：
社会化的主要因素                    在海军陆战队新兵训练营重新融入社会
   家庭
   学校
```

图 9-1　章节大纲示例

心理学阅读材料

说服还是"洗脑"？自杀式炸弹袭击案例

卡罗尔·韦德（Carole Wade）和卡罗尔·塔瑞斯（Carol Tavris）

引导问题

1. 有没有其他人影响你去做一些你通常不会做的事情？
2. 对于那些变成自杀式炸弹袭击者的人，你怎么看？

现在让我们来看一看社会心理因素如何帮助解释自杀式炸弹袭击者的悲惨和令人不安的现象。在许多国家，青年男女在自己身上绑上炸药，炸死士兵、平民和儿童，并且在这个过程中葬送自己的生命。虽然战争双方对恐怖主义的定义存在争议，一方的"恐怖分子"是另一方的"自由战士"，但大多数社会科学家将恐怖主义定义为具有政治动机的暴力行为，旨在向民众灌输恐怖和无助感。这些作恶者是否患有精神疾病？他们被"洗脑"了吗？

一位研究员调查了自1981年以来发生在世界各地（包括阿富汗、以色列、伊拉克、印度、黎巴嫩、巴基斯坦、俄罗斯、索马里、斯里兰卡、土耳其）的所有已知的女性自杀式袭击，发现驱使女性自杀式袭击者的主要动机和环境，与驱使男性自杀式袭击者的动机和环境非常相似，那就是：忠诚于他们的国家或宗教，对外国军队占领感到愤怒，亲人被敌人杀害后进行报复。但是，他们的大多数同龄人可能感到同样的爱国和愤怒，而不会被人唆使去炸死无辜路人和婴儿。为什么只有一小部分人这么做呢？

"洗脑"指的是一个人在没有意识到正在发生什么的情况下突然改变了想法；这听起来既神秘又奇怪。相反，对恐怖分子小组的研究发现，制造恐怖分子自杀炸弹的方法既不神秘，也不奇怪：有些人可能在情感上比另一些人更容易受到这些方法的伤害，但大多数成为恐怖分子的人，很难从普通人群中区分开来。事实上，对中东当代自杀式炸弹袭击者（包括领导"9·11"世贸中心袭击事件的穆罕默德·阿塔）的研究表明，这些人通常没有精神病史，往往受过良好教育，而且很富裕。大多数自杀式爆炸者并没有被人们视为疯狂的孤独者，他们的家人和社区会因为他们的"牺牲"而庆祝和纪念他们。灌输的方法包括这些要素：

（1）这个人被诱捕。就像普通人不会在一夜之间成为折磨者一样，他们也不会在一夜之间成为恐怖分子；这个过程是逐步的。一开始，新加入者同意只做一些小事，但要求逐渐增加，要花更多的时间、更多的钱，做出更多的牺牲。像其他革命者一样，成为自杀式爆炸者的人是理想主义的，对无论是真实的还是感知到的不公正感到愤怒。但有些人最终会采取极端措施，因为随着时间的推移，他们陷入了由强大的或有魅力的领导人领导的封闭群体。

（2）这个人的问题，无论是个人的还是政治的，都可以用一个简单的归因来解释。这个归因一再被强调："这都是那些坏人的错；我们必须消灭他们。"这群人热衷于散播"情绪燃料"，这些"情绪燃料"助长了自杀式炸弹袭击者的动机：他们的不满，他们在那些"坏人"手中感受到的羞辱，以及他们的无能和无意义的感觉。

（3）这个人被提供了一个新的身份，并被承诺得到救赎。恐怖组织往往告诉新加入者，他是被选中的、精英的，或者被拯救的。

（4）这个人对反证（不一致）信息的访问受到严格控制。只要一个人是坚定的信徒，领导者就会限制他的选择，贬低批判性思维，压制个人的疑虑。新加入者可能在物理上与外部世界隔绝，因此也就无法接触领导者思想的反面观点。他们与家人分离，接受长达18个月或更长时间的思想灌输和训练，最终在情感上与团队和领导者建立联系。

检验理解

1. 女性自杀式袭击的动机是什么？

2. 关于当代自杀式炸弹袭击者的特征，研究表明了什么？
3. 潜在的自杀式炸弹袭击者是如何被"诱捕"的？
4. 新加入者通常会得到什么承诺，如果他们加入并遵守指示的话？
5. 恐怖组织和邪教的策略对信徒产生了什么影响？

批判思考

1. 作者包括了对女性自杀式爆炸者的研究，但没有对男性自杀式爆炸者的研究。你觉得这是为什么？
2. 你对大多数自杀式炸弹袭击者都很富裕感到惊讶吗？
3. 为什么使新加入者与家人分离对于与团队和领导者建立情感联系很重要？

第10章
商学阅读

▶ 广告牌的使用是与市场营销和产品管理有关的商业研究的一个重要组成部分。

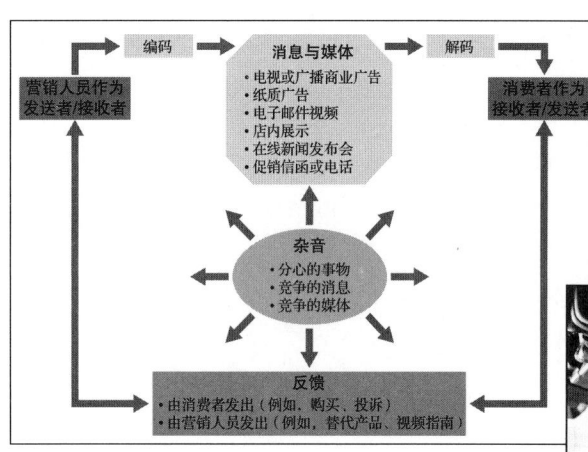

◀ 理解如何阅读图表是商学阅读的一个重要部分。

▶ 并非所有的商务人士都穿商务套装去上班。

什么是商学

商务管理是美国许多学院和大学的顶尖专业。这并不奇怪，因为很多需要商学学位的工作都能提供不错的起薪。

商学学科涵盖了企业经营各个方面的各类课程，从制造、广告、销售产品或服务到管理公司的资金。商学学位的课程通常包括计算机科学、数学/统计学和沟通等相关领域的要求。

以下专业都属于商学：

- **会计学**——对财务交易进行系统记录和报告的研究。
- **经济学**——对商品、服务和财富如何生产和分配的研究。
- **金融学**——为创办或扩张企业而筹集资金和资源的研究。
- **管理学**——关于组织和实施一套战略来实现企业目标的研究。
- **营销学**——研究产品的包装、促销、广告、分销和销售的科学。
- **运营管理学**——对公司日常运营（包括生产与分销的设计与控制）的研究。

以下是一本商学图书导论的开头段落：

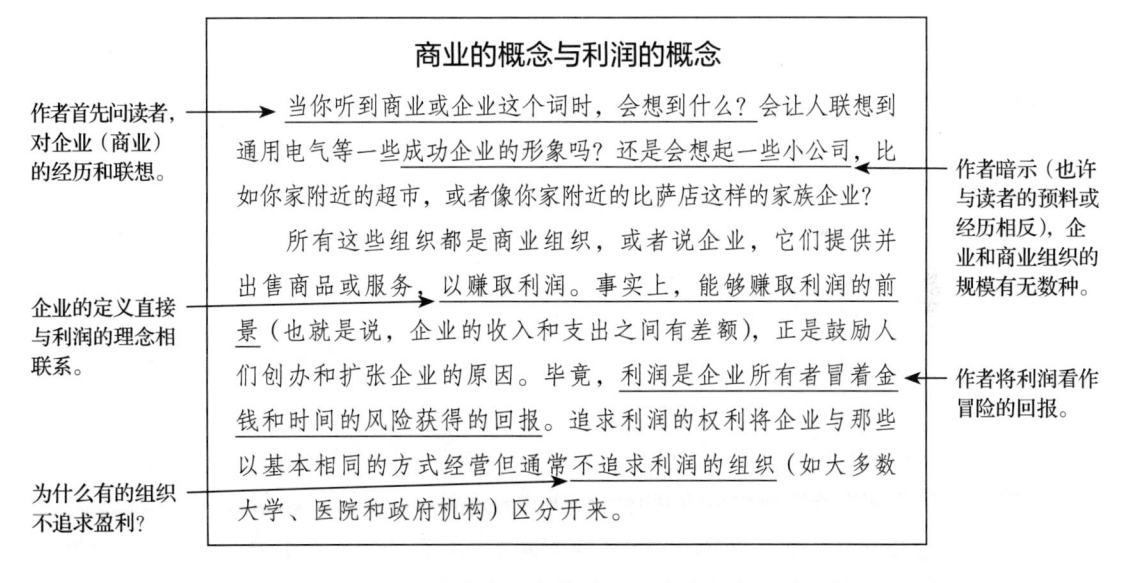

商业的概念与利润的概念

当你听到商业或企业这个词时，会想到什么？会让人联想到通用电气等一些成功企业的形象吗？还是会想起一些小公司，比如你家附近的超市，或者像你家附近的比萨店这样的家族企业？

所有这些组织都是商业组织，或者说企业，它们提供并出售商品或服务，以赚取利润。事实上，能够赚取利润的前景（也就是说，企业的收入和支出之间有差额），正是鼓励人们创办和扩张企业的原因。毕竟，利润是企业所有者冒着金钱和时间的风险获得的回报。追求利润的权利将企业与那些以基本相同的方式经营但通常不追求利润的组织（如大多数大学、医院和政府机构）区分开来。

作者首先问读者，对企业（商业）的经历和联想。

作者暗示（也许与读者的预料或经历相反），企业和商业组织的规模有无数种。

企业的定义直接与利润的理念相联系。

作者将利润看作冒险的回报。

为什么有的组织不追求盈利？

阅读下面这篇摘自一本入门级营销学图书第1章的节选文章，并回答下面的问题。

营销是什么

市场营销不同于其他任何的商业职能，它主要涉及处理客户问题。虽然我们很快

> 就会探讨更详细的市场营销定义，但或许最简单的定义是：市场营销是对能够实现盈利的客户关系的管理。市场营销的双重目标是通过承诺卓越的价值来吸引新客户，通过提供满意的服务来保持和发展现有客户。
>
> 　　例如，沃尔玛已成为世界上最大的零售商，它兑现了"省钱，过上更美好生活"的承诺。任天堂凭借其广受欢迎的 Wii 游戏机以及越来越多适合各个年龄层的热门游戏和配件，承诺"让你想玩 Wii"，在电子游戏市场上一飞冲天。苹果公司的座右铭是"不一样的思考"，借助令人眼花缭乱的、以客户为导向的创新，吸住了客户的想象力和忠诚度。苹果极其成功的 iPod 占据了 70% 以上的音乐播放器市场；iTunes 音乐商店如今是世界第二大线上或线下音乐商店。

1. 市场营销的两个关键目标是什么？
2. 商业和市场营销的定义有哪些共同之处？
3. 第二段的目的是什么？哪一段更加有利于人们更好地理解营销目标？为什么？
4. 在页边空白处做一些可当成学习辅助工具的旁注。
5. 在不查阅原文的情况下写出市场营销的定义，测试一下你对什么是市场营销的理解和回忆。

当前商业界的热门话题

在商业领域中，当前的话题至少有六个：

- **商业的全球化**　越来越多的美国公司与其他国家的公司做生意。美国企业在国外市场竞争，国际贸易协定的数量继续增长。因此，重要的是要认识到，商业是一种国际风险投资，并了解美国在世界市场上的作用。
- **科技的作用**　随着科技的不断发展和变迁，企业必须改变和适应，以跟上步伐。互联网、电信、计算机和机器人都对商业产生影响。例如，越来越多的企业拥有网站；越来越多的员工开始远程办公（在家工作）；小型机器人日益广泛地应用于制造业。对科技的认识将使你始终处在企业发展与变迁的最前沿。
- **多样性越发重要**　今天的劳动力队伍由不同文化和种族的人员组成，他们代表着更广泛的利益、社会习俗和价值体系。多样性也许能成为公司的一大优势，因为它带来了各种各样的资源和视角。
- **小企业的成长与作用**　小企业日益成为就业的主要来源。除了提供就业，小企业还引入了竞争，并且负责改革与创新。许多人错误地认为企业就只有大公司。通过认识小企业的作用和重要性，你将以更广阔的视角来学习商业知识。

- **道德决策与社会责任的重要性** 商界越来越强调道德决策和证明社会责任。商业道德是指道德标准在商界的应用。伦理问题包括公平和诚实、利益冲突（个人和商业利益之间）以及沟通。使用误导性广告、伪造信息、收受贿赂、危害消费者健康等，都是公司应竭力避免的道德问题。
- **会计责任与公开财务报告** 企业越来越重视会计责任、内部审计和财务披露。2002 年的《萨班斯 – 奥克斯利法案》规定了会计和审计程序。鉴于最近像贝尔斯登这样的大公司丑闻，报告和披露准则具有重要意义。

专门的阅读技巧

商学阅读通常涉及模型、案例研究和专门的图形。下面几个小节描述了这些特点，并提供了阅读这些内容的方法。

阅读模型

商业领域的重点是组织和管理，因此，许多图书包括模型来描述这些结构与流程。模型是一个总体计划或表述，它描述了某一物品或某件事情是如何设计的，它怎么运转，或者它为什么会发生。

模型包含适用于众多情形的一般特点或特性。例如，你可以构建一个模型来描述大学的招生 / 公告 / 注册过程。这样的模型阐明了大多数学生从申请大学入学到第一次上课要遵循的程序。

模型也可以用来解释复杂的流程。例如，你可以学习决策制定、信息处理或领导能力的模型。这些模型包含了所有相关变量、因素和特征，它们控制着某件事如何运行或者解释为什么会发生。示意图经常与模型的文字描述一同出现。

下面的节选文章描述了项目管理的流程。本章的其余部分提供了关于这一流程的详细信息。该节选文章已添加注释，以指导你在阅读模型时要查找的各类信息。

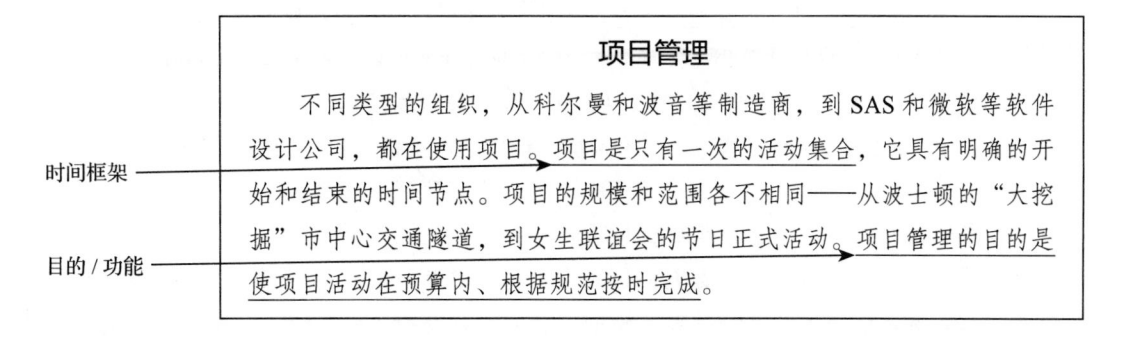

> **项目管理**
>
> 不同类型的组织，从科尔曼和波音等制造商，到 SAS 和微软等软件设计公司，都在使用项目。项目是只有一次的活动集合，它具有明确的开始和结束的时间节点。项目的规模和范围各不相同——从波士顿的"大挖掘"市中心交通隧道，到女生联谊会的节日正式活动。项目管理的目的是使项目活动在预算内、根据规范按时完成。

时间框架 — 指向 "项目是只有一次的活动集合，它具有明确的开始和结束的时间节点"

目的 / 功能 — 指向 "项目管理的目的是使项目活动在预算内、根据规范按时完成"

越来越多的组织正在使用项目管理，因为这种方法很好地适应了对感知到的市场机会的灵活性和快速反应的需要。当组织承担的项目独一无二、明确了具体的期限、包含那些需要专门技能的复杂的相互关联的任务，并且在本质上是临时性的时，这些项目常常不适合指导组织其他日常工作活动的标准化规划程序。在这种情况下，项目管理者使用项目管理方法来有效地、高效率地完成项目的目标。

在典型的项目中，工作由项目团队完成，该团队的成员从各自的工作领域被分配到项目上，并且受项目经理的领导。项目经理与其他部门协调项目活动。当项目团队完成其目标后，它就解散了，团队成员转到其他项目或者回到他们的固定工作岗位。

参考示意图 ——▶ 图 10-1 是项目规划流程的基本特征。

| 定义目标 | 确定活动及资源 | 确定先后顺序 | 估算活动的时间 | 确定项目完成日期 | 对比各个目标 | 确定需要的其他资源 |

图 10-1　项目规划流程

总结流程 ——▶ 这个流程从明确定义项目目标开始。该步骤是必要的，因为经理和团队成员需要知道期望是什么。接下来，必须确定项目中的所有活动以及完成这些活动所需的资源。完成这个项目需要什么材料和劳动力？这个步骤可能十分耗时而复杂，特别是如果项目是独特的，经理没有类似项目的经验的话。一旦确定了活动，就需要确定完成的先后顺序。哪些活动必须在别的活动开始之前完成？哪些可以同时完成？该步骤通常使用流程图，如甘特图、负荷图或 PERT 网络。接下来需要安排项目活动。完成每个活动的时间估算，这些估算用于制定整个项目的时间表和完成日期。再接下来将项目进度与目标进行比较，并做出任何必要的调整。如果项目完成时间太长，经理可能会为关键活动分配更多的资源，以便更快地完成它们。

如今，项目管理过程可以在线进行，因为有许多基于 Web 的软件包可用。这些软件涵盖了从项目会计和估算到项目调度以及错误与缺陷跟踪等各个方面。

在阅读和研究模型时，一定要遵循如下策略：

1. 找出模型代表什么以及为什么人们认为它是一个模型　在上面的例子中，模型解释了项目计划过程。你还应该了解是谁开发了模型以及何时开发的。模型通常以提出它的人的名字命名。

2. **确定模型是如何衍生出来的**　它是通过学习和研究（理论）得来的，还是通过观察和实际流程（实践）发展而来的？

3. **仔细分析模型**　识别每个阶段或步骤，并理解各部分或步骤之间的关系。

4. **用你自己的话总结这个模型，包含它的主要特征**　这将测试你的理解能力并加强你的记忆力。

5. **批判地研究模型**　它是否涵盖了流程的所有方面或变化？它有什么局限性吗？

6. **确定模型的有用性或应用**　怎样以及何时使用它？它将适用于哪些实际情况？

7. **如果某个特定的流程有多个模型，请关注它们的相同点和不同点**

下面的节选文章展示了产品生命周期的模型。研究模型并回答与之相伴随的问题。

产品生命周期

随着时间的推移，一种产品的受欢迎程度也在不断演变。随着消费者口味的变化，或者随着一种更新的、更令人满意的产品被引入，该产品的受欢迎程度也在不断地变化，要么增长，要么衰退。图 10-2 所示的产品生命周期假设产品通过一系列生命阶段而遵循一种共同的演化模式。产品生命周期是基于生物学领域的一个类比，生物以一种可预测的模式进化。尽管只是现实世界运作的一个模型或图片，产品生命周期仍然是有价值的，因为它包含了每个发展阶段的营销策略的含义。产品生命周期的四个阶段如下：

- **引入阶段**　在这个阶段，新产品被引入市场。随着潜在客户对产品的认识程度增加，其销量也会增加。极具创新性的平板电脑（如苹果的 iPad）在不久的将来会继续处于引入阶段，新产品将带着更令人兴奋的功能进入市场。

- **成长阶段**　许多产品在产品生命周期的引入阶段失败。那些在市场上获得认可的产品会进入成长阶段，在这个阶段，销量迅速增长。对于营销人员来说，这是一个激动人心的时刻，因为新产品变得非常有利可图。等离子或液晶宽屏电视机目前正处于产品生命周期的成长阶段，随着对这些项目的需求继续增长，销售的品牌和型号范围将会更大。

- **成熟阶段**　到了某个时刻，市场终会趋于饱和。消费者已经厌倦了产品及它们的各种变体。此刻，产品已发展到成熟阶段，销量增长达到顶峰，最终趋于平稳。虽然也有一些首次购买者进入市场，但大多数产品的销售都是替代之前购买的产品。多年来，DVD 播放机一直处于产品生命周期的成熟阶段。如今，DVD 播放器的价格是如此低廉，以至于在大多数美国消费者的预算之内。许多人购买是为了替换用旧的或坏了的产品。

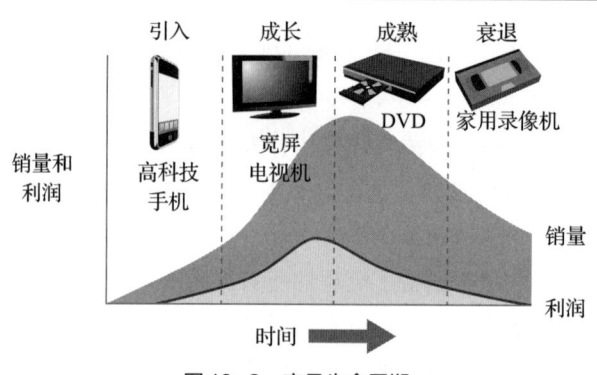

图 10-2 产品生命周期

- **衰退阶段** 每种产品最终都会进入衰退期，销量和利润都会下降。产品的衰退可能有诸多原因，包括技术过时、品牌资产流失、竞争加剧以及客户偏好发生改变。也许某种产品缓慢而优雅地退出市场，另一种则好像一夜之间消失。在大众消费市场，由于 DVD 播放器、具有视频功能的笔记本电脑和 TiVo 等技术的进步，家用录像机正在衰退。以前很容易购买和租赁的家用录像带和播放器，随着制造商缩小型号的范围及其产量，现在已很难在市场上买到。

产品生命周期不是一成不变的，它适用于每一种市场情况。基于过去的经验，产品生命周期是产品一般行为的模型。每个产品都是独一无二的；它有自己的客户、利益、竞争对手、品牌名称和其他属性。这些都可以缩短、延长或改变产品生命周期的形成。

1. 产品生命周期模型想要展示什么？
2. 总结产品生命周期模型中描述的流程。
3. 评估产品生命周期模型。这个模型能解释所有的可能性吗？它的局限性是什么？
4. 产品生命周期模型有什么实际用途？你可能什么时候使用它？
5. 图 10-2 的目的是什么？它如何帮助读者？

阅读案例研究

案例研究是对单个事件的报告或者对特定个人、公司或交易的评估。它们描述了某一特定企业是怎么组织的，或者怎样管理某个特定问题或流程。案例研究的目的可能是介绍某个概念，阐明一条原则，描述一种情况，或者引发讨论和评价。案例研究也能让你对工作中可能面临的实际问题或情况获得深刻的见解与经验。在一些文章中，作者将案例研究称为"业务概况"或简单地称为"案例"。另一些文章包含简短的案例研究，提供了对某个特定问题的简要洞察。

在阅读案例研究时，你需要把下面的问题牢记在心：

1. 案例研究要解决的问题是什么？
2. 提出或考虑了什么替代解决方案（如果有的话）？
3. 这些替代方案比较起来怎么样？每种方案的优缺点是什么？
4. 选择了哪种替代方案或解决方案？结果是什么？
5. 案例研究的目的是要证明什么？例如，它能说明实际问题吗？讨论其局限性吗？指出优点还是缺点？展示某个流程？描述某种管理策略？展示某种特定的理念或方法？

下面的简要案例研究出现在一本营销学图书中。在阅读时，试着去发现为什么它会被包含在题为"抓住热点：促销策略和整合的营销沟通"的一章之中。这段节选已添加注释，以指明提供的信息的种类。

美国运通的真正选择

罗伯特·德尼罗、泰格·伍兹、凯特·温斯莱特、莱尔德·汉密尔顿和迈克·沙舍夫斯基，等等，这些人有什么共同之处？让我想想，罗伯特·德尼罗是在世的最伟大演员之一；泰格·伍兹可以说是有史以来最好的高尔夫球手；凯特·温斯莱特多次获得奥斯卡奖提名；莱尔德·汉密尔顿也许是有史以来最伟大的冲浪者；迈克·沙舍夫斯基是名人堂篮球教练。然而，在各自的领域里名气大噪和出类拔萃，并不是这些人唯一的共同点。<u>他们还都持有美国运通信用卡，并且在该公司"我的生活，我的信用卡"广告活动中出现在电视或印刷广告中，宣传这种信用卡。</u>[描述性的引言和背景]

<u>美国运通试图通过在广告中利用知名人士来吸引当前和潜在消费者的注意。</u>[对美国运通营销策略的陈述] 如今忙碌的生活节奏和信息技术的快速变化意味着，像美国运通这样的公司，比以往任何时候都更需要依靠名人熟悉的面孔来传达信息。<u>美国运通的每则广告都包括名人的简短传记信息，比如他们的居住地、职业、最大的成功或最大的失败，以及基本的生活哲学。每则广告的最后一点是美国运通卡如何帮助个人追求对他来说重要的东西。</u>[广告的描述] 该公司正在向其当前和潜在的客户传达这样的信息：他们就像这些名人一样——只是努力过最好的生活。所以，"我的生活，我的信用卡"的口号非常适合这次广告活动。

不过，<u>广告并不是美国运通用来传达信息的唯一促销手段。例如，在墨西哥，美国运通利用促销活动为使用运通信用卡购买的每张机票提供一</u>[其他营销策略的例子]

张免费机票。在欧洲，该公司在火车站等游客集中区设立了"AAMEX Travelcast"中心。这些中心利用日益增长的播客，允许旅行者将地图和视频下载到 MP3 播放器中。下载的地图上印有外汇管理局和接受美国运通卡的零售商的名单。美国运通还利用互联网播放喜剧演员杰瑞·宋飞的 5 分钟视频故事"Webisodes"，此举使得网站访问量超过 300 万。最后，美国运通利用个人销售来吸引餐馆老板加入其餐馆合作计划，该计划为接受美国运通信用卡的老板提供储蓄和福利。

<u>对美国运通来说不幸的是，他们的"我的生活，我的信用卡"广告活动并不是没有竞争。Visa 公司已经运行一段时间的广告了，他们现在推出的口号是"生活需要 Visa"，这是传达与美国运通公司广告相同主题的一个精明的变体。美国运通的另一个主要竞争对手万事达信用卡则利用其"无价"的广告，鼓励客户使用信用卡记录下那些"无价"时刻。这些竞争对手所做的相同主题的促销广告，在一定程度上削弱了美国运通广告的影响力，并有可能使消费者感到困惑，不知道哪一种信用卡才是追求终身回报的最佳方式。</u> ← 问题：竞争

美国运通公司之前的广告语"运通信用卡，出门就带上"风靡一时，至今仍是一句著名的广告语。但目前的广告活动也能取得同样的成功吗？<u>人们会与"我的生活，我的信用卡"以及伴随它的名人保持多久的联系？</u> ← 长期性的问题

<u>也许美国运通需要寻找创造性的方法来利用促销组合的其他元素来制定一套真正整合的营销传播策略，以增强其广告的效果。</u>否则，从长远来看，这家公司也许最终在广告上投入大量资金，但仍然无法实现其长期的营销传播目标。 ← 可能的解决方案

你做决定：

1. 美国运通面临的决策是什么？
2. 在理解决策局面时，哪些因素是重要的？
3. 有哪些替代方案？
4. 你建议哪些决策？
5. 将你的建议付诸实施的方法有哪些？

阅读下面这份摘自一本商学图书题为"管理产品"一章的简要案例研究，并回答之后的问题。

星巴克的真正选择

星巴克最初是一家当地的咖啡豆烘焙商,同时也是咖啡豆、咖啡粉、茶和香料的零售商。从1971年开始,西雅图派克市场的一家单体商店已发展成为世界上最大的咖啡馆公司。总部位于西雅图的星巴克公司是一家国际咖啡和咖啡屋连锁店,在49个国家拥有16 635家门店,其中包括美国的11 068家、加拿大的近1000家和日本的800多家。星巴克的产品包括滴滤式咖啡、以浓缩咖啡为基础的热饮、其他热饮和冷饮、咖啡豆、沙拉、热和冷的三明治以及铁板三明治、糕点、马克杯、玻璃杯等。

在21世纪初的经济衰退中,星巴克最著名的品牌之一就是星冰乐。这种特色饮料在其鼎盛时期的年销售额超过20亿美元。然而,过去几年里,该饮料的销售额有所下降。2010年,星冰乐品牌估计占星巴克零售店年销售额的15%~20%。唐恩都乐和麦当劳以及许多其他冰沙连锁店正准备用自己的咖啡饮料从星巴克手中抢占市场份额。由于星冰乐在星巴克的产品组合中扮演着如此重要的角色,公司非常重视这些挑战。

这家连锁店还在密切关注一项"你想怎么喝,星冰乐就怎么做"的定制计划,并提供溢价服务。定制使得消费者能够共同创造价值,从空白的石板开始,用他自己选择的牛奶、咖啡强度、糖浆和任何可选的浇头来定制咖啡饮料。星巴克全球首席营销官安妮·杨－斯克里夫纳注意到,星冰乐的目标市场之一是18~24岁的女性。定制的选择允许计算卡路里的顾客制作只含有160卡路里的脱脂牛奶、糖浆和不含鲜奶油的版本。杨－斯克里夫纳表示,这个市场是定制星冰乐的理想市场。她在接受《华尔街日报》采访时表示:"千禧一代(也被称为Y世代)是iPod的年龄群……习惯于选择他们想要的东西。比如,他们如今可以多加一份浓缩咖啡,不加生奶油,或者多一点焦糖。"

任何产品扩展策略都有不可避免的挑战。星冰乐的制作过程非常复杂,而且比其他星巴克饮料的制作时间更长。如果新程序成功了,这可能会带来一个问题。咖啡师需要额外的时间来定制每一种饮料,也许导致顾客排起长队,惹恼顾客,使员工培训更趋复杂,以及低于预期的销售增长。星巴克在定价、培训和竞争等方面还有很多问题需要回答。

1. 这个案例研究提到什么问题?
2. 星巴克在追求什么解决方案?
3. 这个案例研究打算展示产品管理的哪些方面?
4. 这个案例研究向你揭示了产品管理的什么问题?
5. 新产品的特点的成功会影响什么问题?

图形：阅读组织图

由于商业领域的重点是组织和流程，因此，商业学图书经常利用图形来综合与总结那些描述结构与过程的材料。

商业领域中特别常见的是组织图。组织图常用于反映结构或定义关系，例如，它们可能显示职责的层级、岗位或职能等。图10-3所示是一家公司的组织结构图。

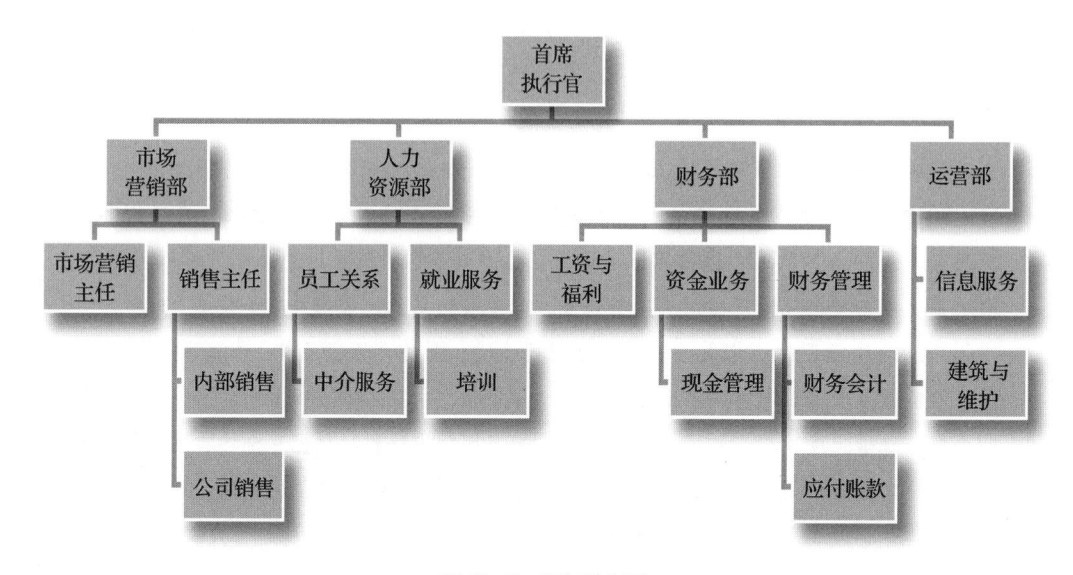

图10-3 组织结构图

组织结构图也可以用来描述团体行为或定义员工职责。决策或营销策略的影响，以及市场的分类，也可以显示在组织图上。

在阅读组织图时，将下列建议牢记在脑海之中：

1. 阅读与组织图一同出现的文字 这些文字应当确立信息的背景，并提供有关组织图的细节。

2. 阅读组织图的说明文字或标题 关注图例、缩写词或编号等。

3. 仔细地研究组织图 确定组织图是如何组织的。组织图通常使用垂直或水平结构，从上到下或从左到右移动，以减少权力、重要性或责任的程度。图10-3是垂直组织的，最高权威的位置在顶部。

4. 确定组织图中的各个项怎样相互关联 在图10-3中，同一水平线上的每个岗位具有同等的重要性。

5. 确定组织图描述的模式、原则或概念 图10-3描述了一家公司内的各个职能部门。

图形：阅读流程图

流程图显示一个流程或者流程如何运行。线或箭头用于显示过程中的方向（路线）。不同的形状（方框、圆圈、矩形）写出在每个阶段或步骤中所做的事情。例如，你可以画一张流程图来描述如何申请和获得学生贷款，或者怎样确定汽车的电气系统故障。图10-4所示的流程图取自一本市场营销学教科书，它描述了市场营销沟通的流程。

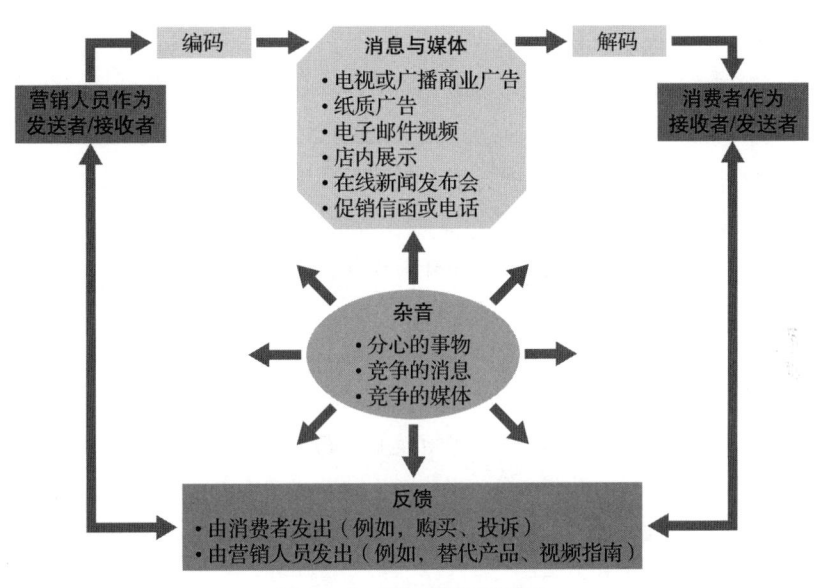

图10-4 市场营销沟通流程

研究如图10-4所示的流程图。用你自己的话总结一下，然后把它放在一边，列出步骤或者勾画出你自己的流程图。

商学中的思维模式

在商学中有三种常见的思维模式：

- **分类**——也就是将主题分成其中各个组成部分——是一种常见的思维模式，因为它是描述管理的各个组成部分的有效方法。
- **过程**——也就是研究事件是怎么发生的——经常得到应用，因为它聚焦于企业怎么运行和如何管理。
- **枚举**——或者说列举——是一种常用的模式，因为商业领域中的大部分信息都是描述性的，例如，影响一个企业的组织与管理的特点、因素、原则和理论的列举。

新的广告方法

约翰·薇薇安（Joan Vivian）

引导问题

1. 你觉得口碑广告比媒体广告更可信吗？
2. 你在电视节目和电影中注意到什么植入式广告？

中国有句古话说："三十年河东，三十年河西。"媒体出现之前的最初的广告形式，也就是口碑广告，在科技发展的今天有了新的流通方式，被称为"蜂鸣式沟通"。其目标是制造关于某件产品的"蜂鸣"。许多蜂鸣营销活动起源于互联网，希望能够像病毒那样得到扩散。病毒式广告这个词已经流行起来。

口碑推荐（即朋友间的交谈）是一种强有力的广告。但是，口碑的蜂鸣式广告是如何使得"蜂鸣"持续下去的呢？这种"蜂鸣"如何才能持续下去呢？近年来，广告业拼命寻找宣传推广的新途径，蜂鸣式广告已变成一门艺术。有几家机构专门从事识别拥有庞大人脉圈的个人，并向他们介绍一种产品。这些代理人对产品进行取样，通常能够保留样本，以便他们在与家人、同事和任何能听到的人交谈时提供帮助。为了有资格获奖，这些代理人会定期提交报告。

广告商也越来越多地将目光投向Facebook和YouTube等社交媒体网站，以制造"蜂鸣"。蜂鸣营销如何与传统广告媒体相抗衡？没有人知道，但它足够便宜，广告商认为值得一试。

病毒式广告

与蜂鸣式营销相关的是病毒式广告。一旦成功，病毒式广告就会像传染病一样在人群中传播。广告商制作了一些巧妙的视频片段，希望能促使访问者将其转发给朋友。这在一定程度上以低成本增加了广告的覆盖范围。病毒式广告在互联网上尤其有效。汽车制造商是最早尝试病毒式传播技术的公司之一。福特在欧洲用故事线宣传其Sportka，旨在激发人们的讨论，并吸引人们购买其他产品。宝马估计有5510万人观看了它的"待租系列"。本田对自己的Cog小故事感到非常满意。本田的一位高管说："我从未见过一个广告在两周内像Cog小故事一样传遍世界。"

但缺点是，广告商不可能取消病毒式广告，它有自己的生命力，可以在互联网上流传数月，甚至数年。在2005年，贝鲁特的海滩度假广告还不错，但一年后，以色列对该市的真主党目标进行了空袭，导致大量人员撤离，造成数百人伤亡。

病毒式广告。汽车制造商已经尝试了所谓的"病毒式广告"，即在网上制作引人注目的动作故事，观众会想把这些故事像病毒一样传递给朋友。福特在欧洲推出的Sportka跑车在故事情节中嵌入了像"恶魔双子星"一样的产品信息。

隐形广告

　　网络电视上的广告铺天盖地，每周超过6000条，很多人都不看了。有些人真的就是用遥控器来屏蔽广告。广告人担心电视等传统的广告模式正在失去效果。人们在如此众多的广告面前已经麻木了。举个例子，假设一家大型杂货店有3万件商品，每件商品的包装上都印着"买我吧"。商业信息的数量超过了人类的处理能力。广告商正试图通过多种方式来应对这种混乱局面，包括隐形广告、新网站广告和另类媒体。隐形广告虽然不是隐藏的或潜意识的，但它是难以察觉的，甚至是隐蔽的。你可能都不知道有人向你推销了产品，除非你很专注——真的很专注。

　　隐形广告可以如此巧妙地融入景观，以至于人们也许并未意识到有人在向他们宣传推广。以Bamboo内衣公司为例，该公司在曼哈顿的人行道上用印花的信息写道："从这里看来，你需要一些新内衣了。"

　　像华盛顿特区外的联邦快递运动场这样的体育场馆，以其特有的方式进入日常对话，微妙地强化了产品的身份。

　　并非所有的隐形广告都无害。2007年年初，波士顿的一些驾车者开始注意到，在繁忙的高速公路附近的桥墩上，有一些看上去可疑的黑匣子，上面覆盖着灯和电线。警方关闭了道路，找来拆弹小组，却发现这些东西原来是电池供电的LED显示屏，目的是为卡通电视网（Cartoon Network）的一个节目做广告。这是营销公司Interference Inc.开展的"游击营销"活动的一部分。两名艺术家彼得·伯多夫斯基和肖恩·史蒂文斯被捕，受到制造恐慌的指控，最高刑罚为5年。尽管指控最终得以撤销，但公众对这个骗局感到怒气冲天，使得卡通电视网的总经理被迫辞职。该电视网的母公司特纳广播公司向波士顿市支付了200多万美元的赔偿金。

植入式广告

20 世纪 80 年代，广告商开始将品牌产品植入电影剧本中，为电影制作者创造了一项额外的收入来源，尽管数额不大。这种植入式广告的做法引发了公众对艺术完整性的批评，但其势头越来越猛。广告费随之上涨。2005 年发布的《青蜂侠》，米拉麦克斯寻求某家愿意支付至少 3500 万美元的汽车制造商，将其产品写入脚本，这超过了福特公司之前在植入式广告中的大手笔。此前，福特在 007 电影《择日而亡》斥资 1500 万美元购买了 2003 年款的雷鸟、捷豹和阿斯顿·马丁系列汽车的广告。

后来，随着 1999 年 TiVo 和其他设备的出现，人们可以录制节目，并在方便的时候免费重播，因此，将产品投放到电视场景中变得越来越重要。截至 2011 年，有 170 万人使用 TiVo。此外，有线电视和卫星电视公司也为 2400 万用户提供类似的设备。这让电视业感到担忧，因为电视业的商业模式依赖于来自广告商的收入，而广告商保证广告能吸引观众。有了这些重播设备，观众就不再被困在看广告的陷阱里了。30 秒的广告注定要失败吗？

电视和广告行业的一种反应是进一步增加植入式广告，比以往任何时候都多。只要付费，广告就会被植入剧本中，不仅作为道具，还可以作为隐性的或显性的背景。在 2010 年福克斯冒险剧《24 小时》的第一季中，苹果公司为 12 个植入式广告支付了 29.2 万美元，庞蒂亚克公司为 8 个植入式广告支付了 25.6 万美元。2010 年，广告商在电视广告上投放产品的费用估计为 9.41 亿美元。

植入式广告的效果如何？阿比隆研究公司在观众离开影院时对他们进行了调查，发现 80% 的人记得电影开头的广告。其他媒体的情况没有接近这个比例，最近的电影广告收入在一年内增长了 37%，达到 3.56 亿美元。此外，根据阿比隆公司的说法，认为大多数人讨厌广告的说法是虚构的。在 12～24 岁的观众中，70% 的人并不觉得广告烦人。

脚本化的植入。植入式广告已经成为电视行业一个重要的收入来源，每年总计 9.41 亿美元。植入广告最多的节目：2008 年的《减肥达人》，6248 条；《美国偶像》，4636 条；《大变身：家庭版》，3371 条。

电视购物广告

电视购物广告就没那么微妙了。电视购物广告是一种精心控制的、具有整个节目长度的电视广告，看起来像新闻节目、现场观众参与的节目或谈话节目。随着24小时电视服务和有线电视频道的普及，某些时段的播放时间非常便宜，成本负担也不会过大。如今，几乎没有人会天真地以为电视购物广告不是广告，但一些完整的媒体广告进行了巧妙的伪装。

印刷媒体的变种是"广告杂志"——由制造商出版的一种杂志，用来插入具有不同微妙程度的单一系列产品。包括IBM和索尼等在内的杂志出版商甚至在报摊上销售这种全墙广告车。其中一个例子是一本名为《色彩》的引人注目的杂志，你最初花了4.5美元购买它。一进去，就会发现这是贝纳通便服的广告。贝纳通在其新的合作网站延续了其网络概念——Colorslab——一个关于世界其他地区的互动平台，仍然掩盖了出版物的广告性质。

隐形广告试图"转变成它所赞助的那种娱乐形式"，玛丽·孔茨、约瑟夫·韦伯和海蒂·道利在《商业周刊》上写道。他们说，这些广告的目标是"创造出如此有趣，如此引人注目的信息——也许伪装得十分精巧——以至于着迷的观众会把它们全部吞下去，而忽略了营销的那些成分"。

检验理解

1. 蜂鸣式广告是怎么运行的？
2. 定义"病毒式广告"。
3. 病毒式广告的劣势是什么？
4. 辨别隐形广告的三种类型，并描述它们的每一种。
5. 什么是广告杂志？

批判思考

1. 这篇阅读材料的目的是什么？
2. 你会怎样描述作者的语气？
3. 你为什么认为汽车制造商是第一批尝试病毒式广告的商家？
4. 想一想当你或你的朋友为一件产品制造"蜂鸣"的时候，你们的效果如何？
5. 探讨电影和电视中植物式广告的运用。你认为这种做法会继续增多吗？解释你的答案。
6. 如果你创办一家企业，你会考虑使用哪些广告方法？为什么？
7. 文中的产品照片是给什么做广告？

第 11 章
人文学科阅读

- 英语专业的学生不仅要阅读和研究世界各地的伟大文学作品，还要参加创造性或说明性的写作课程。

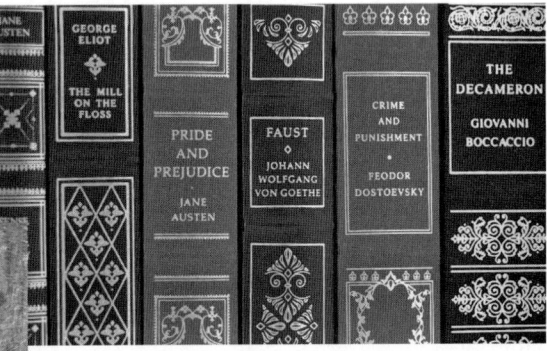

◀ 艺术史的学生不仅学习绘画和雕塑的杰作，还要学习建筑和艺术的文化背景。图为《华丽翅膀上的微笑》，1953 年由琼·米罗创作。

- 教育专业的学生不仅要接受特定学科（如英语、科学和数学）的培训，而且要接受成为一名好老师的方法和技巧方面的培训。

什么是人文学科

人文学科是指一系列旨在分享常识、培养批判性思维能力的学科。该学科采用分析与批判的方法，从许多角度研究人类状况。人文学科中最受欢迎的学科有：
- **艺术史**——重点是研究各个时代视觉艺术的技巧、风格和贡献。
- **沟通学**——重点是如何使用语言工具造福人类和社会。
- **教育学**——重点是教学方法。
- **英语**——重点是阅读、研究、写作和文学。
- **历史学和政府学**——着眼于从地方到国家的过去的事件（历史）或公共治理的各个方面。

人文学科是非常广泛的学科，涵盖了广泛的关注点和研究领域，经常与其他学科交叉。因此，业界通常认为人文学科是多学科的。考虑下面这个摘自一本人文学科入门级图书的对历史学的定义：

> 历史是对人类过去的研究，包括对真实事件和人物的调查与报道。这包含很多方面，包括瘟疫、入侵、移民、战争、革命，文化和宗教的变化和发展，宪法和政治的发展，天意历史，等等。相关的流派和探索路线包括神话和史诗、传记、回忆录、戏剧、民族志、小说、勘验记录，以及尚未结合与发现的流派。
>
> 历史学家已经发展出调查的方法，质疑故事的可能性，并且钻研提供历史资料者的动机。他们学会了考虑非历史的叙述和记录，以及对官方版本的检查。他们开始思考这些人的心理动机。历史学家的陈述艺术已成为历史学科的一部分。

历史学与宗教研究重叠：天意历史观认为，上帝控制着历史，并不断提供指导。

历史学与心理学重叠。

作者指出，成为一名优秀的作者（"历史学家的陈述艺术"）是成为一名优秀历史学家的必要条件。

许多读者将历史学想象成一系列要记住的日子。作者质疑了这种观念。

历史学与文学研究重叠。

民族志是对个别民族和文化的风俗习惯的描述。

阅读和分析文学作品

文学包括诗歌、戏剧、散文、短篇小说和小说。通过这些文学形式或体裁，作者可以分享他对世界和人类的看法。

理解文学作品

阅读任何形式的文学作品，其重点都是解读。要以探索作者表达的意思为目标。你要寻找的是作者关于某个问题、某种态度或感觉而做出的陈述或呈现的信息。要做到这一点，首先必须理解字面意思。使用下面列出的建议来指导你对文学作品的阅读。

1. **慢慢地、仔细地读** 文学作品以独特的方式使用语言，这需要解释和反应。因此，你必须仔细而缓慢地阅读，注意大量提供线索的语言特征。例如，观察词的选择、句法以及思想的顺序和安排。

2. **多次阅读** 与其他一些类型的材料不同，一次阅读不足以充分理解某些文学作品。第一次阅读时，试着熟悉这部作品及其字面意思。在第二次和随后的阅读中，关注作者的信息、作品的意义以及文学方面的内容，如语言的使用。

3. **先提问，确定字面上的意思，然后练习着解释** 要解释和分析一部文学作品，首先应当尝试着从文学或事实的层面去理解它。阅读文学作品的有效方法首先是确定"谁在何时何地做了什么"。然后问，作者为什么写这篇文章，并且确定作者要传达的信息。

谁？　　　　　　　辨别主题。
发生了什么？　　　描述基本情节或事件的顺序。
何时／何地？　　　确定情景、背景或上下文（对于短文）。
为什么？　　　　　作者为什么写这部作品？
传递什么信息？　　作者传达的信息是什么？它的意义又是什么？

阅读和分析文学作品的提问方法显示在下面这首由诗人艾米莉·狄金森所作的诗歌《回家》中。

回家

我已离家数年，
此刻，伫立门前，
竟不敢开门，唯恐
见到一张从未见过的脸。

我向空处凝视，
问自己是何来意。
来意是——只为留下的一段生活，
这生活可还停留此处？

我搜索着我的勇气，
在窗扉附近搜寻；

> 寂静有如翻腾的大洋，
> 在耳畔撞碎。
>
> 我木然地笑笑，
> 竟害怕一扇门，
> 虽曾面临过险境与死亡，
> 但从未发抖过。
>
> 我按住门闩，
> 手在小心地颤动，
> 以防那可怕的门砰然弹开，
> 留我伫立此处。
>
> 我移开手指，
> 像挪动玻璃般小心翼翼，
> 接着捂住耳朵，像窃贼一般，
> 喘着气从此处逃离。

谁或者什么事情？	一个不知道名字的人。
发生了什么？	这个人在离家多年后回家。
何时／何地／为何？	他站在门前，准备进入。在离开了这么久之后，他对回家深感不安。
传递什么信息？	当你离开家的时候，世事变迁。你可能会改变，家里人也可能会改变。不确定或未知会使人不安、不舒服，甚至害怕。

在阅读时做注释

为了理解信息，记下你的反应、直觉、洞察、感觉和问题。标记你认为重要的词汇、句子或小节，以及提供线索的单词和短语，或者在它们下面画线。以下是示例的注释。

回家

我已离**家**数年，———————— 一个归属的地方

第 11 章　人文学科阅读　187

此刻，伫立**门前**， ——————————	身体上的门槛，情感上的闸门
竟不敢开门，唯恐	
见到一张<u>从未见过</u>的脸。——————	物旧人非
我向**空处**凝视， ———————————	情感空虚
问自己是**何来意**。——————————	要求的，判断的
来意是——只为留下的一段生活，	
这生活可还停留此处？ ————————	不确定，她会受欢迎吗？
我**搜索**着我的勇气， ————————	没有准备好，尴尬
在窗扉附近搜寻；	
寂静有如**翻腾的大洋**， ———————	压倒性的
在**耳畔撞碎**。————————————	痛苦的和个人的
我**木然**地笑笑， ———————————	不自然
竟害怕一扇门，	
虽曾面临过**险境**与**死亡**， —————	以前也发生过强大而可怕的事情
但从未发抖过。	
我按住门闩， —————————————	手必须贴到门闩上；它控制了她的恐惧、忧虑
手在小心地**颤动**，	
以防那**可怕**的门砰然弹开， —————	负面的
留我伫立此处。	
我移开手指，	
像挪动**玻璃**般小心翼翼， ———————	可打碎的
接着捂住耳朵，像**窃贼**一般， ————	没有归属感了，不受欢迎
喘着气从此处逃离。————————	害怕太强烈了，以至于不敢呼吸

识别主题和模式

在阅读和注释之后，下一步是研究你做的注释，寻找主题和模式。试着去发现这些想法如何相互作用，从而引出主题。对狄金森诗歌及其注释的研究表明，她的主题是时过境迁以及对未知的恐惧。文学作品中可能的主题有：

- 故事提出的问题、疑问——它们可能是道德上的、政治的、哲学的、宗教的。
- 抽象概念——爱、死亡、英雄主义、逃避主义、荣誉、恐惧、不确定。
- 冲突——外表与现实、自由与约束、贫穷与财富、男人与女人、人类与社会、人类与自然、内心的斗争。
- 常见的文学主题——自我实现、死亡的不可避免、从纯真变得堕落、寻找生命的真谛、孤独、与世隔绝。

理解文学语言

文学的独特之处在于它广泛使用描述性、内涵性和比喻性的语言来表达形象、态度和情感。

描述性的语言

作者经常使用能够产生感官印象或反应的词语。它们的目的是帮助读者在精神上重新塑造作者描述的内容。例如，在描述一个暴风雨之夜时，诗人可能这样写："在黑云之下，暴风骤雨，电闪雷鸣。"这些术语让你对风暴产生了一种感觉，并帮助你想象它的力量。小说家可能这样写"他们的眼睛短暂地凝视着，反映了他们对立意志的力量"，而不是说两个小说人物互相看着。阅读下面的段落。特别注意带有下划线的词句。

> 老男人，老女人，差不多有两千万。他们占总人口的10%，而且这个比例还在稳步增长。他们中的一些人，像<u>阴谋家</u>一样，<u>弯腰走着</u>，好像隐藏着什么宝贵的秘密，充满了自我保护。身体似乎把自己集中在这些重要的部位上，<u>折叠的肩膀</u>，手臂，<u>骨盆就像一朵凋落的玫瑰</u>。你看，老人们会认为自己是多么的脆弱。

内涵性的语言

一个词的内涵是指它通常所暗示的意义，或者是超出它的原始外延意义的暗示。因此，"晚餐"这个词指的是"晚饭"，却意味着交谈、友谊和互动的时光。"父亲"这个词的意思是"男性监护人"，但常常意味着导师和指导者。内涵意义可以是积极的，也可以是消极的。例如，下面所有的词都表示一群人，但其内涵却截然不同：一群人、会众（参加集会的人）、一伙人、一帮人、观众、阶级。

阅读下面这段话，这段话摘自马丁·路德·金的《伯明翰监狱的来信》。他是在因领导民权游行而入狱后写下这篇文章的。

> 对宪法和上帝赐予我们的权利，我们已经等待了340多年。亚洲和非洲国家正在以<u>喷气式飞机般的速度</u>冲向政治独立的目标，而我们却仍在以<u>老牛拉破车的步速</u>去争取在便餐柜台上喝一杯咖啡。也许那些没有遭受过种族隔离折磨的人很容易说："等待。"但是，当你看到你的父母被<u>邪恶的暴徒</u>无缘无故地<u>施以私刑</u>惩处，还有你的兄弟姐妹被人因一时兴起而溺死时；当你看到那<u>些充满恨意的警察辱骂踢打</u>甚至杀害你的黑人亲人时；当你看到近两千万的黑人同胞虽然生活在富裕的社会却被<u>窒息在密闭的贫穷的箱子</u>里时；当你必须<u>结结巴巴</u>地对你6岁的女儿解释为什么她不能到电视广告上的公共娱乐园里玩耍，看到她因你告诉她黑人儿童不能进入游乐场而<u>泪水夺眶而出</u>，看到<u>自卑的不祥阴云开始在她的小心理形成的天空</u>，看到她不知不觉地对白人产生憎恨而人格开始扭曲时，你就会明白，为什么我们很难等待了。

突出的单词和短语显示了马丁·路德·金对种族隔离和歧视的看法。例如，金使用的短语是"邪恶的暴徒施以私刑"而不是"一群人杀人"，"充满恨意的警察辱骂踢打"而不是"警察大喊、殴打"。这些用词都是经过深思熟虑的。马丁·路德·金希望在他的读者中创造出一种情感上的反应。

比喻性的语言

比喻性的语言是一种描述事物的方式，它在想象层面上有意义，而不是在文字或事实层面上有意义。很多常用的表达都是比喻性的：

- 这次考试不费吹灰之力就通过了。
- 山姆吃得真多。
- 他走路超快。

比喻性的语言引人注目，常常令人惊讶甚至震惊。这种反应是由于被比较的两者的不相似性造成的。要找到两者的相似性，那么，理解比喻性表达就应当注重其内涵意义，而不是字面意义。例如，读这句诗：

> 一片海，
> 比花岗岩更严酷。

这个句子摘自埃兹拉·庞德的诗。你不仅要想到岩石，还要想到花岗岩的特征：硬度、韧性、不透水。你可以看到，这些词意味着大海是汹涌的，是坚韧的。比喻性的词汇，也叫形象化比喻，是用来沟通和强调无法通过字面意义来沟通的关系。例如，乔纳森·斯威夫特的陈述"她穿的衣服就像被干草叉扔在身上一样"，比"她穿得很邋遢"创造了更有力的形象，表达了更有意义的描述。

最常见的三种比喻表达类型是明喻、隐喻和象征。

1. 明喻　明喻通过使用"像"或者"和……一样"等词语，使得比较更加明确。

> 生活，像一个彩色玻璃的穹顶，玷污了永恒的白色光辉。

2. 隐喻　隐喻直接将两个物体等同起来。

> 他的头发在阳光下拉长了。

3. 象征　象征也可以用作比较，但只说明比较的一个术语。象征所暗示的不仅仅是它的字面意义。事实上，有时还暗示不止一种意思。在日常生活中，国旗是爱国主义的象征；四叶苜蓿代表好运。作者可能描写一个人物穿着白色衣服来象征她的天真无邪和纯洁，但是，在描写的时候不会主动提及"天真无邪"和"纯洁"这两个词。读者应当去认识象征的物体并且将两者加以比较。

符号往往对作者的主题或本质意义至关重要。例如，海明威的短篇小说《一个干净明亮的地方》描述了一个上了年纪的男人去咖啡馆。在这个故事中，咖啡馆象征着逃离孤独、衰老和死亡。海明威的主题是衰老和死亡的必然性和不可避免性；咖啡馆关门了，而这个人的逃离也是短暂的。梅尔维尔的小说《白鲸记》讲述的是一头白鲸的故事，但这部小说的主题远不止水生哺乳动物；鲸有多种含义。小说中的人物暗示他是魔鬼。后来，鲸似乎代表了自然的力量或创造的宇宙。

所以，象征通常是物体——具体的东西，而不是像同情或憎恨这样的抽象感情。要识别象征，就要寻找具有特殊的或不寻常的强调的物体。作者可能经常提及象征的物体，甚至也许在标题中暗示。故事或诗歌的开头与结尾都与物体有关。暗示不止一种意义的物体是可能的象征。也许识别象征的最好方法是寻找指向作者主题的物体。

解释下列每种形象化比喻。可能有几种解释。　　2. 摘取记忆之果，有可能把它的花朵弄坏。
1. 我能把你比作夏日吗？你更可爱，更温和。　　3. 枫树的鲜红能像吹过的号角声一样震撼我。

读下面这首兰斯顿·休斯的诗，并回答下面的问题。

> **黑人话河流**
>
> 我知道河流：
> 我知道河流和这个世界一样古老，比人体血管中流淌的血液更古老。

> 我的灵魂已幽深如河流。
> 文明晨曦中，我在幼发拉底河沐浴。
> 刚果河岸边，有我搭建的茅屋；那流淌的河水，伴我安然入梦。
> 我的双手下，金字塔屹然升起。
> 在我的眼前，尼罗河静静地流淌。
> 我听到密西西比河唱着自己的歌谣，载着林肯南下新奥尔良。
> 在落日的余晖中，他浑浊的胸膛变得金碧辉煌。
> 我知道河流：
> 古老而幽暗的河流。
> 我的灵魂就像这些河流一样深远。

1. 河流象征着什么？
2. 解释这首诗包含的隐喻或明喻。

阅读与分析诗歌

诗歌是以一种独特的形式传递思想的表达形式。诗是用诗句和诗节写的，而不是用段落写的。和其他类型的阅读材料相比，诗歌往往不需要那么多时间去读，但需要更大的专注力。在阅读散文时，你可以跳过段落中的某个单词，这样也不会影响你对整个段落的理解；然而，诗歌是非常紧凑和精确的，每个词都重要，都有特殊的含义。你必须注意每一个单词——它的声音、意思，以及与其他单词结合时的意思。下面的指南有助于你有效地理解诗歌。

1. **把诗歌从头到尾读一遍，不要有任何明确的目的**　豁达一些，体会诗歌本身。如果你遇到一个不认识的词或者你感到疑惑的参考资料，继续读下去。再读一遍这首诗。识别并纠正任何难以理解的词，如一个生词。

2. **使用标点符号来引导你的理解**　虽然诗是一行一行写的，但不要期望每一行本身都有意义。意思往往一行一行地流动，最终形成一个句子。就像你在阅读段落时一样，使用标点符号来引导你。如果行尾没有标点符号，可以把它看作一个轻微的停顿，强调最后一个词。

3. **注意行动**　谁，什么时候，在哪里，在做什么。

4. **分析诗的意图**　确定它是为了达到什么目的而写的。它是描述一种感觉、一个人，表达一段记忆，还是陈述一个论点？

5. **确定是谁在说话**　诗歌通常指一个不知名的"我"或"我们"。试着描述说话人的观点或感受。

6. **确定说者的语气**　诗人是严肃的、有挑战性的、悲伤的、沮丧的吗？大声朗读。你的语调，你对某些词的强调，声调的起伏，等等，都可以提供一些线索。你可能会"听到"诗人的愤怒、沮丧或得意。

7. 辨别这首诗是写给谁的 它是写给一个人的，写给读者的，还是写给某个物体的？考虑诗人写作的可能性，也许是为了解决一个问题或作为一种情感发泄。

8. 重读难懂的或令人疑惑的部分 大声读几遍。逐字抄写这些部分也许会有帮助。对不熟悉的词汇，查词典。

9. 检查不熟悉的引用 诗人可以指向诗外的人、物或事。这些被称为典故。

10. 寻找诗人的意思或诗歌的主题 考虑其内涵，研究修辞手法，然后对诗进行改写，用你自己的话表达出来，并将它和你自己的经历联系起来。再把所有的想法放在一起，发现它的整体意义。问问你自己："诗人想要告诉我什么？""表达什么消息？"

现在，运用上面的策略，读这首兰斯顿·休斯的《当美梦延期到达》。

当美梦延期到达

当美梦延期，一切会怎样？

会干枯么

像烈日下干瘪的葡萄那样？

会痛楚么——

然后远远逃开？

会像腐肉一样发臭吗？

或者包上面包皮和糖——

像水果硬糖那样？

也许，它只是下陷了，

像一段塌陷的公路。

或者，它会否爆炸而亡？

理解这首诗的一个关键是"延期"这个词的意思。在这里，它的意思是推迟或延迟。因此，延迟的梦想指的是未实现的或推迟的希望。诗人质疑被推迟的梦想会发生什么，并提供了六个选择。注意前面四个选项的含义"干枯""痛楚""发臭""包上面包皮和糖"，这些都表明了某种形式的衰变。"塌陷"这个词意味着沉重和无所作为。最后一个选项"爆炸"是主动的：构成了威胁，暗示了危险。诗人的目的是探索未实现的希望的负面后果，并暗示可能导致暴力的结果。

阅读和分析短篇小说和小说

短篇小说是一种短小的、有组织有情节的散文叙事作品。它与小说不仅在长度上有所不同，而且在情节规模上（故事的规模和比例、范围、影响和效果）也各异。短篇小说可能讨论塑造某个人一生的一件事，而小说则描述有助于人物发展的无数行为。短篇小说和长篇小说都有一些基本的特点。研究下面列出的阅读策略。

1. **情节**是基本的故事线，即作品中发生的事件的顺序。不过，情节还包含一些动作，作者通过这些动作来表达意义。情节通常遵循一种可预测的结构。情节常常通过设定场景、介绍主要人物、提供故事发展所需的背景信息来开始。接下来往往出现一个复杂的问题。悬念随着问题或冲突的展开而产生。故事接近尾声时，事件达到了高潮——在这一刻，冲突的结果（解决）将被决定。

2. **人物**是指叙事故事中的行动者。人物通过他们的话语——对话——以及他们的行动、外表、思想和感情来展现自己。叙述者，或者讲故事的人，也可以评论或透露有关人物的信息。有时候，叙述者并不是作者，在这种情况下，你需要考虑他的性格。一定要分析人物的性格特征和动机，分析他们的个性，研究他们的互动，并且观察性格的变化情况。

3. **背景**是指行为发生的时间、地点和环境。背景为角色之间的互动提供了一种氛围。

4. **视角**是指故事的呈现方式或者讲故事的人的视角。故事往往不是从叙述者的角度讲述的。故事可以从短篇小说中的某个人物的角度讲述，也可以从一个不知名的叙述者的角度讲述。在分析视角时，确定叙述者扮演的角色和发挥的作用。叙述者是准确且知识渊博（甚至无所不知），还是其观点有局限或者受到限制？有时，叙述者能够进入一些或所有人物的思想，了解他们的想法，理解他们的行动和动机。在其他时候，叙述者可能不理解故事中事件的行为或含义。

5. **语气**或语调反映了作者的态度。就像人们声音的声调那样，语气也暗示着感情。许多因素增强或减轻语气，包括作者对细节（人物、背景等）的选择和所用的语言。例如，故事的语气可以是幽默的、讽刺的或轻蔑的。作者的感受不一定是人物或叙述者的感受。相反，我们通过叙述者对人物及其行为的描述来推断语气。作品的体裁通常暗示了语气。体裁意味着作者写作的方式，尤其是他对语言的运用。

6. **主题**是指故事的主旨或信息，它通过上述所有因素来传递信息。这是短篇小说揭示的对生活的一种洞察。主题通常是关于生与死、人类价值观或存在的宏大而普遍的思想。要确定主题，问问你自己："作者通过讲述这个故事，想要向我们表达什么？"试着用一个句子把它解释清楚。如果你难以陈述主题，试试以下建议：

- **研究标题**　现在你读了这个故事，它有什么新的含义吗？
- **分析主要人物**　他们改变了吗？如果改变了，是怎么变的？是为了应对什么而变的？
- **寻找广泛的概括性的陈述**　人物或者叙述者对生活或者所面临的问题说了些什么？

- **寻找象征线索、比喻性的表达、有意义的名字或者暗示更宏大观点的物体**

阅读凯特·肖邦所写的《一小时的故事》，特别注意以上的每个特点。

一小时的故事

大家知道马拉德夫人的心脏有毛病，所以在把她丈夫的死讯告诉她时，很注意方式方法。

告诉她的是她的姐姐约瑟芬，话都没说成句，吞吞吐吐、遮遮掩掩地暗示着。她丈夫的朋友理查德也在她附近。正是他在报社收到了铁路事故的消息，那上面的"死者"一项中，布兰特雷·马拉德的名字排在第一个。理查德一直等到了第二封电报，确认了情况属实，然后就匆匆赶来报告噩耗，以表现他是一个多么有爱心、体贴入微的朋友。

要是别的妇女遇到这种情况，一定手足无措，无法接受现实。马拉德夫人可不这样。她一下子倒在姐姐的怀里，马上放声大哭起来。当哀伤的风暴逐渐减弱时，她独自走向自己的屋里。她不要人跟着她。

在正对着打开的窗户的地方，放着一把舒适、宽大的安乐椅。全身已筋疲力尽的她，感到似乎这种疲惫浸透到了心灵深处，一屁股坐在椅子上。

她能看到屋前开放的广场上洋溢着初春活力的轻轻摇曳着的树梢。空气里遍布阵雨的芳香。下面的街上，有个小贩在叫卖着他的货。远处传来了什么人的微弱歌声；屋檐下，数不清的麻雀在叽叽喳喳地叫着。

对着窗口的正西方，相逢又重重叠叠的朵朵行云之间，露出了这儿一片、那儿一块的蓝天。

她坐在那里，头靠着软垫，一动不动，偶尔啜泣一两声，身子颤抖一下，就像那哭着哭着就睡着了的小孩，做梦还在抽噎。

她年轻、美丽、平静的脸上出现的线条，表明具有相当的抑制能力。可是，这会儿她只是两眼呆滞地凝视着远方的一片蓝天。从她的眼光看来，她不是在沉思，而像是在理智地思考什么问题，却又尚未决定下来。

什么东西正向她走来，她等待着，又有点害怕。是什么呢？她不知道，太微妙难解了，而且说不清道不明。可是她感觉得出来，那是从空中爬出来的，正穿过洋溢在空气中的声音、气味、色彩，向她奔来。

这会儿，她的胸口剧烈地起伏着。她开始认出那正向她逼近、就要占有她的东西，挣扎着，决心把它打回去——可是她的意志就像她那苍白纤弱的双手一样软绵无力。

当她放松自己时，从微微张开的嘴唇间溜出了低弱的声音。她一遍又一遍地低声说："自由了，自由了，自由了！"但紧跟着，她眼中流露出一副茫然的、恐惧的神情。她的目光明亮而锋利。她的脉搏加快了，循环中的血液使她全身感到温暖、轻松。

她没有停下来问问，自己是不是被一种邪恶的快感控制着。她现在头脑清醒、精神亢奋，认为根本没有这种可能。

> 她知道，等见到死者那交叉着的双手时，等见到那张一向含情脉脉地望着她，如今却已僵硬、灰暗、毫无生气的脸庞时，她还会哭的。不过，她透过那痛苦的时刻看到，未来漫长的岁月可就完全属于她了。她张开双臂欢迎这岁月的到来。
>
> 在那即将到来的岁月里，没有人替她做主；她将独立生活。再不会有强烈的意志强迫她屈从了，多么古怪，居然有人相信，盲目且执拗地相信，自己有权把自己的意志强加给别人。眼下，在她心如明镜的这一刻，她看清楚了：无论促成这种行为的动机是出于善意还是出于恶意，这种行为本身都是有罪的。
>
> 然而，她是爱过他的——有时候。但经常不爱了。那又有什么关系！有了独立的意志——她现在突然认识到，这是她身上最强烈的一种冲动——爱情这还未有答案的神秘事物，又算得了什么呢！
>
> "自由了！身心自由了！"她还在悄声低语。
>
> 约瑟芬跪在关着的门外，嘴唇对着锁孔，苦苦哀求让她进去。"露易丝，开开门！我求求你啦，开开门——你这样会得病的。你干什么呐，路易斯？看在上帝的份儿上，开开门吧！"
>
> "去吧。我不会把自己搞病的。"不会。她正透过那扇开着的窗子，畅饮那真正的长生不老药呢。
>
> 她在纵情地幻想未来岁月将会怎样。春日，还有夏天，以及所有各种时光，都将为她自己所有。她悄悄地做了快速的祈祷，但愿自己生命长久一些。就在昨天，她一想到说不定自己会过好久才死去，就厌恶得发抖。
>
> 她终于站了起来，在姐姐的强求下打开了门。她眼睛里充满了胜利的激情，举止不知不觉竟像胜利女神一样了。她紧搂着姐姐的腰，一起下楼去了。理查德正站在下面等着她们。
>
> 有人在用弹簧锁的钥匙开大门。进来的是布兰特雷·马拉德，他尽管略显旅途劳顿，但泰然自若地提着他的大旅行包和伞。他不但没有在发生事故的地方待过，而且连出了什么事都不知道。他站在那儿，大为吃惊地听见约瑟芬刺耳的尖叫声，看见理查德急忙把他挡在他妻子的视线之外。
>
> 不过，理查德已经太晚了。
>
> 医生来后，他们说她死于心脏病——因为致死的喜悦。

在这篇短篇小说中，马拉德夫人思考着她丈夫的死亡，并享受着由此带来的自由。故事情节有一个令人惊讶的结局：她得知丈夫还活着，原以为他在铁路灾难中丧生了。发现丈夫没有死后，马拉德夫人心脏病发作死了。主要人物是马拉德夫人，她在得知丈夫的死讯后的想法和行动是故事的关键。背景在马拉德家里，时间前后是一小时。故事由第三人称叙述者讲述，这位叙述者知识渊博，了解人物的行为和动机。在故事的最后一行，叙述者告诉我们，医生认为马拉德夫人是死于"致死的喜悦"。

回答下面这些关于肖邦的《一小时的故事》的问题。

1. 你是什么时候开始意识到马拉德夫人对她丈夫的死讯会有不同寻常的反应？画出那些让你怀疑她的反应会不寻常的单词和短语。
2. 解释"致死的喜悦"这个短语的含义。
3. 马拉德夫人对她丈夫的死讯和意外的结局的反应，暗示生与死以及真正幸福的本质是什么？

视觉艺术：没有语言的表达

艺术作品，如绘画或雕塑，是一种对思想的视觉表达。这种思想是借助一种媒介来表达的，比如画布、黏土、纤维、石头或颜料。在一首诗中，这样的媒介是文字；在雕塑中，这样的媒介可能是大理石。媒介是表达思想的载体。

要理解艺术，你必须从视觉上思考。采用下面的建议来提高你的视觉思维能力。在阅读这个小节时，请参考 1936 年由多罗西亚·兰格拍摄的照片《移民的母亲》（见下图）。

多罗西亚·兰格，《移民的母亲》，
1936 年，加利福尼亚尼波莫。

看见，并且看

看意味着以一种物理的、机械的方式接受你面前的事物。你的眼睛专注于视觉图像。视觉是一个更加活跃的心理与生理过程。这可能需要有意识的努力。看见与看的区别，和听见与听的区别相类似。当你听见的时候，你的大脑就吸收了声音。当你听见的时候，你能够理解意思并领会说话人的信息。当你看见一件艺术品时，你便掌握了一些意义，或者获得了一定的理解。你在兰格的照片里看见了什么？

辨别主旨

确定艺术作品描述的是谁或是什么。例如，米开朗基罗的《亚当的创造》，正如其标题所示，描述了圣经中第一个人类的创造。因纽特石雕也许描绘因纽特部落珍视的动物，如鹰或熊。在兰格的照片中，主旨是一位母亲和她的孩子们。

考虑标题

标题通常会提供一些线索，帮助你建立对作品的解读。你应当知道，并非所有标题都是由原作者给作品取的。兰格照片的标题很有启发性。我们了解到，这个女人是一个外来移民，可以推断孩子们都是她的孩子。我们还了解到这张照片是在加州拍摄的，可以推断出这个女人是那里的一名移民工人。

研究视觉元素

当你第一次看到一幅画时，可能只注意到一张脸；或者，当你研究一件雕塑作品时，也许只注意到它的形状。拓宽你的研究范围，包括常见的视觉元素。它们是线条、形状、质量、时间、运动、光、颜色和纹理。并非所有元素都存在于每一件艺术作品中，但是，有些元素在每一件作品中都很重要。

这些元素有时被称为形式，有助于理解意义。小细节十分重要。例如，雕塑中的大理石纹理或绘画中的笔触都是有含义的。一幅线条深邃、沉重、棱角分明的画，与另一幅线条柔和流畅的画，给人的印象是截然不同的。

在兰格的照片中，光线似乎照在了女人的脸上和手上。你在她的脸上看到了粗而有力的线条。她的手臂棱角分明，不优雅。孩子们似乎不那么机灵了。

写下你的反应

当你研究一件艺术作品时，记下你的反应。写下问题、最初的反应、你的情绪等。不要担心这些想法的先后顺序，也不要担心用语法正确的句子来表达它们。记下你的印象。这些也许有助于你更好地理解作品。在研究兰格的照片时，一名读者写道：

- 这张照片令人不安——不愉快。
- 孩子们把脸藏起来了——他们是害羞吗？也许是在哭泣？或者害怕？
- 这个女人看起来很担心。她把手放在嘴边。
- 孩子们似乎非常依赖她；她们的感情似乎很亲密。
- 这个女人似乎在思考，但照片里没有任何动作。
- 这家人看上去又穷又衣冠不整。

- 他们无家可归吗？

分析作品

分析意味着把某物分成若干部分，以便理解它。例如，若是你正在观看一尊雕像，可能会认真看它的姿势、大小、面部表情、中部的身躯、手势、服装，等等。在兰格的照片中，你可能会先分析女人，然后再分析孩子。或者，你可以分析每个人是如何抱着他自己的身体，他们的穿着怎样。在兰格的照片中，这个女人的面部表情格外引人注目。

考虑作品的意义

诠释是对作品意义的描述。许多艺术史学家认为，一件艺术品可能含有不止一种意义。一种是它对艺术家来说的意义，另一种是它对第一批看到它的人而言的意义，还有一种是它为今天的我们带来的意义。其他艺术史学家认为，作品本身没有意义，它唯一的意义是那些观看它的人赋予它的。后一种观点被称为读者反应理论。

兰格的照片描绘的意义之一似乎是移民工人的困境，从而暗示同情。另一种意义也许来自女人和她孩子们的姿势，它们与传统绘画中的圣母与孩子们的姿势有着相似之处，也许暗示了移民妇女是一个普遍的母亲形象。许多女性和她一样担心自己在生活中的位置。

研究下面的雕塑并且回答以下问题。

1. 描述雕塑的主题。
2. 识别引人注目的视觉元素，例如，考虑雕塑的各个部分，再思考制作雕塑所用的材料。
3. 写下你的反应。
4. 描述作品的意义。

"希望之石"，来自华盛顿特区的马丁·路德·金纪念馆。这座雕塑取材于马丁·路德·金的《我有一个梦想》演讲中的一句话："有了这一信念，我们就能从绝望的大山中凿出一块希望之石。"

阅读批评

批评是讨论、解释和评价某件特定作品的写作。有些读者错误地认为批评只是消极的，或者仅限于对作品吹毛求疵。实际上，它的主要目的是分析和解释；它可能包含积极的和消极的方面。影评和书评都是批评的例子。批评也包括学术作品，认真研究或密切检查文学或艺术的一个特定方面、主题或方法。比如，为了更好地理解某部作品，你也许决定阅读一些批评权威的解释。

要有效地阅读批评，请使用下面的阅读策略。

1. **在查阅批评的材料前，先把原文仔细和彻底地读一遍**
2. **在阅读批评之前，先对作品做一个初步的解释** 确定你认为这部作品意味着什么，为什么要制作它。把这些想法用笔记的形式记录下来。如果你在形成自己的印象之前查阅了一些资料，你的判断就会受到你读到的东西的影响，从而很难将你自己的观点和你读到的观点区分开。
3. **认识到并非所有的批评家都意见一致** 比如，你可能遇到三位评论家，他们对莎士比亚的《哈姆雷特》或雷诺阿的《游艇上的午餐》提出三种不同的解释。
4. **确保你读到的解释都有参考原文的依据**
5. **尽管在阅读的基础上修改自己的解释是完全可以接受的，但当你遇到不同解释时，不要放弃自己的解释** 看看原文，为你的解释提供支持。
6. **在阅读材料上做笔记，只记下要点**

人文学科中的思维模式

人文学科中的常见思维模式包括流程、时间顺序、原因和结果，以及比较和对比。表 11-1 描述了这些模式的使用，并举出了例子。

表 11-1 人文学科中的思维模式

模式	用法	示例
流程	考察作者达到其效果的过程	学习肯明思对对空间和打印尺寸的利用
时间顺序	小说中的事件序列；注意到各种艺术家或历史或文学时期的发展	注意印象派绘画风格的发展
原因和结果	考察人物动机，研究各种文学艺术手法的效果	评价绘画中粗糙笔触的效果
比较和对比	研究两个或两个以上的艺术家、作品、作家或思想流派	比较华兹华斯和柯勒律治的作品

文学阅读材料

叶
劳埃德·施瓦茨（Lloyd Schwartz）

引导问题
1. 这首诗的主题是什么？
2. 总结文字中的动作。

1

每年十月，看着树叶变色，被包围
就变得很重要，不，是很有必要。
树叶的变色：不仅仅是象征意义，
也是在一年的死亡中面对你的死亡。
一场精彩的告别演出上演，尽管你
也意识到了其中的讽刺意味，
那就是大自然在即将消亡的时候最具诱惑力，
它炫耀着自己刚开始时的炫目结局，至少
到目前为止人类进步的影响（污染、酸雨）
还没有吓到你，让你相信
这是真的；也就是说，你知道这个结局是一种欺骗，
因为自然总是在更新自己——
树木没有死亡，它们只是假装，
走的有风格，回来的有风格：一种新的风格。

2

它们特意让你走远，
尤其是如果你住在城市里，远离家，不仅能看到树，
而且只能看到树。无聊的高速公路，路牌，高速，
十轴卡车从你身边驶过，就好像它们是你
甚至比你自己还要急着去看树叶；
于是你恐惧地开了好几个小时的车，

> 看起来像下雨或下雪，但可能只是云而已（云太浓了，看不出任何颜色？）
> 而你想知道，鉴于你记忆的贫乏，哪条路
> 去年有最多的颜色，但这不重要，因为
> 你不管怎样也许太迟了，或者太早了——
> 无论你走哪条路都是错的，
> 而你可能一路走来都是徒劳的。
>
> 3
>
> 你会闷闷不乐地开着车，突然
> 云会移动，太阳会穿过，
> 点燃山丘。这可能不会持续太久。或许
> 不会持久。但在那一刻，整个世界
> 都意识到了。醒来了。证明了它的生命——
> 红色的，黄色的，橙色的，棕色的，赤褐色的，赭色的，朱红色的，
> 金色的。火焰色和铁锈色。火焰色与铁锈色，像燃烧
> 在排列。你着火了。你的眼睛着火了。
> 它不会持久，你也不想让它持久。你
> 再也受不了了。但你不想让它停止。
> 这就是你来的目的。它就是你
> 回来的理由。它不会一直陪伴着你，但你会
> 记得，这种感觉你从未有过，或者是你感觉不到的不会持久的事情。

检验理解

1. 在第 3 行，施瓦茨提到了象征意义。他所指的象征意义是什么？
2. 诗人对人类进步的态度是什么（第 9 行）？
3. 在第 15 行中的"它们"指的是谁？
4. 描述这首诗的语气。
5. 这首诗的主题是什么？

批判思考

为什么作者在第 9 行提到了污染和酸雨？

第12章
自然科学阅读

▶ 地质学家研究影响地球的自然过程。例如，令人惊叹的大峡谷是由科罗拉多河经过数百万年的自然流动而形成的。

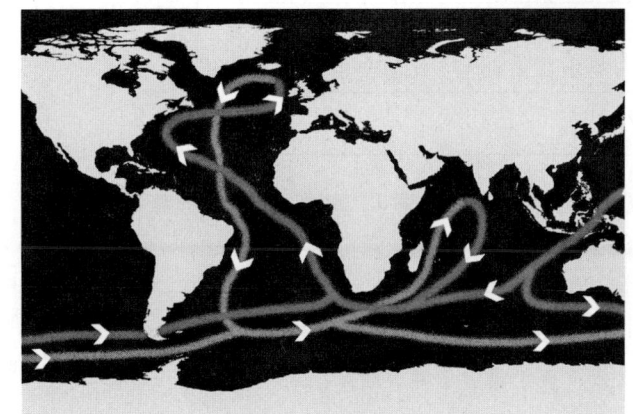

◀ 所有的科学图书都包含几十个图表，旨在帮助读者理解一个过程。左图显示的是全球洋流环流。

什么是自然科学

生命科学关注的是对生物的研究：它们如何生长、发育、发挥自身作用和繁殖。生物学被认为是研究生命的总称，但它又被细分为更专门的领域，如解剖学（研究身体结构）、植物学（研究植物）和动物学（研究动物）。物理科学研究的是物质的性质、功能、结构和组成。它们包括天文学（研究宇宙）、化学（研究物质的组成）、地质学（研究地球的物理结构）和物理学（研究力、热、光、磁、电）。生命科学和物理科学一起被称为**自然科学**。

虽然每一门学科的侧重点各不相同，但所有的自然科学都有两个共同点。首先，它们的目标是一样的：解释自然现象。其次，它们都是建立在科学方法产生的知识之上的，正如一本生物学图书的开篇段落解释的那样：

1.1 科学的过程

科学这个术语可以指一种知识体系，例如，**生物学**就是研究活的有机体的科学。你对科学的印象可能是，它需要你对世界上一些具体事实的近乎完美的回忆。在现实中，这个目标不可能实现，也没有必要去实现——毕竟我们有参考书。科学的真正行动不是记住关于世界的已知的东西，而是利用科学的过程去发现新的和未知的东西。

这个过程，即观察世界，提出关于事物如何运行的观点，测试这些观点，根据测试的结果抛弃（或修改）我们之前的观点，就是科学方法的本质。科学方法使我们能够高效地解决问题和回答问题。我们能用科学方法来解决预防和治疗感冒这一复杂问题吗？

> 作者提出一个常见的错误观念，并揭穿了它。

> 科学不是关于记忆事实，而是发现新知识的过程。

> 这本书的下一小节将探讨一个特定的实验。根据这句结束语，你认为作者将在下一小节中讨论哪种常见的现象？

> 作者清楚地识别了科学方法的四个步骤。

请阅读下面这篇摘自一本健康入门图书第1页的节选文章（"健康、营养和护理都与生命科学有关"），然后回答下面的问题。

什么是健康

在过去，**健康**这个词仅仅意味着没有疾病或者伤害。然而，到今天，这个词有了更广泛的含义，涵盖了生活的许多不同方面。世界卫生组织将健康定义为"一种身体上、精神上和社会福祉的状态，而不仅仅是没有疾病或虚弱"。这种对健康的整体看法承认了许多不同的因素会影响你的幸福感。

> 这本书的另一个主题是，生活方式的选择可以对你的健康产生深远影响。虽然你不能控制自己的年龄或基因，但能够决定自身的行为，比如是否吃得有营养、是否积极锻炼身体、控制自己的压力水平、优先考虑睡眠，以及避免吸烟或过度饮酒。在日常基础上，这些可能看起来都是微小而平凡的决定。然而，从长期来看，这些决定的累积效应，可以大大增加或减少你罹患严重疾病的风险，如癌症、心脏病和糖尿病。

1. 第1段中的"整体"这个词是什么意思？
2. 请举例说明职业健康可能涉及的问题类型。
3. 你认为作者为什么以《选择健康》作为书名？
4. 作者是否会同意以下这句话："整体健康是基于两种类型的因素，一是我们可以控制的，二是我们不能控制的。"为什么？

专门的阅读方法

阅读科学材料需要专门的技巧，一旦你发展、完善了一种有效的方法，你就会发现自然科学阅读既有趣，又有挑战性，而且易于掌控。

运用以下策略来加强你的自然科学阅读。

阅读之前预览

因为自然科学的材料常常十分详细，而且你又不熟悉，所以对这些进行预览显得尤为重要。

采用一种科学的思维模式

要想有效地阅读自然科学图书，就必须采用科学的思维模式。常见的问题（如"什么是重要的学习？""我需要学习多少辅助信息？"）可能只是次要的。相反，要想成功，你必须运用科学的思维，提出问题并寻求答案，分析问题，寻找解决方案或解释。使用下面列出的问题来指导你的思考。

- 这意味着什么？不意味着什么？
- 这对我来说讲得通吗？
- 为什么会这样？
- 我们怎么知道？
- 这怎么发生的？

- 这表明了什么？
- 有没有看似可信的替代解释？
- 哪些规律管理或影响这个？

为了说明这个过程，接下来的内容显示了一位读者在阅读地理图书时提出的问题。

全球变暖

为什么20世纪（地球的温度）比上个世纪上升了？ → 20世纪，地球的温度上升了略低于1℃（1.8°F）。在整个20世纪90年代，大量的科学证据迅速积累，将气温上升与二氧化碳排放联系在一起。今天，几乎没有科学家怀疑全球变暖正在发生，而二氧化碳增加是其主要原因。人们的共识是，除非二氧化碳排放大幅减缓，否则，到下个世纪，世界的平均气温可能会上升几摄氏度或者更多。

这里存有什么怀疑吗？

这些上升的隐含意义是什么？

全球变暖的证据

计算机模型是怎么运行的？ → 我们对全球变暖的大部分理解是基于计算机模型，这当然是因为我们并没有未来气候的观察结果。我们用来预测未来全球变暖的模型，与预测未来2～3天天气的模型相似。我们把我们知道的关于大气和陆地/海洋表面当前状态的所有信息，表示辐射能如何改变温度，温度和压力如何影响降水、风等的方程，全都放入一个计算机程序中。然后用计算机模拟未来的大气环流。

还有别的什么可能导致它？

当我们无法用对未来的观察来核实计算机模型时，怎么知道用来预测未来气候的计算机模型是否正确呢？我们又如何能够确定，我们观察到的变暖是由人类造成的呢？

这些问题最令人信服的答案来自使用模型来"预测"历史气候。如果我们从1910年的气候开始，再加上我们知道的太阳活动和火山爆发的历史性变化，就能预测过去100年的温度。预测结果与观测结果不太吻合，特别是在1950年前后，当时观测到的温度比预测的高得多。不过，当我们还加入人类对大气的影响的模型，如二氧化碳、甲烷和其他污染物的排放等，这些模型就能很好地预测过去100年的温度。结果表明，这些模型能够以合理的精度预测气温，而且人类正在造成全球变暖。

这些是如何影响温度的？

有时候，你问的问题会在你继续阅读时得到回答。另一些时候，你可能需要通过查阅另一章来寻求答案。提问和回答这些问题，会让你融入材料中，并且引导你进行科学的批判性思考。

阅读下面这篇摘自一本天文学图书的节选文章。关于这篇文章,你有什么问题要问?把它们写在页边空白处。

大爆炸和膨胀的宇宙

望远镜对遥远星系的观测表明,整个宇宙都在膨胀,这意味着星系之间的平均距离随着时间的推移而增大。这一事实还意味着,星系在过去肯定靠得更近,如果我们回到足够久远的时候,一定会到达膨胀开始的那个点。我们把这称为大爆炸的开始,根据观察到的膨胀率,我们估计它发生在大约 140 亿年前。

有两条关键的证据支持宇宙起源于大爆炸这一观点。第一种证据,我们探测到了大爆炸遗留下来的辐射。就像在汽车发动机里压缩气体(活塞压缩气缸里的气体)会使气体更热、密度更大一样,宇宙过去如果更小的话,也一定更热、密度更大。因此,如果大爆炸真的发生了,宇宙应当从它的物质被压缩到极高的温度和密度开始,产生强烈的明亮辐射(光)。计算表明,随着时间的推移,宇宙膨胀和冷却,应当留下了微弱的辐射"辉光",我们可以用射电望远镜探测到。我们确实探测和研究过这种被称为宇宙微波背景辐射的辐射。它的特征(比如其光谱和分布)恰好符合人们期望的特征,如果它是大爆炸遗留下来的辐射,这就为大爆炸真正发生在 140 亿年前的观点提供了强有力的支持。

第二种证据来自宇宙的整体化学组成。通过逆向膨胀的计算,科学家们可以准确预测早期宇宙中化学元素的诞生时间和方式。计算清楚地预测,如果大爆炸发生了,那么宇宙的化学成分应大约四分之三的氢和四分之一的氦(按质量计算)。观察表明,这确实与宇宙的整体化学成分非常接近。预测和观测之间这种极好的一致性,为大爆炸理论提供了额外的有力支持。还要注意的是,这一预测意味着,宇宙诞生时没有任何比氢和氦更重的元素(除了少量的锂)——也就是说,早期的宇宙缺乏地球上产生生命的元素。我们将很快讨论,这些元素是稍后制造出来的。

学习术语和符号

物理学:波粒二象性、力矩、切向加速度、$v = dx/dt$

生理学:血球凝集、心室舒张、心肌梗死、DNA

化学:NaCl

天文学:质量光度关系、日食双星、博克球状体

这些术语中你有多少是熟悉的?它们只是你在这些自然科学图书中遇到的新术语和符号中的一小部分。你必须理解专业术语和技术词汇的意思,以便理解书中介绍的观点与概念。

在一些门类中，如物理和化学，公式和符号也很重要。图书使用符号、缩略语和公式，以缩写的形式表达对象和概念。你可以认为这些是命名元素和数量以及描述它们相互作用的简写系统。在你阅读时，避免记忆公式；相反，你应当侧重于理解它们的含义以及如何应用它们。

学术符号和缩写

自然科学图书中经常使用标志和缩写。缩写"g"是质量单位"克"的简写形式。符号"g"也可以代表地球表面的重力常数，9.8N/kg。图书用不同的类型来区分不同类型的量。例如，"v"（斜体）表示速度，"V"（黑体）表示体积。留意书中提供的线索。

日常词汇的特殊含义

科学家有时给普通的词赋予特殊含义。例如，能量、压力、力都是日常用语，但对物理学家来说，它们有着非常具体的含义。例如，功率是对做功或能量转换速度的度量，用公式表示是：

$$功率 = 功 \div 时间$$

请注意，它在科学中的含义也不同于数学中的含义，在数学中，幂指的是一个数乘以它自己。压强是另一个日常的物理量，在物理学中指每个面积上力的分布量。

逐节阅读

自然科学图书的章节通常很长。因为材料太复杂了，所以不要试图一口气读完整个章节。相反，你应当把这一章分成几个小节，一次读一个小节。寻找与你正在阅读的章节相关的章末问题。把它们标记出来，记住在读完这个小节后把它们算出来。一定要在各个小节之间建立联系。

研究例题

在自然科学中，例题通常包含在正文中，以演示解题的过程。仔细阅读例题，在正文讲解和数学解答之间交替进行。接下来，用你自己的话解释这个过程。这样可以巩固你的记忆。如果你不能用自己的话来表达这个过程，或者你必须经常查阅正文，说明你没有完全理解。别指望一次就能全部搞定。这些都是困难的课题，理解可能是逐渐的。

研究并画出示意图

自然科学图书包含许多表示结构和过程的图表或示意图。这些图表通常阐明一个原则或概念；举个例子，射击和后坐力的示意图就清楚地阐明了动量守恒的概念。示意图也被用来显示力、条件、形状、方向、过程或位置。示意图提供了物体或事件的可视化表示，它们提高了你理解和记住信息的能力。

许多读者对书中的图表不够重视。在阅读时，花时间研究每一个图。合上书，根据记忆画图，以测试你的记忆。把你的图与书中的图相比较，注意错误、缺少的东西或者不一致的地方。如果你的图与文字相比显得很差，别担心；你的绘图能力会随着你的经常练习而提高。

温习数学技能

数学是众多科学课程的组成部分，尤其是化学和物理。如果你的数学功底很差，可能需要温习一下你的技能。

自然科学中的思维模式

在自然科学中，有四种常见的思维模式：过程、原因与结果、分类以及问题/解决方案。

过程和原因与结果模式

科学研究大多数关注事情是如何发生的以及为什么会发生：蝌蚪是怎么变成青蛙的，什么使光线反射，潮汐是怎么形成的，我们的新陈代谢如何进行等。过程和原因与结果模式常被用来解释自然现象，它们在逻辑上相互联系。在某个过程中，各步骤之间也许形成了一个因果链。你还可能发现自己需要多次阅读对过程的描述。第一次阅读描述时，形成总体印象；然后至少再读一遍，理解各步骤及它们之间的联系。

使用下列策略来阅读描述过程的材料。

1. 列举各个步骤 要么在正文页边空白处，要么在你的笔记本上，用你自己的话写出过程中每个步骤的总结。下面显示了一个读者为生物学图书中关于 HIV 内容所做的笔记，这些内容解释了该疾病是如何发展的。

HIV 和免疫系统

未经治疗的 HIV 感染通常表现出一些感染的早期迹象，然后，在很长一段时间内，感染者没有症状，再然后是症状充满阶段，即艾滋病全面爆发的时期。感染之所以常常遵循这种模式，与病毒的进化有关。

HIV感染的早期症状常常与流感相似。这种疲劳和疾病的普遍感觉是由最初对任何病毒入侵的非特异性免疫反应引起的。因为HIV病毒正在杀死保护人们免受各种传染性生物体伤害的免疫系统细胞,这种崩溃的感觉可能持续数周。6~12周后,大多数感染者的免疫系统有足够时间产生免疫反应,控制病毒,人们就会从这些类似流感的症状中恢复过来。

此刻,患者是无症状的。HIV感染的无症状期可长达10年。在此期间,血液中的病毒数量相对较低,但病毒永远不会被完全清除。相反,病毒滞留在淋巴结中。

在几乎所有未接受药物治疗的HIV感染者中,免疫系统最终失去对病毒的控制(见下图)。为什么HIV病毒最终会战胜免疫系统呢?这主要是由于HIV病毒在其宿主内的进化。

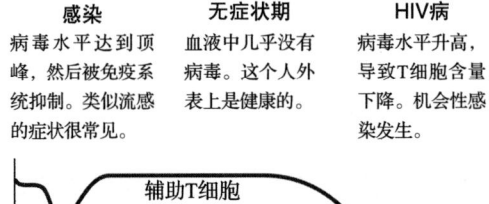

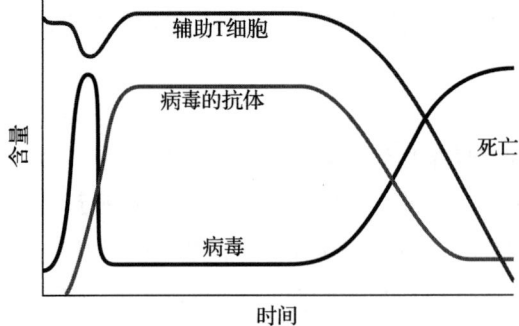

感染
病毒水平达到顶峰,然后被免疫系统抑制。类似流感的症状很常见。

无症状期
血液中几乎没有病毒。这个人外表上是健康的。

HIV病
病毒水平升高,导致T细胞含量下降。机会性感染发生。

在无症状期,HIV病毒的数量并非一成不变;相反,它会根据感染者的免疫系统创造的环境而进化。HIV病毒颗粒不断复制,继续感染淋巴结中的细胞;只要有繁殖,突变就会发生。

HIV的逆转录酶是非常容易出错的。一些科学家估计,每一个产生的HIV病毒粒子与产生它的HIV病毒至少有一个不同之处。因此,在无症状期,HIV病毒的新的变异不断出现,而针对早期变异产生的抗体无法识别新的变异。

HIV病毒的频繁突变和快速繁殖,导致无症状的宿主中存在约10亿种不同的变异。存在这么多的变异,几乎可以确定,其中一个或多个具有宿主的免疫系统无法立即识别的抗原。因为这些变异避开了宿主的抗体,它们可以很快地在大量人群中繁殖。在被感染的人体内,HIV病毒种群的进化可能极为迅速。

HIV 的快速进化似乎是导致感染者无症状期最终结束的原因。免疫系统能够产生针对许多不同 HIV 抗原变异的抗体,但最终,免疫系统必须对不同的 HIV 病毒变种做出反应的绝对数量变得势不可挡。最后,一种长时间逃脱免疫系统控制的变体出现了,它感染、杀死或致残大量的辅助性 T 细胞,被感染的个体越来越呈现免疫缺陷的特点。这种变化引发了 HIV 病的发作。如果没有昂贵的药物治疗,HIV 病毒在感染者体内不断进化,最终耗尽感染者控制这种致命病毒的能力。

总结

1. 早期感染类似于流感,因为免疫系统正在与病毒战斗。
2. 患者无症状长达 10 年,而血液中的病毒含量仍然很低。
3. 在无症状期,HIV 病毒颗粒发生演化和变化。
4. 由于产生了如此多的病毒变种,免疫系统无法跟上,病毒就会大量繁殖。
5. 一种变体长时间逃脱免疫系统,人就会变得免疫缺陷。
6. 患有 HIV 病的人,如果没有昂贵的药物治疗,最终会死亡。

2. 画出示意图或地图 示意图、地图或流程图帮助你将过程视觉化,同时也有助于增强你的记忆。下文展示一幅描述水循环过程的示意图。

水循环,或称**水文循环**,概括了水(液态、气态和固态)如何在我们的环境中流动。水从海洋、湖泊、池塘、河流和潮湿的土壤通过**蒸发**(将液体转化为气体)进入大气。水也通过**蒸腾**作用进入大气,即植物借助叶子释放水蒸气。蒸腾和蒸发作为蒸馏的自然过程,过滤掉溶液中携带的矿物质,从而有效地创造纯水。当水蒸气凝结时,水以**降水**的形式从大气返回到地球表面,并以雨或雪的形式落下。这些水分可能被植物吸收,被动物摄入,但大部分作为**径流**流入小溪、河流、湖泊、池塘和海洋。不同地区的降水量差异很大,这有助于我们地球上生物群落的多样性。一些降水和地表水渗入土壤和岩石,补给地下水库,即**含水层**。含水层是由岩石和土壤组成的海绵状区域,保存着地下水。地下蓄水层中地下水的上限称为**地下水位**。

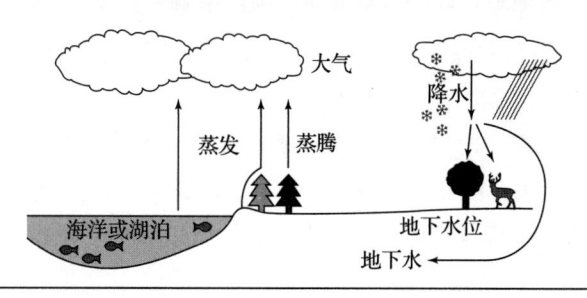

3. 大声地描述流程 假设你在向一个对此毫无所知的朋友解释这个过程。通过强迫自己以一种非技术的方式解释这个过程，你可以测试自己是否真的理解了它，而不是简单地重新表述作者使用的技术语言。

阅读下面这篇摘自一本物理科学图书的节选文章。写一篇关于声音折射的总结，并画一张图表。然后将结果与整段节选文章进行比较。

声音可以折射

当声波的某些部分以不同的速度传播时，声波就会弯曲。这种情况发生在不均匀的风或者声音在不同温度的空气中传播时。这种声音的弯曲叫作**折射**。在天气温暖的日子里，靠近地面的空气可能比上面的空气热，所以靠近地面的声速更大。因此，声波倾向于弯曲远离地面，导致声音似乎不能很好地传播。

声音的折射也发生在水下，在那里，声音的速度随着温度的变化而变化。这给那些通过从海底反弹超声波来绘制海洋底部特征图的水面船只带来了一个问题。不过，这对希望逃脱敌方探测的潜艇来说是一件幸事。不同温度（热梯度）的水层会导致声音折射，在水中留下空隙或"盲点"。潜艇就藏在这里。如果没有折射，潜艇会更容易被探测到。

医生利用超声波的多次反射和折射，在不使用X射线的情况下无害地"观察"人体内部。当高频声音（超声波）进入人体时，它从外部器官的反射比从内部器官的反射更强烈。于是获得了器官的轮廓图。这种超声波回波技术是从蝙蝠身上得到启发的，它发出超声的吱吱声，并且通过回声定位物体。海豚能做到这一点，并且厉害得多。

分类模式

在生命科学中，分类是一种重要的模式。作为研究生命形式或物种的一种手段，生物学家根据共同的或相似的特征将生物分成不同的组或类型。生物首先被分为三个域。这些域被细分为叫作界的组，然后再分为门纲、目、科、属和种。

分类的其他例子包括细胞类型、繁殖方法和组织类型。

分类模式也应用于自然科学。在化学中，元素是按周期表上的分组列出的。在物理学中，物质分为气体、液体、等离子体和固体。

当阅读采用这种方式撰写的材料时，首先确定要分类的是什么，类型或组是什么。寻找一个主题或总结句来说明正在被分类的内容。接下来，找出为什么分类或基于什么进行分类。也就是说，确定群组成员有哪些共同特征。例如，以下摘自一本生物学图书的节选文章描述了动物蛋（卵）的分类。

> ### 蛋（卵）的类型
>
> 　　动物蛋（卵）的三种基本类型大致是根据它们含有的蛋（卵）黄的数量来分类的。蛋（卵）黄的数量至关重要，原因在于，至少在一段时间内，蛋（卵）黄是胚胎的食物来源。在某些物种中，胚胎只需要少量的卵黄，因为它很快就会吸取到从母体血液中获得的营养，就像人类一样。我们只需要维持到胚胎植入子宫壁。相比之下，鸟类在很早的发育阶段就离开了母亲的身体，它们必须随身携带胚胎时期的全部食物。所以，虽然人的卵细胞比这句话末尾的句号还小，但鸵鸟蛋就大很多了，很难用整本书把一个蛋藏起来。有趣的是，这两个物种的幼体和成年体都差不多大。
>
> 　　其他种类的动物蛋（卵）黄供应量适中。在这种情况下，幼仔必须在到达最后一个身体组织之前很久就开始寻找自己的食物。青蛙就是一个例子。蛙卵有足够的卵黄使发育中的胚胎进入蝌蚪阶段；在那之后，蝌蚪可以靠储存在尾巴里的食物生存一段时间，但它必须很快开始自己吃东西。

　　在这篇节选文章中，分类的基础在第一句话中直接说明：蛋（卵）是根据蛋（卵）黄的大小分类的。

　　阅读下面这篇摘自一本健康图书的节选文章，回答之后的问题。

> ### 关节炎和相关病症的类型
>
> 　　关节炎患者被称为"美国的原发性残障者"，每5个美国人中就有1人患有关节炎，或有超过4700万人患有关节炎。症状包括从周末运动员训练时偶尔发生的肌腱炎，到类风湿性关节炎发作时的可怕疼痛不等。现在有超过100种类型的关节炎被诊断出来，其中最常见的是骨关节炎和类风湿性关节炎。
>
> **骨关节炎**
>
> 　　骨关节炎也被称为退行性关节疾病，是关节炎最常见的形式。如果你注意到你的父母或祖父母从椅子上起来比较慢，或者起床后走路有点"跛"，他们可能出现了骨性关节炎的早期迹象。在美国，超过2700万成年人患有这种疾病，其中大多数是女性。软骨、骨骼和关节的渐进性退化与衰老的"磨损"理论有关。
>
> 　　虽然年龄和损伤无疑是骨关节炎的因素，但遗传、异常的关节使用、饮食、关节结构异常和关节血供受损也可能是原因之一。对大多数人来说，消炎药和止痛药（如阿司匹林和可的松相关药物）可以缓解不适。对某些患者，热敷、轻度运动和按摩也可减轻疼痛。

第 12 章　自然科学阅读

> 当关节变形到影响活动时，手术干预通常是必要的。关节置换和骨融合越来越普遍。
>
> **类风湿性关节炎**
>
> 　　类风湿性关节炎是关节炎中最严重的一种，是一种自身免疫性疾病，包括慢性炎症。它在年轻人中最为常见，尤其是 20～45 岁之间的人，影响了超过 210 万美国人。症状包括多关节僵硬、疼痛、发红和肿胀，特别是手和手腕关节，可逐渐进展或散发，偶尔有不明原因的缓解。虽然类风湿性关节炎的病因尚不清楚，但一些理论家认为，入侵的微生物接管了关节，导致免疫系统开始攻击人体自身组织。接触有毒化学物质和压力也是可能的诱因。医学界还确定了似乎会增加风险的基因标记。无论病因如何，类风湿性关节炎的治疗与骨关节炎的治疗相似，强调疼痛缓解和功能灵活性的改善。在某些情况下，免疫抑制剂可以减少炎症反应，在晚期的情况下，可能需要手术。晚期类风湿性关节炎常涉及对关节骨性末端的破坏。这种情况的常规治疗方法是骨融合，但会导致关节无法活动。在某些情况下，关节置换可能是一个可行性的选择。

1. 这段节选是怎么分类的？
2. 描述关节炎的类型。
3. 关节炎的分类依据是什么？

问题 / 解决方案模式

　　自然科学图书中的章节常常包含问题。要解决这些问题，你必须应用本章中提出的概念、定理和公式。使用下面列出的步骤来解决问题。

　　1. 阅读问题，找出已知的和需要求解的内容　　在文字问题中，标出重要信息或者添加下划线。接下来，用你解决问题时要用到的符号重新表述这些信息。一定不要用相同的符号来表示不同的量。例如，假如有两个物体有着不同的质量，不要用 m 表示两个物体的质量，而是用 m_1 和 m_2 来区分。

　　2. 如果可能的话，把问题画出来　　用正确的符号标注已知的量；如果你不确定，使用这些符号，可以提示你在解决问题时使用哪个方程。

　　3. 陈述与问题有关的原理，写出体现原理的一般方程

　　4. 计算　　总是在每个数字后面写上单位（秒、摩尔、升等）。

　　5. 分析你的答案　　这讲得通吗？将你的解答与类似的例题进行比较，确定你是否遵循了正确的过程。检查单位和数值。

　　6. 回顾你的解题过程　　特别是当你遇到困难的时候。在你解决困难之后停下来，想一想，为了更容易地解决它，你应该做什么或者知道什么？你是否忽略了某个步骤或某个关键概念？分析你解题的过程，将帮助你在将来更容易地解决类似的问题。

这里是一个使用这种解决问题程序的例子：猫从窗台落下来，落在地上的时间是 1/2 秒（s）。猫撞击地面的速度是多少？在 1/2s 内，猫的平均速度是多少？离地面多高？

1. 已知的：落地时间为 1/2s，即 $t = 1/2$s

    需要求解的：速度（v_1）；平均速度（v_2）；高度（距离）(d)

2. $t = 1/2$s

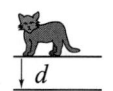

3. 原理：自由落体的加速度和运动

    公式：$v_1 = gt$，$d = v_2 t$

    $\quad\quad g = 10\text{m/s}^2$

    $\quad\quad v_2 = $（起始 v + 最终 v）$/2$

4. $v_1 = gt$

    $v_1 = 10\text{m/s}^2 \times 1/2\text{s} = 5\text{m/s}$

    $v_2 = (0\text{m/s} + 5\text{m/s})/2 = 2.5\text{m/s}$

5. $d = v_2 t = 2.5\text{m/s} \times 1/2\text{s} = 1.25\text{m}$

6. 必须知道自由落体的加速度是 10m/s^2

生物学阅读材料

干细胞研究的前景

迈克尔·贝（Michael Bay）和马特·福特（Matt Ford）

引导问题

1. 关于干细胞研究，你知道些什么？
2. 为什么使用干细胞是有争议的？

> 你很可能听说过干细胞。无论是从媒体对这种细胞几乎不可思议的治愈和恢复能力的报道，还是公众对其来源或研究本身的争议，多年来，干细胞一直是新闻中的热门话题。
>
> 使用干细胞作为治疗手段并不新鲜。"骨髓移植已经被用于治疗某些血癌超过 40 年了，"CNN 未来峰会提名委员会成员艾伦·科尔曼说，"它的疗效成分是干细胞的一小部分。"科尔曼是新加坡胚胎干细胞国际公司的首席执行官，也是克隆"多利"羊团队的一员。

我们都有干细胞。它们是我们身体不可或缺的一部分。早在你出生之前，它们就在构建组织和器官，让你成为现在的你。研究的核心是希望利用干细胞独特的行为方式来治疗一系列疾病。这些细胞有可能发展成人体 220 种细胞类型中的任何一种，并作为一种自然修复机制。理论上说，只要一个有机体还活着，它们就可以不断分裂，产生红细胞、皮肤细胞、肌肉细胞或身体所需的任何细胞。准确理解这一过程是怎么运行的，以及这些细胞是如何分化的，将对医疗保健工作产生巨大的影响。最后，我们应当有可能使用干细胞来替代身体中因意外和疾病而受损或受伤的任何其他细胞。

许多科学家相信，对中风、心脏病、癌症和出生缺陷的治疗，以及帕金森病和阿尔茨海默病，都可以从干细胞研究中受益。"我相信老年痴呆症将是未来的一个目标。"科尔曼说，"我认为，我们不能指望患有这种疾病的人能找回他们失去的记忆，因为那些负责记忆的神经元早已不见了。但如果没有干细胞的帮助，这些人将无法拥有高质量的晚年生活。"

不幸的是，成年人可用的干细胞并不多。成年人的干细胞和刚出生几天的胚胎中的干细胞是有区别的。科尔曼解释说，胚胎干细胞和成体干细胞都很重要。"我认为我们将会发现每种类型的干细胞都有一些好处，也有一些坏处。胚胎干细胞的好处是它们可以在培养中无限生长。成体干细胞通常做不到这一点。"

科学家在研究实验室内研究干细胞。人们相信，许多疾病都可以通过干细胞研究得到治疗。

"但另一方面，"科尔曼说，"如果你愿意的话，成年人干细胞比胚胎干细胞更接近最终产物。我认为目前研究人员应当支持这两个领域的研究，公众也应支持这两种类型的研究。"研究人员一直致力于利用干细胞，以寻求治疗广泛疾病的方法。这些干细胞可以直接应用于人体，也可在实验室中培育替代组织。

干细胞治疗的可能性

干细胞研究有望填补现有的医学空白。"我们相信干细胞在糖尿病患者身上有用处，他们失去了制造胰岛素的能力。"科尔曼说道，"可以在骨髓中找到一种叫作间充质干细胞的东西，它可以替代软骨。"

科尔曼认为，干细胞可能在心脏病患者中也有作用。如今，骨髓干细胞被用于修复心肌梗死患者的心脏。伊恩·罗森博格就是患者之一，他 1985 年就发作过心脏病。到了 2003 年，他的时间已经不多了。"我的心脏状况非常糟糕，"罗森博格去年告诉 CNN，"他们告诉我，我只能活两个半月了。"罗森博格在德国一家医院接受了治疗，他说："现在我的心脏很好。我可以开着车去美国旅行，在那里，我每年花六个月时间走路，走得比以前更远。"科尔曼说："这些都是尚未满足的临床需求。我们相信，这些需求在未来几年内可以通过干细胞来满足。"

科尔曼认为，修复骨骼"将在未来几年内被征服"。他认为老年痴呆症患者也可能从中受益。"这不是为了让人们找回失去的记忆，而是为了让他们在步入晚年时，生活质量有所提高。"

今天如何使用干细胞

利用干细胞修复脊椎或神经系统损伤的概念已在动物身上获得成功。去年，加州大学欧文分校的研究人员宣布，他们已经成功地使用成年人类神经干细胞治疗脊髓损伤的老鼠。伦敦的外科医生一直致力于使用干细胞治疗神经系统受损的患者。他们会从患者的鼻子里取出干细胞，这就意味着不会产生排斥反应。如果一切顺利，这些细胞将修补病人手臂神经和脊髓之间断开的连接。

多莱拉贾·巴拉苏不拉曼尼安是国家干细胞研究特别工作组的主席，也是 CNN 未来峰会提名委员会的成员，他一直在海德拉巴的普拉萨德眼科研究所使用干细胞治疗患者。去年，爱德华·贝利向 CNN 讲述了干细胞如何帮助他的左眼恢复视力。

为了了解干细胞的发展，英国科学家今年早些时候寻求许可将人类细胞与兔卵融合。科学家希望由此产生的胚胎能让他们更好地了解干细胞的发育。人类受精和胚胎学管理局正在考虑是否批准此事。

变革与争议

在这项研究中还有一些重大的挑战。科尔曼说，首先要做的是识别正确的干细胞，并将它们正确转化为你需要的细胞。"然后，我们必须确保移植后的细胞表现正常，并与邻近的细胞和组织整合，确保它们不会乱跑。"现在的问题是，实验室培育的干细胞是否"会对体内细胞的信号做出反应，那些细胞好比在告诉它们，'我们已经受够了。你别再长了，你的数量已经够了'"。

> 胚胎干细胞的使用在一些国家已成为一个社会问题。许多宗教团体认为，使用人类胚胎细胞的想法在道德上不可接受。另一些人认为，治愈生者的能力比这些担忧更重要。"我个人的观点是，胚胎在道德上确实具有一定的地位，"科尔曼说，"但它与活人的道德地位并不能等同，尤其是一个活着的病人。"
>
> 去年，韩国科学家黄禹锡伪造了他声称创造的11个干细胞系中的9个的研究结果，这引发了另一场有关干细胞研究的争议。该消息震惊了科学家和干细胞研究人员。科尔曼说，韩国的这起事件"给人的印象是，所有在这个早已充满争议的领域工作的科学家都是类似的。如果你喜欢这么想的话，大家都下流，都容易欺诈他人"，这其实不公平，"大多数科学家都很诚实，他们所做的实验都得到了公正的报道，没有任何欺诈企图"。
>
> 巴拉苏不拉曼尼安说，科学家和社会其他人之间必须有一场持续的对话。他说："关于干细胞治疗、遗传学等方面的进展，科学家的角色将至关重要。"

检验理解

1. 请列出阅读材料中描述的干细胞的至少四种用途。
2. 鉴别胚胎干细胞和成体干细胞的两个不同之处。
3. 艾伦·科尔曼说干细胞研究的首要任务是什么？
4. 韩国围绕干细胞研究的争议是什么？

批判思考

1. 这篇阅读材料的目的是什么？
2. 作者使用了哪些类型的证据？评估它们的有效性。
3. 找出阅读材料中事实和意见的例子。你怎么能分清哪个是事实，哪个是意见？
4. 如果你要写一篇关于这个主题的论文或演讲，你会在哪里寻找更多的信息？
5. 你认为政府对干细胞研究的何种干预是必要的或适当的？
6. 文中的照片如何支持这篇阅读材料？

第13章
技术与应用领域阅读

技术与应用领域

视觉化概述

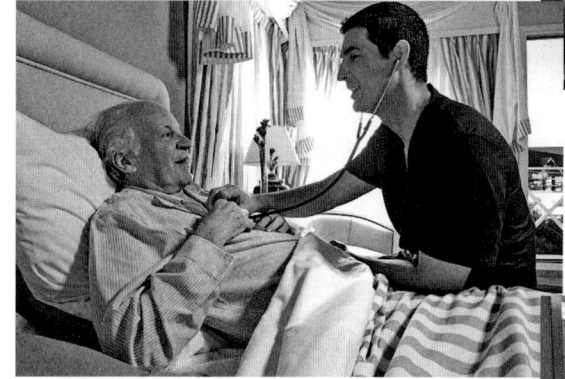

技术和应用领域涵盖了广泛的职业机会，要求你"撸起袖子"去工作。这些领域包括：汽车机械专业；护理和综合医疗保健学专业；服务专业，如酒店和餐厅管理。

什么是技术与应用领域

我们的社会已经变成了一个技术社会，在其中，我们严重依赖自动化和计算机化。因此，需要更多的技术知识和专门知识。诸如计算机信息系统和机械技术等属于技术领域，诸如 X 光技术、空调和制冷、食品服务和酒店管理等则属于应用领域。

下面是一段摘自一本护理学图书的节选内容。

作者强调，护理助手是更大的医疗保健团队的成员。	护理助手是医疗保健团队的重要成员。根据你的工作地点和你在团队中扮演的角色，你的职责可能包括一系列直接和间接护理病人的任务。岗位职责描述确定了具体的期望、任务和职责。不同机构与单位的职责描述有所不同，但它们都反映了机构的使命、患者护理服务理念、目标与政策。除了履行要求的职责外，每位护理人员还应当在与医疗保健团队其他成员和患者的互动中表现出良好的人际交往能力。良好的组织能力——时间管理和目标设定——以及减轻个人压力的能力，是护理助手的实际资产。作为一名护理助手，个人的道德准则和对法律方面的认识是必需的。	作者指出，护理助手的工作可能因地而异。
作者强调，人际交往技能对护理助手来说很重要。		作者强调了道德在护理助手工作中的作用。

从这段话中，你可以看出，这本书不仅提到了护理助手必须培养和发展的特写技能，而且提出了更广泛的技能要求，包括沟通、压力管理和团队合作等技能。

阅读下面一段摘自一本酒店管理图书的节选内容，并回答下面的问题。

> 酒店行业是一个迷人的、有趣的、刺激的行业，你可以在其中享受这样一份职业，此外，你还有着丰厚的报酬和很好的晋升机会。我们经常听到业内人士说，这个行业已经融入了你的血液——这意味着我们已经融入了酒店行业。在班级组织的无数次对行业参观中，酒店行业从业人员都对班级同学说，即使有机会换工作，他们也不会换。众多的例子表明，人们在毕业后获得的职位，能让他们在行业中获得良好的知识基础和经验。在大多数情况下，晋升机会很快就出现。让我们从服务精神开始我们的旅程，无论你的职位或头衔是什么，服务精神在我们行业的成功中都起着至关重要的作用。

1. 这段节选的目的是什么？

2. 这段节选的语气是什么？
3. 作者说酒店行业"已经融入了你的血液"，是什么意思？
4. 作者没有定义"服务精神"，你认为这是什么意思？

阅读技术材料

技术领域的图书高度真实，信息丰富。与其他图书相比，技术写作似乎"拥挤"且难以阅读。可以使用以下建议来帮助你阅读和学习技术材料。

缓慢地阅读

因为技术材料是事实性的，并且包含大量的插图、示意图和例题，所以，要相应地调整你的阅读速度。和阅读非技术专业的图书相比，计划花两倍的时间读一本技术领域的图书。

必要时重新阅读

不要指望第一次阅读就能理解所有内容。先快速阅读，以便从总体上概览它呈现的过程和流程，这是很有帮助的。再读第二遍，了解具体的步骤或细节。

怀着特定目的阅读

阅读技术材料需要你仔细地定义目的。除非你知道你为什么阅读和你在寻找什么，否则，很容易迷失方向或者导致注意力分散。预览对于确定阅读目的特别有帮助。

留意插图

大多数技术图书都包含插图、示意图以及更常见的图形辅助工具，如表格、图形和照片。虽然图形可能使正文看起来比实际情况更为复杂，但它们实际上是一种视觉解释的形式，旨在使正文更容易理解。阅读以下这篇摘自一本描述屋顶椽子结构的建筑设计和施工图书的节选文章，暂时不看图。

屋顶椽子

一旦将天花板格栅钉到位，就可以安装屋顶椽子。屋顶椽子的一般尺寸包括2英寸（5.08厘米）×6英寸、2英寸×8英寸或者2英寸×10英寸，分别间隔12英寸、16英寸或者 24 英寸，这取决于房屋的宽度以及施加在屋顶上的活荷载和静荷载的大小而定。

两侧的椽子通常在顶部与屋脊板相连（图 13-1）。由于椽子上切角，屋脊板的尺寸必须大于椽子。屋脊板贯穿整个屋顶，有助于将屋顶的荷载分配到几个椽子上。椽子在外墙上的位置被开槽，以形成一个舒适的配合。这个凹槽通常被称为"鸟嘴"。屋顶的末端被称为"山墙"，是屋顶和墙壁连接的位置。

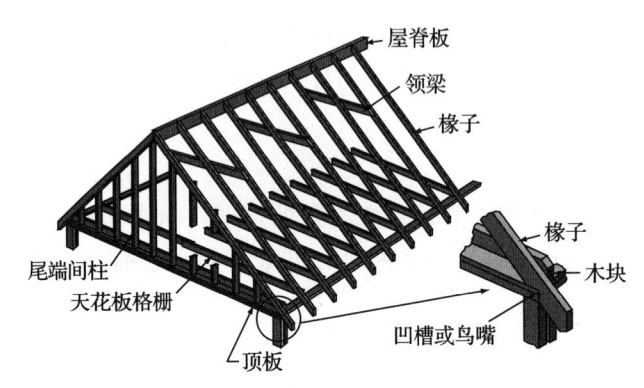

图 13-1　屋顶椽子／天花板格栅屋顶框架系统

当屋顶跨度较长且坡面较平时，通常需要领梁（即屋架拉条）。更陡峭的斜坡和更短的跨度也可能需要领梁，但仅在每三对椽子之间。领梁通常为 1 英寸 ×6 英寸或者 2 英寸 × 4 英寸。

现在，研究示意图，并重新阅读上面的文章。示意图使得这篇文章更容易理解吗？

你可以遵循以下策略来阅读插图或图表。

1. **在预览某一章时，注意书中包含的插图或图表的类型**
2. **浏览每个插图，并确定它的目的**　标题或说明文字通常表明它要显示的内容。
3. **先检查一下插图**　交替阅读文字和插图；插图的目的是与引用它们的段落一起使用。你可能不得不停止阅读几次，以参考插图。例如，当前面的例子中提到领梁时，停止阅读并找出它们在图中的位置。你也可能需要分很多次重读部分解释。
4. **看插图的每个部分，并注意这些部分是如何连接的**　注意任何的缩写、符号、箭头或标签。
5. **测试你对插图的理解，在不看正文的情况下，画一个你自己的插图并标注出来**　然后将你的图与文中的图进行比较。注意是否有遗漏。如果确有遗漏，继续绘图和检查，直到你画的图完整而正确。

请阅读以下这篇摘自一本汽车技术图书中有关点火线圈的节选文章，并回答之后的问题。

点火线圈

任何点火系统的核心都是点火线圈。线圈通过电磁感应产生高压火花。许多点火线圈包含两个分开但电连接的铜线绕组。其他线圈是真正的变压器，其中一次和二次绕组没有电气连接。参见图 13-2。

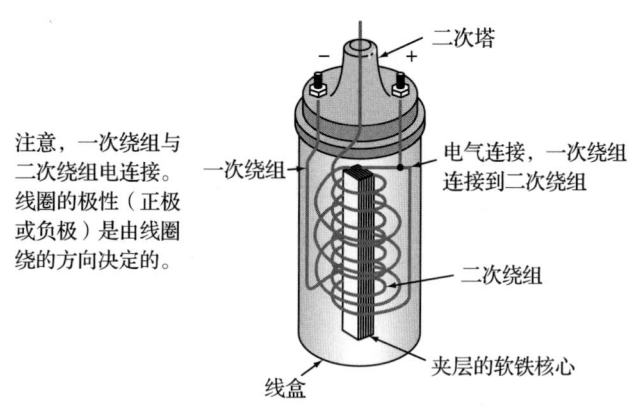

注意，一次绕组与二次绕组电连接。线圈的极性（正极或负极）是由线圈绕的方向决定的。

二次塔
一次绕组
电气连接，一次绕组连接到二次绕组
二次绕组
夹层的软铁核心
线盒

图 13-2 油冷点火线圈的内部结构

点火线圈的中心包含一个夹层软铁（软铁的薄条）的核心。这个磁芯增加了线圈的磁强度。夹层铁芯的周围是大约 20 000 圈的细导线（大约 42 号线）。这些绕组称为**二次**线圈绕组。二次绕组的周围是大约 150 匝的粗线（大约 21 号线）。这些绕组称为**一次**线圈绕组。在许多线圈中，这些线圈被一层薄金属屏蔽和绝缘纸包围，并放置在一个金属容器中。很多线圈都含有油，以帮助冷却。其他线圈设计，如通用汽车的**高能点火系统**，使用的是一种空气冷却的环氧密封 **E 形线圈**，以线圈内部金属层的形状命名。

1. 这个插图的目的是什么？
2. 这个示意图使文章更容易理解吗？简要描述。
3. 在不参考上面的示意图的情况下，绘制一个点火线圈的示意图。

运用视觉化

视觉化是一种在脑海中创造画面的过程。在阅读时，试着将描述的过程或流程视觉化。让你脑海中的形象尽可能具体和详细。视觉化会让阅读材料的描述更容易，也能提高你回忆细节的能力。以下是一个读者运用视觉化的例子：一个阅读计算机图书的读者正在学习在磁盘上组织数据的两种基本方法——扇区法和柱面法。她把扇区法想象成一块块的馅饼，把柱面法想象成一堆餐盘。

现在，阅读以下摘自一本计算机科学图书关于光盘系统的描述，试着在阅读时将其视觉化。

光　盘

　　与激光磁盘系统一起使用的光学技术是通过**光盘**（也称为**视频磁盘**）提供极大容量的存储介质。视频磁盘将打开新的应用程序，因为它们可以用来存储数据、文本、音频和视频图像。

　　光盘系统看起来像磁盘系统，每个都具有一个旋转盘和一个记录信息的机构。然而，光盘系统的不同之处在于它们使用光能而不是磁场来存储数据。高能激光束通过两种方法中的一种来记录数据。一是**烧蚀法**，在圆盘表面烧一个孔；二是**气泡法**，将圆盘表面加热，直到形成气泡。

　　在低功率模式下，激光束通过感知孔洞或凸起的存在与否来读取数据。光束将以不同的角度从一个平坦的或变形的表面反射。用一系列的镜子将光束反射到光电二极管上，光电二极管将光能转换成电信号。光电二极管的工作原理就像当地超市的自动门一样。当你走向那扇门时，你要使一束光线偏转，这就是开门的信号。

你是否在脑海中"看到"了带有微小孔洞或凸起的光盘？

　　阅读下面描述标准保险杠千斤顶的文章。在阅读时，试着将千斤顶视觉化。完成后，不要看图，直接画出文章中描述的千斤顶的草图。完成草图后，将其与文中的图进行比较。

标准保险杠千斤顶的描述

　　标准的保险杠千斤顶是一种便携式设备，通过杠杆施加的力来抬高汽车的前部或后部。千斤顶能使得哪怕是十分虚弱的人也能举起两吨重汽车的一角。

　　千斤顶由一个模压钢底座支撑一根独立的、垂直的、带缺口的轴组成。连接在轴上的是一个杠杆装置、一个保险杠抓斗和一个用于插入千斤顶手柄的套筒。除了主轴和杠杆装置外，千斤顶被设计成可拆卸的，能够整齐地放置在汽车后备厢里。

　　千斤顶采用杠杆原理工作，在正常的千斤顶行程中，人手移动18英寸，而汽车只有3/8英寸。这样的装置需要多次摇动手柄，才能使汽车离开地面，但对于在荒无人烟的道路上开车的人来说，它可能会成为一名救生员。

千斤顶主要由五个组件组成：基座、缺口轴、杠杆装置、保险杠抓斗和手柄。

基底

矩形底座是一个模压钢板，提供支持和轴插入点。基座向上倾斜形成一个平台，其中包含一个 1 英寸的凹陷，为竖井提供了稳定性。通过在井周围安装 1 英寸的轴带来进一步提高稳定性。由于底座位于其平面上，轴的底端插入其稳定井中。

缺口轴

缺口轴是一根钢条（32 英寸长），它为杠杆装置提供了一个垂直轨道。凹槽抓住杠杆装置在其位置上的轴，面向千斤顶的使用者。

缺口轴垂直地支撑起凸起的汽车，并与杠杆装置相连，杠杆装置停留在各个凹槽上。

杠杆装置

杠杆装置为千斤顶使用者提供了举起汽车需要的机械优势。它是用来在缺口轴上保持上下滑动的。这一受压钢装置的主体包含两个单元：一个用于转移杠杆，另一个用于抓住保险杠抓斗。

杠杆装置有四个主要部分：套筒、连接手柄和支点；直接与套筒相连的下爪（一种插入凹槽的装置，可以向前移动，防止向后移动）；上爪，连接在枢轴点上；一个"上下"控制杆，通过弹簧施加或释放上爪上的压力。随着手柄上下移动套筒，棘爪会交替松开，从而在轴上上下移动——这取决于"上下"控制杆的设置。运动是由单元的金属体转移到保险杠抓斗的支架。

该支架由一个向下倾斜的槽组成，部分被钢丝弹簧堵住。弹簧的安装方式之所以这样，目的是在运行过程中保持保险杠扣到位。

保险杠抓斗

保险杠抓斗是一种钢装置，它将杠杆装置连接到保险杠上。这个 9 英寸的模压板是弯曲的，以适应保险杠的形状。它的外 1/2 英寸弯曲，以形成一个唇，唇在保险杠的后边弯曲，以保持抓地力。板的两面弯曲后 90 度，离保险杠接触表面约 2 英寸，用螺栓铆接在它们之间。这个螺栓滑进杠杆装置的凹槽，并提供杠杆装置与汽车之间的连接。

千斤顶手柄

千斤顶手柄是一根钢条，既作为杠杆，又作为耳螺栓拆卸工具。这根圆棒长 22 英寸，直径 5/8 英寸，从它的外端大约 5 英寸开始，弯曲 135 度。它的外端是一个扳手，用来安装车轮的耳螺栓。它的内端是斜角，以形成一个刀片状的尖，用于撬轮盖和插入杠杆机构上的套筒。

结论及操作说明

　　一个快速组装千斤顶的方法是，将凹形轴的底部插入底座的稳定井中，将保险杠抓斗卡入杠杆装置的凹槽中，将千斤顶手柄的斜面端插入套筒中。然后，保险杠抓附到保险杠，与杠杆设置在"上"的位置。参见图13-3。

　　当操作者在千斤顶手柄上施加上下泵送运动时，杠杆装置逐渐爬上垂直缺口轴，直到将车轮升出地面。当杠杆处于"下降"位置时，同样的泵送运动使杠杆装置下降到轴上。

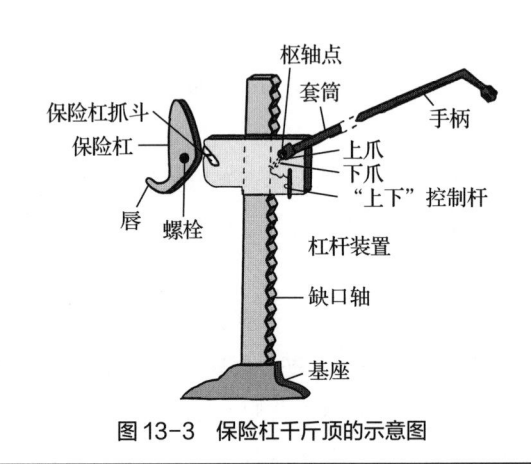

图13-3　保险杠千斤顶的示意图

做标记

　　你可能发现你的图书是实验室或现场经验的宝贵参考资料；当你在你的技术领域工作时，也可以使用它们。因此，要特别注意在图书上做标记，以备将来参考。自己想一系列的办法来做标记，使用特定的符号或不同颜色的墨水来表示程序、重要公式、故障排除小节，等等。

学会阅读技术手册

　　在技术领域工作的人士要经常参考某一特定手册。不幸的是，许多技术手册的编写和组织都很糟糕，所以，你要以不同于图书的方式来处理它们。阅读技术手册时，请使用下面的建议。

　　1. 预览手册，确定它是如何安排的，并确切地知晓它包含什么内容　它是否有一个索引、一个故障排除小节、一个具体操作说明的小节？仔细研究目录，标记特别有用的部分。

　　2. 不要从头到尾阅读使用手册　首先，找出并回顾那些你认为特别有用的小节。着重于那些描述机器整体运作的小节：它的目的、能力和功能。

3. **接下来，学习手册中使用的代码、符号、命令或术语** 查看手册是否提供了特殊条款的列表。例如，许多计算机软件手册包含了一组符号、命令或整个手册中使用的程序。如果没有包含这样的清单，开始在另一张纸上或手册的内页上制作你自己的清单。

4. **开始同时使用手册和设备，在阅读手册时应用每个步骤**

5. **如果手册中并未包含有用的索引，你可以自己创建一个索引，记下你知道你需要经常查阅的章节的页码**

6. **如果手册过于复杂或难以阅读，可以在空白处或另一张纸上写下自己的一步一步的指令来简化它**

阅读医学材料

学习医学术语

医学术语是医学中使用的技术术语的词汇。医学术语是专门的和精确的。医学界用具体的词汇指代疾病、程序、设备和身体部位。随着医学的进步，医学界引入了新的术语来描述新的程序、疾病和药物，从而扩大了医学术语的词汇库。

发展你的数学技能

数学技能在综合医疗保健领域至关重要，因为进行正确的测量（如药物剂量）十分重要。有些涉及数学的任务在综合医疗保健领域中必不可少，它们涉及三种技能：

- **你必须具备相应的知识** 你得知道某些药物的用途，它们的安全剂量，以及它们可以多久给病人服用一次。
- **你需要良好的推理技能** 你要能对不同的情况做出推断并得出结论。
- **你要能够进行简单的计算**

注意流程与程序

流程和程序在所有相关的医疗保健领域都很重要。当在特定情况下有不止一种治疗方法时，理解流程就变得格外复杂。在阅读图书的时候，一定要标出流程及步骤。为了记住流程与程序是如何运行的，制作一份详细的说明，并展示根据特定情形采取何种行动的示意图或流程图可能是有帮助的。

图 13-4 是一个流程图的示例，详细说明了重新检查中暑病人（体温异常高）的体温时应遵循的步骤。

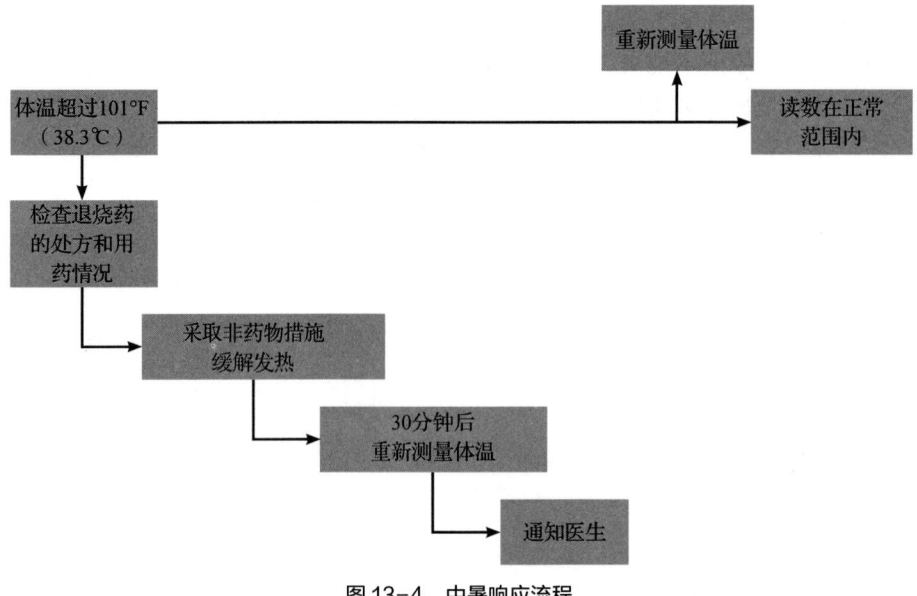

```
体温超过101°F          重新测量体温
 (38.3°C)      →              ↑
     ↓                    读数在正常
检查退烧药                  范围内
的处方和用
药情况
     ↓
  采取非药物措施
  缓解发热
     ↓
       30分钟后
       重新测量体温
            ↓
          通知医生
```

图 13-4　中暑响应流程

磨砺你的推理技能

综合医疗保健领域的阅读，牢固地掌握基础知识是必要的。但为了学以致用，你还得运用你的事实知识库，推理出在特定情况下必须做什么，并且能够向他人解释你的推理。诸如推理、得出结论、评估数据和证据等技能，都必不可少。例如，如果你是一名急诊室护士，就必须利用自己对重要体征的了解，在病人第一次入院时立即采取适当的行动。

培养和提升信息技能

在综合医疗保健领域，信息技能是指利用信息和计算机技术来支持医疗诊断和治疗，以及管理医疗办公室。可以把信息技能看作是对信息和记录的管理。所有在综合医疗保健领域的工作人员都涉及信息，因为准确地保存记录对于医患沟通和高质量的护理都至关重要。以下是护理专业人员需要管理的信息类型的几个例子：患者护理和出院的记录；患者记录计算机化；在线药物信息；记录患者生命体征的设备监控。

这里是你为了做好准备可以做的事情：

- **磨砺你的电脑知识和键盘使用技巧**
- **学习医学术语**　这样你就能为"说这门语言"做好准备。
- **参加培训班或研讨会**　要么是线下的，要么是线上的。
- **树立为患者保密的意识**　患者记录受到隐私法的保护，你必须采取措施确保自己遵守隐私法规。

技术与应用领域中的思维模式

技术与应用领域最常使用的两种思维模式是过程和问题／解决方案。

阅读对过程的描述

测试程序、说明、安装、维修、指导和诊断检查程序等，都遵循过程模式。要阅读采用这种模式撰写的材料，你不仅要学习这些步骤，还要学习它们的正确顺序。学习采用过程模式撰写的材料，请运用以下技巧。

1. 准备一些总结每个过程的学习表 例如，一名学习静脉穿刺（取血样）步骤的读者写下了如下所示的总结表。

静脉穿刺

1. 洗手，向病人说明操作步骤，评估病人状况。
2. 组装设备。
3. 确定穿刺位置。
4. 敷止血带，清洗部位。
5. 将拇指置于穿刺部位远端。
6. 以 30° 角插入针，并吸入所需的血量。
7. 取下止血带，在针尖处敷干布，然后取出。
8. 从注射器中取出针，将标本放入容器中；贴标签。

---

2. 通过写下记忆中的步骤来测试你的记忆力 定期回顾每一步。

3. 对于难懂的或冗长的程序，在单独的抽认卡上写下每个步骤 像洗扑克牌那样打乱抽认卡，然后练习以正确的顺序重新摆放。

4. 一定要保证你自己理解过程背后的逻辑 想清楚为什么每个步骤要以这种规定的次序来逐步执行。

阅读下面描述酸雨的节选文章。读完之后，写一份酸雨过程的每个阶段的总结。

酸雨如何形成、蔓延和造成破坏

酸雨是化石燃料燃烧后，向大气中释放氮氧化物和硫氧化物，进而产生的破坏环境的降雨。简单来讲，酸雨增加水道的酸度，因为这些氮氧化物和硫氧化物会与空气中正常的水分结合。由此产生的降雨比正常的降雨酸性大得多。酸雨是一种无声的威胁，因为它的影响虽然缓慢，却是累积的。这份报告解释了酸雨的成因、分布周期和影响。

大多数研究表明，燃烧石油或煤炭的发电厂是酸雨的主要原因。燃烧的燃料没有完全消耗完，导致一些残留物进入了大气。这些残留物含有几种潜在的有毒元素，但和那些相比，二氧化硫以及在较小程度上的氮氧化物才是主要问题，因为它们与水分结合时会发生转化。这种化学反应形成硫酸和硝酸，然后它们像雨点一样落到地面上。

这里解释的主要步骤是：① 酸雨如何形成；② 酸雨如何蔓延；③ 酸雨如何造成破坏。

酸雨如何形成

一旦化石燃料被燃烧，它们就没有用处了。不幸的是，酸雨问题就从这里开始。

化石燃料含有许多在燃烧过程中释放出来的元素。其中的两种，硫氧化物和氮氧化物，与正常的水分结合产生硫酸和硝酸。（图13-5说明了酸雨是如何形成的。）释放出来的气体在与大气臭氧和水蒸气结合时发生化学变化。由此产生的雨或雪比正常的降水更具酸性。

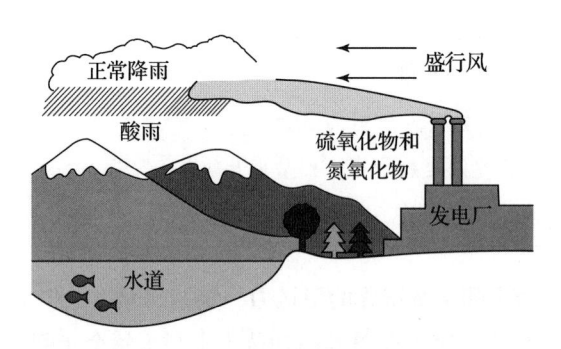

图13-5 酸雨如何形成

酸性的程度通过pH值读数来测量。pH值范围从0到14。7代表中性（蒸馏水的pH值为7）；高于7表示碱度在增加（家庭用氨的pH值为11）；低于7表示酸度在增加。然而，pH值的任意方向的变化，都意味着要乘以10。柠檬汁的pH值为2，比pH值为3的苹果酸10倍，比pH值为5的胡萝卜酸1000倍。

由于空气中通常存在二氧化碳（一种酸性物质），因此，未受影响的降雨的pH值为5.6。此时，美国东北部和加拿大降水的pH值在4.5～4之间。在马萨诸塞州，降雨和降雪的平均pH值为4.1。pH值低于5被认为是不正常的酸性，会对水生种群构成威胁。

酸雨如何蔓延

虽然有发电厂的地区可能受到最严重的影响，但酸雨实际上可以从源头蔓延数千英里。烟道气逸出并随着气流漂移。因此，硫氧化物和氮氧化物在以酸雨的形式返回地球之前，能够扩散到很远的地方。

在平均2～5天的时间，这些气体会随着盛行风飘向远离源头的地方。例如，据估计，影响加拿大的酸雨大约有50%来自美国；与此同时，美国15%～25%的酸雨问题起源于加拿大。

烟道气漂移的趋势使酸雨成为如此广泛的威胁。距离任何工业中心数百英里的阿迪朗达克山脉有200多个湖泊无法维持生命，因为它们的水酸性太强。

酸雨如何造成破坏

不管酸雨落在什么地方，都会造成破坏。它侵蚀各种类型的建筑岩石，如石灰石、大理石和砂浆，这些岩石不断地浸泡在酸中，将逐渐被腐蚀掉。对建筑物、房屋、纪念碑、雕像和汽车的破坏是普遍的。一些价值连城的纪念碑和雕刻品已经遭到破坏，甚至某些品种的树木也在大批死亡。

然而，更重要的是酸雨对受影响地区水道的破坏。（图13-6说明了典型的水道是如何渗透的。）由于它的高酸性，酸雨极大地降低了湖泊和河流的pH值。

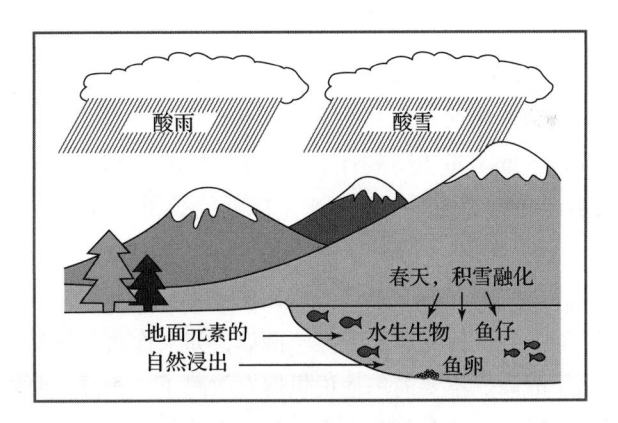

图13-6 酸雨怎样造成破坏

尽管酸雨的影响不是即时的，但它最终会使水道酸化，造成鱼类死亡。在有天然酸缓冲元素的地区，如石灰石，稀酸的作用很小。然而，美国东北部和加拿大缺乏这种自然保护，因此一直很脆弱。

受影响的水道pH值下降得如此之低，以至于一些物种停止繁殖。事实上，pH值为5.1～5.4，就意味着渔业受到威胁；一旦水道的pH值达到4.5，鱼类就无法繁殖了。因为每个生物都是整个食物链的一部分，食物链中失去一个元素，就会破坏整个链条。

在美国东北部和加拿大，酸性雪径流加剧了酸性问题。在寒冷的冬季，酸性雪很少融化，所以，到了春天解冻时，释放出来的酸性雪会非常集中。铝和其他重金属通常存在于土壤中，是由酸雨和径流释放出来的。这些有毒物质以高浓度渗入水道，影响处在各种发育阶段的鱼类。

总结

酸雨是由燃烧化石燃料的工厂和发电厂排放的氮氧化物和硫氧化物形成的。在大气中，这些氧化物与臭氧和水结合形成酸雨：一种pH值低于平均水平的降水。这种酸性降水返回到离源头数英里远的地球上，严重破坏缺乏自然缓冲剂的水道。美国东北部和加拿大是北美受影响最严重的地区。

解决问题的策略

在技术与应用领域，你会遇到用公式和程序来解决假设的问题的情况。更重要的是，在你的整个职业生涯中，你一方面要在实验室中面对模拟的问题，另一方面要在实际工作中解决实际的问题。一个系统的方法有助于提高你解决问题的能力。

当某件设备出现故障或者某个过程没有产生预期的结果时，人们很容易感到恐慌。在这些情况下，使用系统的方法来解决问题将会有助于你。问题基本上就是"现在是什么"（现在的状态）和"应该是什么"或"希望得到什么"（目标状态）之间的冲突。例如，一位医务室助理的问题是，她无法让受惊的孩子平静下来，以便给孩子量血压。下面列出的步骤可以帮助你解决问题。

第1步：确定问题 通过评估当前状态并确定它与期望的状况之间的不同来确定问题。你说得越具体，就越有可能找到可行的解决方案。例如，如果你面对的是一台不能正常运转的机器，找出是哪个组件出了故障。不要简单地说机器有故障了；相反，要确定机器人的手臂不能停留在正确位置上了。如果你的病人在你给她量血压时不配合，就试着找出她不配合的原因。

第2步：分析问题 分析是一种复杂的批判性思维技能。从尽可能多地了解问题开始。例如，为了使年轻的病人平静下来，也许有必要弄清楚为什么她会害怕。分析问题不是有必要超越显而易见的解决方案，而是发挥你的想象力，找到创造性的选择。例如，你也许发现，孩子之所以害怕，是因为你穿着白大褂，而孩子害怕的牙医也穿着白大褂。在分析问题时，可以使用以下建议：

- **分析时要灵活**　不要因为它们看起来不太可能或过去从未发生过而排除可能性。
- **对所有可能性进行头脑风暴**　除了那些必须立即解决的问题，花几分钟列出任何你能想到的与你的问题可能相关的问题。稍后再整理清单，最好是第二天，你可能会发现解决方案的种子。
- **和别人谈论这个问题**　通过把问题用文字表达出来，你也许听到你自己说一些能够导致进一步理解的事情。
- **研究你缺乏完整信息的问题**

第3步：清晰阐述解决方案　找出问题的可能解决方案。对于某些问题，例如机器故障，只有一种正确的解决方案。对于其他问题，比如病人不配合，各种解决方案可能都是可行的。

第4步：评估可能的解决方案　如果你已经确定了不止一个解决方案，那么下一步就是权衡每个解决方案的优缺点。你需要详细地考虑每个解决方案，考虑如何、何时和在哪里解决。要考虑每个解决方案成功的可能性，权衡短期和长期的影响。自言自语也许能帮助你明白为什么各种解决方案都不管用。

第5步：执行解决方案　如果解决方案不能解决问题，那就分析出了什么问题，并重复解决问题的过程。有可能必须进行反复试验。一定要使用合乎逻辑的、系统的方法，并且记录每次试验的结果。

护理学阅读材料

远程医疗：希望还是危险？

琳达·Q. 塞德（Linda Q.Thede）

引导问题

1. 你对远程医疗了解些什么？
2. 这种技术怎样使你自己的医疗保健变得不同？

> 当你走过诊所大厅时，透过窗户，可以看到白令海的冰面反射出的阳光，映照出数以百万计的"珠宝"。走进诊室，向你的病人米西·贝克问好。你安排了莎拉·麦金农医生为米西的病变进行会诊。打开电脑，你告诉米西，芝加哥的皮肤科医生麦金农今天会给她做检查。当电脑显示器激活时，你向麦金农医生问好，并把她介绍给米西。你设置一个带有手指状探针的照相机，这样麦金农医生就可以同时操作照相机和探针了。她用这些触敏探针检查米西的损伤，就好比米西和你一起在咨询室一样。"好消息，"麦金农

医生在彻底检查后说，"就我目前所知，你的病变是良性的。做个活组织检查，放在显微镜下让我看清楚。"麦金农医生在芝加哥，而你和米西却相隔3000多英里，医生与病人相距如此遥远的事实，根本没有引起任何评论。

上述场景展示了远程医疗的一种前景，即为那些住在远离专家的地方的人们提供顶级专家护理。不过，还有一些人，如果被问及远程医疗，看到的却是危险。有的人担心，远程医疗会减少所需的护士和其他医疗保健专业人员的数量；还有的人则担心隐私和法律问题。不管人们相信还是怀疑，远程医疗都不太可能消失。这篇文章将探讨其中的一些风险和一些希望。

远程医疗的定义是利用电子通信网络传输以促进健康、预防疾病、诊断、咨询、教育与治疗为重点的数据或信息。自电话问世以来，远程医疗一直以多种形式被实践着。病人护理中的远程保健涵盖诸多领域，但可以分为两个不同的部分：技术和提供者/客户关系。在技术方面，有许多不同的技术，包括先进的图像和音频功能，从高分辨率的静态图像到复杂的交互式远程会议系统。现在，有的技术可以对组织和血液流动进行虚拟模拟。不久的将来，人们就会在手术前利用互联网来传输损伤，甚至肌肉和骨骼的感觉。

与远程医疗提供者/客户关系相比，远程医疗技术相对简单。这种提供者/客户关系不仅包括直接护理，还包括在网站上以电子方式向患者和医疗保健专业人员提供的信息内容。因此，有许多复杂的问题围绕着远程医疗，包括补偿、隐私、许可、管辖权和标准。

由谁来支付费用以及支付什么费用的问题减慢了远程医疗的发展。普希金博士在她的文章《远程医疗——追踪资金》中提到了支付问题，她首先从1997年颁布的有缺陷的《平衡预算法案》开始，提到医疗保险、医疗补助，再提到2000年的儿童健康保险计划、《福利改善法案》（该法案于2001年10月1日生效）。她指出，尽管《平衡预算法案》为远程医疗支付提供了一个开端，但"没有起作用，因为它对如何在实际中铺开远程医疗的实践，基于一个非常有限的观点"。这些限制分为四类：①谁可以接受服务；②保险范围；③谁得到报酬；④服务如何报销。《福利改善法案》虽然没有完全支持远程医疗保健，但通过扩大有资格接受远程保健咨询的人数和增加一些远程保健可以实施的方法，改正了其中的一些缺点。《福利改善法案》还要求进行一项研究，以确定尚未解决的问题，如覆盖的是谁以及可以提供哪些服务。普希金博士的文章还探讨了其他问题，比如家庭保健等方面的问题。作者还认为，护士作为远程保健的管理者和一部分，应该参与即将出台的立法，以决定政策，例如是否应当为预防性远程保健提供补偿。

粂川在她的文章《健康信息隐私保护：危机还是常识》中探讨了隐私、机密性和安全问题。1996年的《健康信息隐私与问责法》已经出台了实施细则（尽管一些压力团体主张废除或削弱某些条款）。在枀川的文章中，她透彻地讨论了该法案的影响。这里的一个问题是，当州法律比联邦法律更严格时，便出现了两难的境地。枀川提出，远程医疗在基本行政程序、物理保障和技术安全机制方面的要求，不仅涉及患者、护理人员和第三方支付方，还涉及特殊的隐私需求。此外，她还讨论了消费者向医疗网站泄露个人信息的安全问题。建立特定疾病网页的护士以及在互联网上提供医疗保健信息的医疗保健机构，都可能发现自己卷入了这些隐私问题，然而，这些问题常常并未得到考虑。美国人对最新医疗保健和医疗保健信息的渴望，以及对医疗信息隐私的关注，造成了一些问题，尽管这些问题没有简单的答案，但仍需要解决。

哈彻森在她的文章《护士在远程医疗环境中执业的法律考虑》中解释了额外的法律问题，这些问题在远程医疗中变得非常重要。她提出的一个问题是："谁应当对医疗保健有管辖权——各州还是联邦政府？"在多州交付系统和护理呼叫中心出现之前，大多数医疗保健事务的监管职能是根据第十修正案赋予各州的。然而，随着1997年《平衡预算法》的颁布和旨在利用远程医疗保健增加农村和服务不足地区获得高质量保健的联邦拨款的发放，这个答案变得更加不确定。她提出的这个问题的另一个方面是："当病人和提供者在不同的地理位置时，护理的地点在哪里？"答案当然与许可证问题密切相关。州护理委员会一直在努力解决这个问题。目前，国家护理委员会已经提出了一种执照互认模式，即在一个州获得执照的护士，可以在另一个州执业，只要该护士遵守该州的《护理实践法案》。她认为将会引起辩论的另一个问题是，实践中是否存在足够的差异，使得从事远程保健实践的人员有资格获得证书。无论这些问题的结果如何，必须制定和采用包括安全有效的直接护理和提供卫生信息的标准。

拉索撰写的文章《家庭护理护士的机会窗口：远程保健技术》侧重于对护理人员而言的机会，因为在医疗保健领域，也随着人口老龄化，技术变得越发普遍了。正如作者报告的那样，对护士需求的增长恰逢一半注册护士年龄超过44岁和过去5年护士学校入学人数下降之机。作者认为，技术可以用来改善这种情况。她描述了技术如何为护士提供了在自己家里和按照需要接受教育的机会。作者讨论了互联网对老年人的重要性，这些老年人要使用它来寻找医疗保健信息。他们对远程医疗的满意度较高，并且有可能利用远程医疗获得更好的医疗结果。在技术方面，作者讨论了交互式视频在远程医疗中的应用，它为许多患者提供了即时的护理，防止了严重问题的发展，并给居家患者带来一种安全感。作者留给我们的问题是："我们到底是利用新技术提供的机会，还是会被它碾过？"

> 远程医疗不但可以改变美国人的健康状况，还能改变全世界人民的健康状况。它是否能发挥其潜力，可能取决于这些文章中所述问题的解决。但是，在不久的将来，不要期望在许多这些领域看到统一的意见。有一件事是肯定的，鉴于目前和未来技术的进步，远程医疗将会持续下去。那么问题就变成了："它将如何被使用？谁将从中受益？"

检验理解

1. 什么是远程医疗？
2. 远程医疗在患者护理方面两个截然不同的组成部分是什么？为每个组成部分列举一个例子。
3. 在这篇阅读材料中，作者引用了四篇文章，这些文章关注远程医疗的重要问题。列出每个标题并确定文章中提到的问题。

批判思考

1. 这篇阅读材料的目的是什么？
2. 你认为谁是这篇阅读材料的主要读者？
3. 评估开头一段的有效性。作者还可以怎样来吸引你的注意力？
4. 你认为作者为什么不指望在阅读材料中提到的多个方面看到各方达成共识？
5. 你认为在远程医疗领域哪些方面是最有希望的？哪些方面是最危险的？解释你的答案。